136
189,115,13
W0317801

Rowohlts Klassiker der Literatur und der Wissenschaft

Herausgegeben von
Ernesto Grassi
unter Mitarbeit von
Walter Hess

Griechische Philosophie
Band 6

PLATON

Sämtliche Werke

5

POLITIKOS, PHILEBOS
TIMAIOS, KRITIAS

Nach der Übersetzung
von Friedrich Schleiermacher
und Hieronymus Müller
mit der Stephanus-Numerierung
herausgegeben von
Walter F. Otto † · Ernesto Grassi
Gert Plamböck

ROWOHLT

Umschlagentwurf Hans Hermann Hagedorn

1.–20. Tausend	Januar 1959
21.–25. Tausend	Mai 1960
26.–30. Tausend	Juli 1961
31.–35. Tausend	Februar 1963
36.–43. Tausend	Juni 1964
44.–48. Tausend	November 1966
49.–53. Tausend	März 1969
54.–58. Tausend	Dezember 1971
59.–63. Tausend	Mai 1974
64.–66. Tausend	Februar 1977
67.–69. Tausend	August 1978
70.–74. Tausend	Januar 1980

Veröffentlicht im Rowohlt Taschenbuch Verlag GmbH,
Hamburg, Januar 1959
Copyright © 1959 by Rowohlt Taschenbuch Verlag GmbH, Hamburg
Alle Rechte an dieser Ausgabe vorbehalten
Gesetzt aus der Linotype-Aldus-Buchschrift
und der Palatino (D. Stempel AG)
Gesamtherstellung Clausen & Bosse, Leck
Printed in Germany
680-ISBN 3 499 45047 x

Platon · Sämtliche Werke 5

Die Ziffern am Rande sind die Seiten- und Abschnittszahlen der dreibändigen Platon-Ausgabe von Henricus Stephanus (Paris 1578), nach denen man Platon allgemein zitiert. Sie sind gegeben nach der gebräuchlichsten modernen Ausgabe, der von Ioannes Burnet (Oxford 1899—1906). In den Gliederungen bedeutet die letzte Ziffer die Zeilenzahl des Stephanus-Abschnitts bei Burnet. Diese stimmt mit der Übersetzung nicht notwendig genau überein.

Die Übersetzung wurde einer Durchsicht unterzogen und der modernen Auffassung des Platontextes angepaßt. Umfangreichere Änderungen erwiesen sich als notwendig im ‹Timaios› und ‹Kritias›. Für diese von Schleiermacher nicht übersetzten Dialoge wurde die Übersetzung von Hieronymus Müller zugrunde gelegt.

POLITIKOS

GLIEDERUNG

A. Einleitung: Anstalten zum Gespräch. Wahl des Mitunterredners und Thema: der Staatsmann (1. Kap., 257 a 1—258 b 5)

B. Hauptteil:

I. Unvollkommene Bestimmung des Staatsmanns als Hüter der menschlichen Herde

1. a) Einteilung der Erkenntnis in handelnde und einsehende. Die Einheit der Herrscherkunst (2. Kap., 258 b 6—259 c 5); b) Zuweisung der Herrscherkunst zur einsehenden Erkenntnis und deren Aufteilung in beurteilende und gebietende (3. Kap., 259 c 6—260 b 12); c) Die Herrscherkunst als Teil der gebietenden Art, und zwar der selbstgebietenden (4. Kap., 260 c 1—261 a 2); d) Sonderung des gebietenden Teils nach der Beschäftigung mit dem Entstehen des Unbeseelten und des Beseelten und des letzteren in Einzelzucht und Herdenzucht (5. Kap., 261 a 3—261 e 4).

2. a) Grundregel beim Teilen: Jeder Teil habe an sich einen Begriff (6. Kap., 261 e 5—263 a 1); b) Verhältnis von Art zu Teil. Aufweis des begangenen Fehlers (7. Kap., 263 a 2—264 b 5).

3. a) Einteilung der Gemeinzucht in Schwimmtierzucht und Landgängerzucht und diese für Geflügeltes und zu Fuß Gehendes (8. Kap., 264 b 6—265 b 7); b) Teilung des zahmen Fußvolks 1. in Gehörntes und Ungehörntes und dieses in Zweifüßiges und Vierfüßiges sowie 2. in Vierfüßiges und Zweifüßiges und dieses in Gefiedererzeugendes und Ungefiedertes (9. Kap., 265 b 8—267 a 3).

4. a) Zusammenfassung und Zweifel am Ergebnis (10. Kap., 267 a 4 bis 267 d 12); b) Ungenügen der Erklärung: sie schließt die Mithüter der menschlichen Herde nicht aus (11. Kap., 267 e 5—268 d 4).

II. Mythos über die zwei verschiedenen Weltperioden

1. Rückgriff auf alte Erzählungen über eine Umkehr der Gestirnbahnen und die Erdgeburt des Menschen (12. Kap., 268 d 5—269 c 2).

2. a) Die beiden entgegengesetzten Umläufe der Welt (13. Kap., 269 c 3—270 b 2); b) Die größte Veränderung im Lauf der Welt und ihre Folgen (14. Kap., 270 b 3—271 a 1).

3. a) Die einstige Entstehung des Lebendigen und das Leben unter Kronos (15. Kap., 271 a 2—272 b 7); b) Glückseligkeit des damaligen Lebens. Schicksal und Lauf der sich selbst überlassenen Welt und die damit verbundene Verwandlung der Menschen (16. Kap., 272 b 8 bis 274 e 4).

III. Darlegung der begangenen Fehler und Erläuterung der Methode

1. a) Aufweis der begangenen Fehler und Bestimmung der den Hütern gemeinsamen Kunst als Herdenwartung (17. Kap., 274 e 5 bis 275 e 8); b) Der Staatsmann als Betätiger der Kunst freiwilliger Herdenwartung über freiwillige Menschen (18. Kap., 276 a 1—276 e 13).

2. a) Hinweis auf den noch bestehenden Mangel an Deutlichkeit (19. Kap., 277 a 1—277 e 1); b) Erläuterung des Wesens des Beispiels am Beispiel der Buchstaben (20. Kap., 277 e 2—279 a 6).

3. a) Heranziehung des Beispiels der Weberei und ihre genauere Bestimmung als Kleidermacherkunst (21. Kap., 279 a 7—280 b 4); b)

Aufweis, daß die gegebene Bestimmung zwar vieles Verwandte ausschließt, aber noch manches übrigläßt (22. Kap., 280 b 5—281 d 4); c) Vollkommene Bestimmung der Weberei durch Teilung in mitverursachende und verursachende und trennende und verbindende Künste (23. Kap., 281 d 5—283 a 9).

4. a) Die Notwendigkeit, daß Mehr und Weniger sich nicht nur auf einander, sondern auch auf die Entstehung des Angemessenen beziehen (24. Kap., 283 b 1 — 284 c 5); b) Die zwei Arten der Meßkunst. Bedeutsamkeit der angeführten These und des richtigen Teilens (25. Kap., 284 c 6 — 285 c 3); c) Steigerung der dialektischen Fähigkeit als Endzweck aller Untersuchung. Das richtige Maß zur Beurteilung ihrer Länge und Kürze. (26. Kap., 285 c 4 — 287 b 3).

IV. Abtrennung der mitverursachenden Künste und Prüfung der fünf Regierungsformen auf ihre Richtigkeit

1. a) Abtrennung der mitverursachenden Künste im Staat: die für Werkzeuge, Gefäße und Fahrzeuge (27. Kap., 287 b 4—288 a 11); b) Weiter die für Bedeckung, Spielwerk, den ursprünglichen unzusammengesetzten Besitz und Nahrung (28. Kap., 288 b 1—289 a 6); c) Aussonderung der Diener: die Knechte, Kaufleute, Söldner, Herolde, Wahrsager und Priester (29. Kap., 289 a 7—290 d 4); d) Antreffen einer Spur: die gewählten Könige und Priester. Erscheinen des größten Tausendkünstlers (30. Kap., 290 d 5—291 c 9).

2. a) Die fünf Regierungsformen. Rückgang auf den Begriff der Königskunst als Erkenntnis (31. Kap., 291 d 1—292 d 1); b) Die Erkenntnis und Kunstgerechtheit als einzig möglicher Bestimmungsgrund bei jeder Aufsicht und Regierung (32. Kap., 292 d 2—293 c 4).

3. a) Richtigkeit einer auf Erkenntnis beruhenden Regierung auch ohne Gesetze. Der Mangel des Gesetzes (33. Kap., 293 c 5—294 c 9); b) Notwendigkeit der Gesetze und Freiheit des Gesetzgebers ihnen gegenüber (34. Kap., 294 c 10—296 a 3); c) Rechtfertigung auch aufgezwungener Gesetze, wenn sie besser sind (35. Kap., 296 a 4—297 b 4).

4. a) Die Nachahmung der richtigen Staatsverfassung als zweitbeste Möglichkeit (36. Kap., 297 b 5—297 e 7); b) Das Bild verkehrt betriebener Arzneikunst und Steuermannskunst (37. Kap., 297 e 8 — 298 e 10); c) Gesetze über Rechenschaftsforderung und Verbot der Forschung (38. Kap., 298 e 11—299 e 9).

5. a) Schädlichkeit der Gesetzesveränderung für die anderen Staatsverfassungen, die Nachahmungen der wahren sind (39. Kap., 300 a 1 bis 301 c 5); b) Unglaube der Menschen an die Existenz eines solchen Alleinherrschers und Unglück der Staaten (40. Kap., 301 c 6—302 b 4); c) Prüfung der Staatsverfassungen darauf, wie gut und schlecht man in ihnen lebt. Der Schwarm der falschen Staatsmänner (41. Kap., 302 b 5—303 e 6).

V. Endgültige Herausscheidung der wahren Staatskunst und ihre Tätigkeit

1. a) Abtrennung der Redekunst von der Staatskunst (42. Kap., 303 e 7 bis 304 e 2); b) Ausscheidung der Feldherrn und Richter. Die Staatskunst als Herrscherin (43. Kap., 304 e 3—305 e 7).

2. a) Die zwieträchtige und gegensätzliche Natur der Tapferkeit und der Besonnenheit (44. Kap., 305 e 8—307 c 7); b) Die darauf beruhende Verschiedenheit der Menschen und ihre verderblichen Folgen (45. Kap., 307 c 8—308 b 11).

3. a) Die Aufsichtstätigkeit der königlichen Kunst bei der Erziehung (46. Kap., 308 c 1 — 309 c 4); b) Die wahre politische Verbindung und Verflechtung der Seelen (47. Kap., 309 c 5 — 310 b 9); c) Die Verflechtung der besonnenen mit der tapferen Gemütsart als Vollendung der Staatskunst (48. Kap., 310 b 10 — 311 c 8).

SOKRATES, THEODOROS, DER FREMDE,
SOKRATES DER JÜNGERE

[1. Anstalten zum Gespräch. Wahl des Mitunterredners und Thema: der Staatsmann]

SOKRATES: Wahrlich vielen Dank bin ich dir schuldig, o Theodoros, 257 a
für die Bekanntschaft mit dem Theaitetos, und auch für die mit dem Fremden.

THEODOROS: Und dreifachen wirst du bald schuldig sein, wenn sie dir erst den Staatsmann fertig gemacht haben werden und den Philosophen.

SOKRATES: Wohl! Sollen wir sagen, lieber Theodoros, daß wir dieses so gehört haben von dem größten Meister in den Rechnungen und in der Meßkunst?

THEODOROS: Wieso, Sokrates? b

SOKRATES: Daß er diese Männer alle gleich geschätzt hat, die doch ihrem Werte nach weiter voneinander abstehen als nach dem von eurer Kunst benannten Verhältnis?

THEODOROS: Gar schön bei unserem Gott, dem Ammon, o Sokrates, und sehr recht und gut hast du das erinnert und mir meinen Rechnungsfehler vorgeworfen. Und dich will ich ein andermal schon dafür heimsuchen; du aber, Fremdling, laß ja noch nicht ab, uns gefällig zu sein, sondern wie es dir lieber ist, sei es zuerst den
Staatsmann oder den Philosophen, nimm uns nacheinander durch. c

FREMDER: Das müssen wir wohl tun, Theodoros; weil wir es einmal unternommen haben, dürfen wir nicht eher ablassen, bis wir mit ihnen zu Ende gekommen sind. Allein wie soll ich es mit unserem Theaitetos halten?

THEODOROS: Weshalb?

FREMDER: Sollen wir ihn nun ausruhen lassen und diesen seinen Mitschüler Sokrates zuziehen? Oder was rätst du?

THEODOROS: Wie du sagtest, ziehe diesen zu. Denn jung wie sie sind, werden sie jede Anstrengung leichter tragen, wenn sie dazwischen ruhen.

SOKRATES: Mit mir, o Fremdling, scheinen ja beide eine gewisse d
Verwandtschaft zu haben. Denn von dem einen sagt ihr, ihr fändet seine Gesichtszüge den meinigen ähnlich, und an dem andern
stellt schon der gleichlautende Name und die Anrede eine Angehörig- 258 a
keit dar. Und Verwandte muß man allewege auch im Gespräch gern kennenlernen. Mit dem Theaitetos nun bin ich selbst gestern im Gespräch begriffen gewesen, und jetzt habe ich ihn dir antworten gehört; den Sokrates aber keines von beiden, und ich muß doch

auch diesen in Augenschein nehmen. Mir also soll er ein andermal, dir aber jetzt antworten.

FREMDER: So sei es. Und du, o Sokrates, hörst du, was Sokrates sagt?

SOKRATES D. J.: Ja.

FREMDER: Und stimmst auch ein zu dem, was er sagt?

SOKRATES D. J.: Allerdings.

b FREMDER: Von deiner Seite scheint also nichts im Wege zu stehen, und noch weniger soll wohl von der meinigen im Wege stehen. Also nach dem Sophisten ist nun notwendig, wie mir scheint, daß wir den Staatsmann aufsuchen. Und sage mir, ob wir ihn auch als einen Kundigen setzen wollen, oder wie?

SOKRATES D. J.: Allerdings so.

[2. Einteilung der Erkenntnis in handelnde und einsehende. Die Einheit der Herrscherkunst]

FREMDER: Also müssen wir die Erkenntnisse einteilen, wie da wir den ersten betrachteten.

SOKRATES D. J.: Freilich wohl.

FREMDER: Aber nicht, wie mich dünkt, Sokrates, nach demselben Schnitt.

SOKRATES D. J.: Wie sonst?

c FREMDER: Nach einem anderen.

SOKRATES D. J.: Das läßt sich hören.

FREMDER: Wo findet nun aber wohl einer den Pfad der Staatskunst? Denn wir müssen ihn finden und ihm dann ausgesondert von den übrigen *eine* eigne Idee einprägen, und die übrigen Ausgänge auch mit *einem* andern Begriff bezeichnend bewirken, daß unsere Seele sich alle Erkenntnisse in zwei Arten denke.

SOKRATES D. J.: Das wird nun schon, denke ich, dein Geschäft, Fremdling, und nicht das meinige.

d FREMDER: Es muß ja doch, o Sokrates, auch deines sein, wenn es uns klargeworden ist.

SOKRATES D. J.: Schön gesagt.

FREMDER: Ist nun nicht die Rechenkunst, und einige andere ihr verwandte Künste, ganz kahl von Handlung und bewirkt uns bloß eine Einsicht?

SOKRATES D. J.: So ist es.

FREMDER: Die Tischlerei aber und alle andern Handwerke haben die Erkenntnis in Handlungen einwohnend als mit ihnen zusam-
e mengewachsen, und gemeinschaftlich bringen sie zustande die durch sie entstehenden körperlichen Dinge, welche vorher nicht waren.

SOKRATES D. J.: Wie sonst?

FREMDER: Auf diese Art also teile uns sämtliche Erkenntnisse, und nenne die eine handelnd, die andere lediglich einsehend.

SOKRATES D. J.: Wohl, diese sollen uns bestehen als der *einen* gesamten Erkenntnis beide Arten.

Fremder: Setzen wir nun den Staatsmann, den König, den Herrn und noch den Hauswirt alles als *eins* unter eine Benennung, oder sollen wir sagen, dies wären soviel Künste, als wir Namen genannt haben? Doch folge mir lieber hierher.

Sokrates d. J.: Wohin?

Fremder: So: Wenn einen von den öffentlich angestellten Ärz- 259 a
ten einer gut zu beraten weiß, der selbst kein solcher ist, muß man ihm nicht dennoch den Namen derselben Kunst beilegen, wie dem, welchem er Rat erteilt?

Sokrates d. J.: Ja.

Fremder: Und wie? Wer den Beherrscher eines Landes zurechtzuweisen versteht, werden wir nicht sagen, daß der, wenngleich er nur für sich lebt, die Erkenntnis hat, die der Regierende selbst besitzen sollte?

Sokrates d. J.: Das werden wir sagen.

Fremder: Aber die Erkenntnis und Kunst des wahren Königs b
ist doch die königliche?

Sokrates d. J.: Ja.

Fremder: Und wer diese besitzt, wird der nicht, er mag nun ein Herrscher sein oder nicht, doch seiner Kunst nach mit Recht ein Herrscher genannt werden?

Sokrates d. J.: Billig wäre es wohl.

Fremder: Und Hausvater und Herr ist doch dasselbe?

Sokrates d. J.: Wie anders?

Fremder: Und wie? Sollten wohl ein Hauswesen von weitläufigem Umfang und eine Stadt von geringem Belang sich bedeutend voneinander unterscheiden, was die Regierung derselben betrifft?

Sokrates d. J.: Wohl gar nicht.

Fremder: Also ist, was wir eben in Erwägung zogen, deutlich, c
daß es nur *eine* Erkenntnis für dies alles gibt. Diese mag nun einer die königliche Kunst oder die Staatskunst oder die Wirtschaftskunst nennen, wir wollen nicht mit ihm darüber streiten.

Sokrates d. J.: Wozu auch?

[3. Zuweisung der Herrscherkunst zur einsehenden Erkenntnis und deren Aufteilung in beurteilende und gebietende]

Fremder: Allein, soviel ist doch gewiß, daß jeder König mit den Händen und mit dem ganzen Leibe gar wenig zur Befestigung seiner Herrschaft vermag in Vergleich mit der Einsicht und der Stärke der Seele.

Sokrates d. J.: Gewiß.

Fremder: Mehr der einsichtigen, wollen wir also doch lieber sagen, als der handarbeitenden und überhaupt verrichtenden sei der d
König angehörig?

Sokrates d. J.: Wie anders?

Fremder: Also die Staatskunst und den Staatsmann und die

Herrscherkunst und den Herrscher, dies alles wollen wir als dasselbe in *eins* zusammenstellen.

SOKRATES D. J.: Gewiß.

FREMDER: Würden wir nun nicht weiter kommen, wenn wir nächst diesem die einsichtige Erkenntnis trennten?

SOKRATES D. J.: Freilich wohl.

FREMDER: Gib also recht acht, ob wir irgendwo an ihr ein Gelenk bemerken.

SOKRATES D. J.: Sage nur, was für eins.

e FREMDER: Ein solches. Wir hatten doch eine Rechenkunst.

SOKRATES D. J.: Ja.

FREMDER: Die doch auf alle Weise zu den einsichtigen Künsten gehörte?

SOKRATES D. J.: Wie sollte sie nicht?

FREMDER: Und wenn nun die Rechenkunst den Unterschied in den Zahlen eingesehen, schreiben wir ihr noch ein anderes Werk zu, als nur das Eingesehene zu beurteilen?

SOKRATES D. J.: Woher wohl?

FREMDER: Aber jeder Baumeister ist doch auch nicht selbst Arbeiter, sondern gebietet nur den Arbeitern.

SOKRATES D. J.: Ja.

FREMDER: Und gibt also doch seine Einsicht dazu her, nicht seiner Hände Arbeit.

SOKRATES D. J.: So ist es.

260 a FREMDER: Mit Recht also würde man sagen, er habe teil an der bloß einsichtigen Erkenntnis.

SOKRATES D. J.: Freilich.

FREMDER: Diesem nun, meine ich, liegt doch ob, nicht nach abgeurteilter Sache am Ende zu sein und sich loszusagen, wie der Rechner sich lossagte, sondern allen und jeden Arbeitern das Zweckdienliche anzugeben, bis sie das Aufgegebene vollendet haben.

SOKRATES D. J.: Richtig.

FREMDER: Einsehende sind also sowohl diese insgesamt als auch jene, die der Rechenkunst folgen, und nur durch Beurteilung und
b Anordnung unterscheiden sich diese beiden Arten voneinander.

SOKRATES D. J.: Das scheinen sie.

FREMDER: Wenn wir also, die gesamte einsichtige Erkenntnis teilend, das eine Glied die beurteilende, das andere die gebietende nennten: so könnten wir sagen, das sei ganz angemessen geteilt.

SOKRATES D. J.: Nach meiner Meinung wenigstens.

FREMDER: Aber die etwas gemeinschaftlich Verrichtenden können immer zufrieden sein, wenn sie unter sich übereinstimmen.

SOKRATES D. J.: Wie sollten sie nicht?

FREMDER: Solange es also uns beiden hieran nicht fehlt, wollen wir uns unbekümmert darum lassen, was andere meinen.

SOKRATES D. J.: Gern.

[4. Die Herrscherkunst als Teil der gebietenden Art, und zwar der selbstgebietenden]

FREMDER: Wohlan denn, in welche von diesen beiden Künsten sollen wir den Herrscher stellen? Etwa in die beurteilende, wie einen Zuschauer, oder sollen wir lieber sagen, daß er zu der gebietenden Kunst gehöre, da er ja doch Herr ist? c

SOKRATES D. J.: Wie sollten wir nicht lieber dies?

FREMDER: Die gebietende Kunst müssen wir also nun wieder betrachten, ob sie sich wo trennt. Und mich dünkt allerdings, so ungefähr wie die Kunst der eigentlichen Kaufleute sich absondert von der Kunst der Eigenhändler, so auch das Geschlecht der Herrscher d
von dem der Herolde sich auszusondern.

SOKRATES D. J.: Wie das?

FREMDER: Fremde Arbeiten, die ihnen zuvor verkauft worden, nehmen doch die Kaufleute und verkaufen sie zum zweiten Male wieder?

SOKRATES D. J.: Freilich.

FREMDER: So auch die vom Stamm der Herolde lassen sich fremde Gedanken auftragen und tragen sie selbst zum zweiten Male andern auf.

SOKRATES D. J.: Ganz richtig.

FREMDER: Wie also? Wollen wir die Herrscherkunst in *eins* vermengen mit der dolmetschenden, Befehle ausrufenden, oder mit der e
Wahrsagekunst und Heroldskunst und vielen andern verwandten Künsten, denen ebenfalls ein Gebieten zukommt? Oder sollten wir dem, womit wir die Sache eben verglichen, auch den Namen nachbilden, da ohnedies fast unbenannt ist die Gattung der Eigengebietenden, und also auf diese Weise teilen, daß wir das ganze Geschlecht der Könige in die selbstgebietende Kunst stellen, um die übrigen aber uns gar nicht weiter bekümmern und andern überlassen, ihnen einen Namen beizulegen? Denn nur auf den Herrscher ging unsere Untersuchung, nicht auf das Entgegengesetzte. 261 a

SOKRATES D. J.: Allerdings.

[5. Sonderung des gebietenden Teils nach der Beschäftigung mit dem Entstehen des Unbeseelten und des Beseelten und des letzteren in Einzelzucht und Herdenzucht]

FREMDER: Also da sich dies ziemlich von jenem unterscheidet, ausgesondert durch das Verhältnis der Fremdheit zur Eigentümlichkeit, so müssen wir auch dieses wiederum trennen, wenn es irgendwo nachgeben will, so daß wir durchschneiden können.

SOKRATES D. J.: Freilich.

FREMDER: Und das scheint es ja zu wollen. Folge mir nur und schneide mit.

SOKRATES D. J.: Wo denn?

FREMDER: Wen wir uns nur immer als Herrscher denken, der ein Gebieten anwendet, werden wir nicht immer finden, daß der, b
damit irgend etwas entstehe, gebietet?

SOKRATES D. J.: Weshalb sonst?

FREMDER: Alles Entstehende aber in zwei Teile zu sondern, ist gar nicht schwer.

SOKRATES D. J.: Wie doch?

FREMDER: Nimmst du es nämlich insgesamt, so ist einiges davon beseelt, anderes unbeseelt.

SOKRATES D. J.: Ja.

FREMDER: Und eben hiernach laß uns der einsichtigen Erkenntnis gebietenden Teil, wenn wir ihn zerschneiden wollen, zerschneiden.

SOKRATES D. J.: Wonach?

FREMDER: Indem wir einiges davon den Entstehungen des Un-
c beseelten zueignen, anderes denen des Beseelten, und so wird das Ganze in zwei Teile geteilt sein.

SOKRATES D. J.: Allerdings.

FREMDER: Den einen Teil davon lassen wir liegen, den anderen nehmen wir auf, und nachdem wir ihn aufgenommen, teilen wir ihn wieder in zwei Teile.

SOKRATES D. J.: Welchen von beiden, meinst du aber, sollen wir aufnehmen?

FREMDER: Offenbar doch den über das Lebendige gebietenden. Denn die königliche Kunst hat ja nicht etwa Unbeseeltes anzuordnen wie die Baukunst: sondern sie ist edlerer Art und besitzt an
d dem Lebendigen und über dieses immer ihre Macht.

SOKRATES D. J.: Richtig.

FREMDER: Und die Entstehung und Ernährung des Lebendigen könnte man ansehn teils als vereinzelte, teils als gemeinschaftlich über das in Herden lebende Vieh sich erstreckende Sorgfalt.

SOKRATES D. J.: Richtig.

FREMDER: Aber den Staatsmann werden wir doch nicht mit wenigen Einzelnen beschäftigt finden wie den Ochsenjungen oder Reitknecht, sondern mehr gleicht er einem, der Pferdezucht und Rindviehzucht im großen treibt.

SOKRATES D. J.: Das leuchtet mir ein, nun es gesagt ist.

e FREMDER: Wollen wir also von Aufziehung des Lebendigen die gemeinsame Wartung vieler zugleich die Gemeinzucht oder Herdenzucht nennen?

SOKRATES D. J.: Wie sich beides in der Rede am besten treffen mag.

[6. Grundregel beim Teilen: Jeder Teil habe an sich einen Begriff]

FREMDER: Sehr gut, Sokrates. Und wenn du dich davor hütest, es zu ernsthaft zu nehmen mit den Worten, wirst du, wenn du älter wirst, reicher sein an Einsicht. Jetzt also wollen wir es, wie du rietest, machen. Die Herdenzucht aber siehst du leicht, wie die
262 a einer als zwiefach darstellen und das jetzt im Doppelten Gesuchte uns dann nur in der Hälfte wird suchen lassen.

SOKRATES D. J.: Ich will es versuchen, und mich dünkt eine andere zu sein die Auferziehung der Menschen und eine andere die der Tiere.

Fremder: Recht wacker und frisch hast du das geteilt. Aber daß uns doch dies womöglich nicht noch einmal begegne.

Sokrates d. J.: Was doch?

Fremder: Daß wir nicht ein kleines Teilchen allein von vielen
und großen anderen aussondern, und nie ohne einen Begriff; son- b
dern jeder Teil habe zugleich seinen eignen Begriff. Denn am schönsten ist das freilich, aus allem übrigen gleich das Gesuchte herauszusondern, wenn es sich richtig damit verhält; gerade wie du eben, im Glauben, daß die Einteilung sich so verhalte, uns die Rede beschleunigt hast, weil du sahst, daß sie auf den Menschen losging. Aber, Lieber, schnitzeln ist hier nicht sicher, sondern weit sicherer mitten durchschneiden. So trifft man auch mehr auf Begriffe, und
darauf kommt doch alles an bei Untersuchungen. c

Sokrates d. J.: Wie meinst du das nur, Fremdling?

Fremder: Ich will versuchen, es noch deutlicher zu erklären, Sokrates, aus Wohlgefallen an deiner Gemütsart. An dem jedoch, was uns jetzt vorliegt, ist unmöglich, es ohne Mangel deutlich zu machen; laß uns aber versuchen, die Sache noch um ein klein weniges weiter vorwärtszubringen der Deutlichkeit wegen.

Sokrates d. J.: Was, meinst du also, hätten wir eben bei unserer Einteilung nicht recht gemacht?

Fremder: Dieses, wie wenn zum Beispiel jemand das menschli-
che Geschlecht in zwei Teile teilen wollte und täte es, wie hier d
bei uns die meisten zu unterscheiden pflegen, daß sie das Hellenische als *eines* von allem übrigen absondern für sich, alle andern unzähligen Geschlechter insgesamt aber, die gar nichts untereinander gemein haben und gar nicht übereinstimmen, mit einer einzigen Benennung Barbaren heißen und dann um dieser *einen* Benennung willen auch voraussetzen, daß sie *ein* Geschlecht seien. Oder wenn einer glaubte, die Zahl in zwei Arten zu teilen, wenn er aus dem Ganzen eine Myriade herausschnitte, die er als *eine* Art absonder-
te, und dann alles übrige ebenfalls mit einem Worte bezeichnen e
und wegen dieser Benennung hernach glauben wollte, dieses sei nun mit Ausnahme von jenem die andere *eine* Art davon. Besser aber und mehr nach Arten und in die Hälften hätte er sie geteilt, wenn er die Zahl in Gerades und Ungerades zerschnitten und so auch das menschliche Geschlecht in Männliches und Weibliches. Lydier aber und Phrygier und so mehrere allen übrigen entgegenstellen und abschneiden könnte er dann, wenn er aufgeben müßte, als Art
zugleich und Teil zu finden jedes der beiden Zerschnittenen. 263 a

[7. Verhältnis von Art zu Teil. Aufweis des begangenen Fehlers]

Sokrates d. J.: Ganz richtig. Aber eben dieses, Fremdling, wie kann einer das recht deutlich einsehen, daß Teil und Art nicht dasselbe sind, sondern jedes etwas anderes?

Fremder: O bester Mann, das ist keine schlechte Aufgabe. Wir
aber sind schon jetzt weiter als billig von unserer vorgesetzten Rede
abgeschweift, und du verlangst, wir sollen noch weiter abschweifen.
Daher laß uns jetzt nur, wie es sich gehört, zurückkehren; dieser
b Spur aber wollen wir ein andermal mit Muße nachgehen. Nur das
nimm gar sehr in acht, daß du nicht etwa meinst, hierüber etwas
genau Bestimmtes von mir gehört zu haben.

Sokrates d. J.: Worüber denn?

Fremder: Daß Art und Teil voneinander verschieden sind.

Sokrates d. J.: Aber wie?

Fremder: Daß nämlich, wenn es eine Art von etwas gibt, eben dieses notwendig auch ein Teil desselben Gegenstandes sein wird, wovon es eine Art genannt wird; daß aber, was ein Teil sei, auch eine Art sein müsse, gar nicht notwendig ist. *So* sage immer lieber, daß ich mich erklärt hätte, als anders.

Sokrates d. J.: Das will ich tun.

c Fremder: Sage mir nun aber auch das nächste.

Sokrates d. J.: Was doch?

Fremder: Wegen der Abschweifung, von wo sie uns hierher geführt hat. Ich glaube nämlich, es war eigentlich, als du, befragt, wie die Herdenzucht wohl zu teilen wäre, so rasch antwortetest, es gebe zwei Gattungen des Lebendigen, eine die menschliche, und die aller übrigen Tiere insgesamt die andere.

Sokrates d. J.: Richtig.

Fremder: Und damals schienst du mir wenigstens, obschon du
nur einen Teil herausgenommen, zu glauben, daß du alles übrige
auch wieder als *eine* Art zurückließest, weil du für alle einerlei Na-
d men hattest, sie damit zu benennen, und sie Tiere hießest.

Sokrates d. J.: So war es auch.

Fremder: Allein, so würde vielleicht, mein wackerster Sokrates,
wenn es noch ein anderes verständiges Tier gäbe, wie man die Kra-
niche dafür hält oder irgendein anderes solches, dieses auf gleiche
Weise seine Benennungen bilden wie du, so daß es die Kraniche als
eine Gattung allem übrigen Lebendigen entgegensetzte und sich selbst
rühmend heraushöbe, alle übrigen aber mit Inbegriff des Menschen in
eins zusammenfaßte und ebenfalls nicht besser als etwa Tiere nennte.
e Deshalb wollen wir uns bemühen, dergleichen alles zu vermeiden.

Sokrates d. J.: Wie doch?

Fremder: Indem wir nicht gleich alles Lebendige insgesamt teilen, damit uns das weniger begegne.

Sokrates d. J.: Das darf es freilich nicht.

Fremder: Aber auch jenes Mal schon war auf dieselbe Art gefehlt worden.

Sokrates d. J.: Wie das?

Fremder: Unser gebietender Teil der Einsicht hatte es doch in der Gattung der Auferziehung des Lebendigen mit dem in Herden Lebenden zu tun. Nicht wahr?

Sokrates d. J.: Ja.

Fremder: Also war uns schon damals das gesamte Lebendige ein- 264 a
geteilt in Zahmes und Wildes. Denn die es in der Art haben, sich aufziehen und bändigen zu lassen, nennen wir zahme, die dieses nicht haben, wilde.

Sokrates d. J.: Schön.

Fremder: Die Erkenntnis nun, der wir nachspüren, hatte es und hat es noch mit den Zahmen zu tun und muß unter den geselligen Geschöpfen gesucht werden.

Sokrates d. J.: Ja.

Fremder: Laß uns also nicht so teilen wie damals, daß wir auf das Ende sehen oder eilen, um nur geschwind zur Staatskunst zu kommen. Denn deshalb ist es uns auch jetzt nach dem Sprichwort er- b
gangen.

Sokrates d. J.: Nach welchem?

Fremder: Daß, weil wir uns nicht genug verweilt und gut eingeteilt haben, wir später fertig geworden sind.

Sokrates d. J.: Da ist es uns ganz recht ergangen, Fremdling.

[8. Einteilung der Gemeinzucht in Schwimmtierzucht und Landgängerzucht und diese für Geflügeltes und zu Fuß Gehendes]

Fremder: Gut denn, so laß uns noch einmal anfangen, die Gemeinzucht einzuteilen; vielleicht wird auch das, worauf du ausgehst, die gehörig durchgeführte Rede selbst dir nur noch schöner herausbringen. Sage mir also.

Sokrates d. J.: Was denn?

Fremder: Dieses, ob du wohl schon von jemand gehört hast —
denn ich weiß, daß du selbst nicht dabei gewesen bist —, wie die c
Fische im Nil gefüttert werden und in den Teichen des Großkönigs. In Quellen aber hast du es vielleicht selbst gesehen?

Sokrates d. J.: Allerdings habe ich dies gesehen und jenes von vielen gehört.

Fremder: Und wie Gänse und Kraniche zusammen weiden, hast du, wenn du auch nicht die Thessalischen Ebenen durchstreift hast, doch wohl erfahren und glaubst es.

Sokrates d. J.: Wie sollte ich nicht!

Fremder: Deshalb aber habe ich dich dies alles gefragt, weil es d
Herdenzucht gibt auf dem Wasser und auch auf dem Trockenen.

Sokrates d. J.: Das gibt es allerdings.

Fremder: Dünkt dich also nicht auch, daß wir so die Wissenschaft der Gemeinzucht teilen sollten, um jedem von diesen beiden seinen eignen Teil anzuweisen, den einen die Schwimmtierzucht nennend, den andern die Landgängerzucht?

Sokrates d. J.: Mich auch.

Fremder: Zu welchem nun von beiden die Herrscherkunst gehöre,
brauchen wir nicht erst zu fragen; denn das sieht ja jeder. e

Sokrates d. J.: Freilich.

FREMDER: Diesen Zweig der Herdenzucht aber, die Landgängerzucht, kann wohl jeder teilen.

SOKRATES D. J.: Wie?

FREMDER: Wenn er Geflügeltes und zu Fuß Gehendes voneinander trennt.

SOKRATES D. J.: Vollkommen richtig.

FREMDER: Und wie? Ob es die Staatskunst mit dem zu Fuß Gehenden zu tun hat, fragen wir danach erst? Oder meinst du nicht, daß auch der Unverständigste dies bejahen würde?

SOKRATES D. J.: Gewiß.

FREMDER: Die Zucht des auf dem Lande Gehenden nun muß wieder, wie eben die Zahl, wenn sie zerschnitten wird, in zwei Teilen erscheinen.

SOKRATES D. J.: Offenbar.

265 a FREMDER: Nach der Seite nun, wohin unsere Rede sich wendet, glaube ich zwei gebahnte Wege zu sehen, einen schnelleren, wenn man einem großen Teil einen kleineren gegenüberstellt; einen anderen aber, der davon, was wir vorher sagten, daß man mitten durchschneiden müsse, mehr an sich hat, doch länger ist er freilich. Es steht also bei uns, welchen von beiden wir gehen wollen.

SOKRATES D. J.: Können wir denn nicht beide?

FREMDER: Zugleich wenigstens nicht, du Wunderlicher, aber nacheinander können wir es freilich.

b SOKRATES D. J.: Ich wähle also nacheinander beide.

FREMDER: Das geht auch leicht; denn nur weniges ist uns noch übrig. Im Anfang freilich, und als wir noch auf der Hälfte des Weges waren, wäre die Aufgabe schwierig gewesen. Nun aber, da es dir so gefällt, wollen wir den längeren zuerst gehen. Denn solange wir noch frischer sind, werden wir leichter darauf fortkommen. Die Einteilung nun siehe.

SOKRATES D. J.: Sprich.

[9. Teilung des zahmen Fußvolks 1. in Gehörntes und Ungehörntes und dieses in Zweifüßiges und Vierfüßiges sowie 2. in Vierfüßiges und Zweifüßiges und dieses in Gefiedererzeugendes und Ungefiedertes]

FREMDER: Das Fußvolk unter den Zahmen, das in Herden lebt, ist schon von Natur in zwei Teile geteilt.

SOKRATES D. J.: Wonach?

FREMDER: Daß einige ihrer Art nach ungehörnt sind, andere hörnertragend.

c SOKRATES D. J.: Das ist deutlich.

FREMDER: Teile also die Zucht des Fußvolkes so, daß du jedem einen Teil gibst, und bediene dich dabei der Erklärung; denn wenn du sie benennen willst, wird es dir verwickelter geraten, als gut ist.

SOKRATES D. J.: Wie soll man also erklären?

FREMDER: So: nachdem der gehenden Tiere Pflegekunst in zwei

Teile geteilt worden ist, wird der einen Abteilung der gehörnte Teil des Herdenviehes angewiesen, der anderen der ungehörnte.

SOKRATES D. J.: Dies sei nun so erklärt, denn es ist gewiß hinreichend deutlich gemacht.

FREMDER: Dem Könige aber sehen wir doch gewiß an, daß er eine abgestutzte Herde ohne Hörner weidet.

SOKRATES D. J.: Wie sollten wir das nicht sehen!

FREMDER: Auch diese wollen wir also durchzureißen versuchen, um ihm das Seinige zu geben.

SOKRATES D. J.: Freilich.

FREMDER: Sollen wir sie nun nach dem gespaltenen und ungespaltenen Hufe teilen oder nach der reinen und vermischten Begattung? Du verstehst doch wohl?

SOKRATES D. J.: Wie denn?

FREMDER: Die Pferde und Esel haben es doch in der Art, sich mit- d
einander zu begatten?

SOKRATES D. J.: Ja.

FREMDER: Was aber dann noch übrig ist von der einen Herde der Zahmen, vermischt sich nicht miteinander.

SOKRATES D. J.: Richtig.

FREMDER: Scheint dir nun die Sorgfalt des Staatsmannes auf Naturen von solcher vermischter Begattung zu gehen oder von reiner?

SOKRATES D. J.: Von unvermischter offenbar.

FREMDER: Diese müssen wir nun wie das vorige ebenfalls in zwei Hälften zerlegen.

SOKRATES D. J.: Das müssen wir.

FREMDER: Nun aber ist uns schon das Lebendige, sofern es zahm 266 a
und gesellig ist, bis auf zwei Gattungen etwa ganz zerteilt; denn die Hunde lohnt es kaum als eine eigne Gattung unter den geselligen Tieren aufzuführen.

SOKRATES D. J.: Freilich nicht. Wonach aber wollen wir die beiden scheiden?

FREMDER: Wonach ihr beide, Theaitetos und du, billig teilen müßt, da ihr euch mit der Meßkunst befaßt habt.

SOKRATES D. J.: Wonach also?

FREMDER: Nach der Diagonale und wiederum nach der Diagonale der Diagnonale.

SOKRATES D. J.: Wie meinst du das?

FREMDER: Die Natur, welche unserer Gattung eignet, ist die wohl b
für den Gang anders eingerichtet als die Diagonale, welche das zweifüßige Viereck bildet?

SOKRATES D. J.: Nicht anders.

FREMDER: Die Natur der übrigbleibenden Gattung aber vermag wiederum dasselbe wie die Diagonale unseres zweifüßigen Vierecks, wenn sie doch auf zweimal zwei Füße eingerichtet ist.

SOKRATES D. J.: Das ist sie freilich, und nun verstehe ich auch, was du sagen willst.

Fremder: Überdies aber sehen wir nicht, daß uns etwas anderes,
c recht als käme es von solchen, die im Lächerlichen Meister sind, begegnet ist mit dem Eingeteilten?

Sokrates d. J.: Was doch?

Fremder: Daß unsere menschliche Gattung gleichen Teil erhalten hat und also gemeinschaftlich läuft mit der edelsten unter allen und zugleich der anspruchslosesten?

Sokrates d. J.: Ich sehe wohl, wie das gar närrisch herauskommt.

Fremder: Ist es denn aber nicht natürlich, daß das Langsamste zuletzt kommt?

Sokrates d. J.: Das freilich wohl.

Fremder: Und das bemerken wir nicht, daß noch viel lächerlicher unser König erscheint, indem er samt seiner Herde umherläuft und
d gleichen Schritt hält mit dem auf ein anspruchsloses Leben am meisten Eingeübten?

Sokrates d. J.: Allerdings freilich.

Fremder: Aber nun eben, Sokrates, wird uns das noch besser deutlich, was damals bei der Untersuchung über den Sophisten gesagt ward.

Sokrates d. J.: Was doch?

Fremder: Daß nämlich diesem Verfahren in der Rede weder an dem Vortrefflicheren mehr liegt als an dem andern, noch sie das Kleinere hintansetzt wegen des Größeren, sondern immer ganz für sich die Sache zu Ende bringt, wie es am richtigsten ist.

Sokrates d. J.: So scheint es.

Fremder: Nach diesem nun, damit du mir nicht zuvorkommst
e durch die Frage, welches doch damals der kürzere Weg gewesen zur Erklärung des Königs, will ich selbst gleich vorangehen.

Sokrates d. J.: Sehr wohl.

Fremder: Ich meine nämlich, wir sollten gleich die Landgänger eingeteilt haben in zweifüßige und vierfüßige; und da wir dann die menschliche Gattung nur allein noch mit dem Federvieh zusammen die zweibeinige Herde bildend gefunden hätten, diese dann zerschneiden in einen nackten und einen gefiedererzeugenden Teil. Wäre sie nun so geteilt und dadurch die menschenhütende Kunst deutlich gezeigt worden, dann hätten wir unsern Staatsmann und König gebracht und wie den Wagenführer in den Staat hineingestellt, die Zügel desselben ihm übergebend, da hierin doch seine eigentümliche Kunst besteht.

267 a Sokrates d. J.: Sehr schön hast du mir wie die Hauptschuld die Erklärung ausgezahlt und mir noch diesen Nebenweg wie die Zinsen beigelegt, wodurch sie nun ganz vollendet ist.

[10. Zusammenfassung und Zweifel am Ergebnis]

Fremder: Wohlan denn, fassen wir nun, vom Anfang bis zum Ende alles noch einmal durchgehend, die Erklärung des Namens der Kunst des Staatsmannes zusammen.

Sokrates d. J.: Wohl.

Fremder: Von der einsehenden Erkenntnis hatten wir also zuerst einen gebietenden Teil; von diesem nannten wir ferner, durch Vergleichung darauf gebracht, einen Teil den selbstgebietenden. Von b
dieser selbstgebietenden ward nun gar nicht als die kleinste Gattung die, welche das Lebendige aufzieht, von uns abgeschnitten. Von dieser war eine Art die Herdenzucht, von der Herdenzucht wiederum die Hütung der zu Fuß Gehenden, und von dieser schnitten wir uns wieder besonders ab die Auferziehung der ungehörnten Gattung. Den nächsten Teil von dieser müßte nun einer wenigstens dreifach zusammenflechten, wenn er ihn in *einen* Namen befassen wollte, und müßte sie die Kunst der Hütung des Unvermischtbegatteten nennen. Von dieser ist nun der Abschnitt für die zweifüßige Herde c
der letzte übrigbleibende menschenhütende Teil, und er ist selbst eben dieses Gesuchte, was sowohl königliche als Staatskunst heißt.

Sokrates d. J.: Vollkommen richtig.

Fremder: Aber, Sokrates, ist uns dies so, wie du eben sagtest, auch wirklich verrichtet?

Sokrates d. J.: Wie doch?

Fremder: Daß unser Gegenstand vollkommen richtig und befriedigend ausgeführt worden ist? Oder fehlt nicht eben darin unsere Untersuchung, daß die Erklärung zwar irgendwie gegeben, aber keineswegs vollkommen gründlich ausgeführt worden ist? d

Sokrates d. J.: Wie meinst du das?

Fremder: Ich will versuchen, uns beiden, was ich denke, jetzt noch deutlicher zu machen.

Sokrates d. J.: Das tue nur.

Fremder: Nicht wahr, unter vielen hütenden Künsten, die sich uns eben gezeigt hatten, war *eine* die Staatskunst, die Sorgfalt für *eine* gewisse Herde?

Sokrates d. J.: Ja.

Fremder: Und unsere Erklärung bestimmte, sie wäre nicht die Zucht der Pferde noch anderer Tiere, sondern die Wissenschaft der Gemeinzucht der Menschen?

Sokrates d. J.: So war es.

[11. Ungenügen der Erklärung: sie schließt die Mithüter der menschlichen Herde nicht aus]

Fremder: Laß uns nun den Unterschied zwischen allen übrigen e
Hütern und den Königen betrachten.

Sokrates d. J.: Was für einen?

Fremder: Ob einer, der von einer anderen Kunst den Namen hat, mit irgendeinem der andern zugleich an der Aufziehung der Herde Anteil zu haben behauptet und sich anmaßt.

Sokrates d. J.: Wie meinst du das?

Fremder: Wie die Kaufleute, Ackerbauer, alle Speisebereiter, und außer diesen die Vorsteher der Leibesübungen und das ganze Ge-

schlecht der Ärzte, diese, weißt du wohl, würden sämtlich gegen jene Hüter der menschlichen Dinge, welche wir Staatsmänner ge-
268 a nannt haben, mit Gründen verfechten, daß sie für die Erhaltung der Menschen sorgen, und zwar nicht nur der zur Herde gehörigen Menschen, sondern auch der Herrscher selbst.

SOKRATES D. J.: Und täten sie daran nicht recht?

FREMDER: Vielleicht, und das wollen wir eben sehen. Das aber wissen wir doch, daß mit dem Ochsenhirten sich über dergleichen niemand in einen Streit einläßt; sondern er selbst der Hirte ist auch der Ernährer der Herde, er ist ihr Arzt, er ist gewissermaßen ihr Freiwerber, und der gesamten Hebammenkunst bei der Schwanger-
b schaft und der Geburt der Jungen ist er allein kundig. Ja, auch was Spiel und Tonkunst betrifft, soweit sein Vieh deren von Natur empfänglich ist, versteht niemand besser als er, es aufzumuntern und anlockend zu besänftigen, indem er auf Instrumenten sowohl als mit dem bloßen Munde die seiner Herde angemessene Tonkunst ausübt. Und mit den übrigen Hütern ist es dasselbe. Nicht wahr?

SOKRATES D. J.: Ganz richtig.

FREMDER: Wie kann also unsere Erklärung des Königs sich richtig
c und untadelhaft erweisen, wenn wir ihn den Hüter und Auferzieher der menschlichen Herde nennen, ihn allein heraushebend aus zehntausend anderen, die sich mit ihm darum streiten?

SOKRATES D. J.: Auf keine Weise.

FREMDER: Also war unsere Besorgnis vorher gegründet, als wir argwöhnten, wir möchten zwar wohl einige Züge des Herrschers angeben, keineswegs aber könnten wir den Staatsmann genau dargestellt haben, bis wir alle, welche sich um ihn herdrängen und auf das Mithüten Anspruch machen, weggeräumt und ihn, abgesondert von jenen, ganz rein für sich allein hinstellen.

d SOKRATES D. J.: Vollkommen gegründet freilich.

FREMDER: Dies also, o Sokrates, müssen wir bewerkstelligen, wenn wir nicht unsere Erklärung zuletzt zuschanden machen wollen.

SOKRATES D. J.: Das darf ja auf keine Weise geschehen.

[12. Rückgriff auf alte Erzählungen über eine Umkehr der Gestirnbahnen und die Erdgeburt des Menschen]

FREMDER: Also müssen wir wiederum von einem andern Anfang aus einen andern Weg gehen.

SOKRATES D. J.: Was doch für einen?

FREMDER: Wo wir auch wohl Scherz einmischen. Denn wir müssen einen ziemlichen Teil einer großen Geschichte zu Hilfe nehmen und
e hernach eben wie vorher, indem wir einen Teil nach dem andern wegnehmen, zu dem eigentlich Gesuchten selbst gelangen. Sollen wir das?

SOKRATES D. J.: Allerdings.

FREMDER: Aber auf die Geschichte sei mir ja recht aufmerksam, wie die Kinder. Du bist ja doch erst seit wenigen Jahren über die Kinderspiele hinaus.

SOKRATES D. J.: Sage nur.

FREMDER: Solche alten Erzählungen also gab es und wird es auch noch geben gar viele andere, und so auch die Erscheinung bei dem Streit, welcher vorgefallen sein soll zwischen Atreus und Thyestes. Denn du hast doch gehört und erinnerst dich, was sich damals ereignet haben soll?

SOKRATES D. J.: Das Zeichen von dem goldenen Lamme meinst du vielleicht.

FREMDER: Nein, das nicht, sondern das von der Änderung im Auf- 269 a
und Untergang der Sonne und der andern Gestirne, daß sie nämlich, von wo sie jetzt aufgehen, dorthin damals untergingen und aufgingen auf der entgegengesetzten Seite. Damals aber gab Gott dem Atreus ein Zeugnis und wendete sie um in die gegenwärtige Ordnung.

SOKRATES D. J.: Erzählt wird freilich auch das.

FREMDER: Und auch von der Herrschaft, welche Kronos führte, haben wir von vielen gehört.

SOKRATES D. J.: Von sehr vielen. b

FREMDER: Und wie? Daß vorher die Menschen als Erdgeborene entstanden und nicht erzeugt wurden einer von dem andern?

SOKRATES D. J.: Auch das ist eine von den alten Sagen.

FREMDER: Dies nun rührt insgesamt von demselben Umstande her, und außerdem tausenderlei anderes, noch Wunderbareres, wovon aber durch die Länge der Zeit sich einiges ganz verlöscht hat und das übrige zerstreut erzählt wird, jedes einzelne abgerissen von dem übrigen. Den Umstand aber, der von all diesem Ursache ist, hat noch niemand erzählt. Jetzt aber muß er berichtet werden, denn zur c
Darstellung des Königs wird er sich uns wohl schicken, wenn er erzählt ist.

[13. Die beiden entgegengesetzten Umläufe der Welt]

SOKRATES D. J.: Wohl gesprochen! Erzähle also, ohne etwas zu übergehen.

FREMDER: Höre denn. Dieses Ganze hilft auf seiner Bahn bisweilen Gott selbst mitführen und drehen, bisweilen läßt er es wieder los, wenn seine Umläufe das ihm gebührende Zeitmaß schon erlangt haben. Dann aber wendet es sich von selbst wieder um nach der entgegengesetzten Seite, als ein Lebendiges, dem auch Vernunft zu- d
geteilt ist von dem, welcher es ursprünglich zusammenfügte. Dieses Rückwärtsgehen aber ist ihm notwendig aus folgender Ursache eingewachsen.

SOKRATES D. J.: Aus welcher denn?

FREMDER: Sich immer einerlei und auf gleiche Weise zu verhalten und dasselbe zu sein, das kommt nur dem Göttlichsten unter allem allein zu; körperliche Natur aber steht nicht in dieser Ordnung. Was

wir nun Himmel und Welt genannt haben, hat freilich Vieles und Herrliches von seinem Erzeuger empfangen; indes ist es auch des
e Körpers teilhaftig geworden, daher ihm denn aller Veränderung schlechthin entledigt zu sein unmöglich ist. Nach Vermögen jedoch wird es immer in demselben auf gleiche Weise nach *einer* Richtung bewegt. Daher ist es der Kreisbewegung teilhaftig als der kleinstmöglichen Abweichung von der Selbstbewegung. Sich selbst aber immer zu drehen ist keinem wohl leicht möglich außer dem alles Bewegte Anführenden. Diesem ist aber nicht statthaft, jetzt so, dann wieder entgegengesetzt zu bewegen. Nach diesem allen also darf man von der Welt weder behaupten, daß sie immer sich selbst drehe, noch daß sie immer ganz von Gott gedreht werde, zumal es nach zweierlei und entgegengesetzten Richtungen geschieht, noch auch,
270 a daß etwa irgend zwei Götter von einander entgegengesetzter Gesinnung sie drehen; sondern was eben gesagt ist und allein übrig bleibt, daß sie zu einer Zeit von einer andern, göttlichen Ursache mitgeführt wird, das Leben aufs neue erwerbend und eine von dem Werkmeister ihr zubereitete Unsterblichkeit empfangend, dann aber, wenn sie losgelassen ist, von sich selbst geht, in einem solchen Zustande sich selbst überlassen, daß sie wiederum viele Myriaden von Umläufen rückwärts durchwandern kann, weil sie bei vollständigster Größe und Gleichgewicht auf dem kleinsten Fuße einherschreitend geht.

b SOKRATES D. J.: Sehr einleuchtend ist alles gesagt, was du bis jetzt ausgeführt hast.

[14. Die größte Veränderung im Lauf der Welt und ihre Folgen]

FREMDER: So laß uns zusammenrechnend den Umstand betrachten, der sich aus dem Gesagten ergibt und von uns als die Ursache alles Wunderbaren angegeben wurde. Dies ist nämlich folgender.

SOKRATES D. J.: Was für einer?

FREMDER: Daß nämlich die Bewegung des Ganzen bisweilen nach der Seite, wohin es sich jetzt dreht, sich bewegt, bisweilen nach der entgegengesetzten.

SOKRATES D. J.: Wie doch eigentlich?

FREMDER: Diese Veränderung muß man von allen Umwendungen,
c welche sich am Himmel ereignen, für die größte und vollständigste halten.

SOKRATES D. J.: Das scheint allerdings.

FREMDER: Daher ist auch zu glauben, daß alsdann die größten Veränderungen entstehen für uns, die wir innerhalb desselben wohnen.

SOKRATES D. J.: Auch das ist wahrscheinlich.

FREMDER: Viele wichtige und mannigfaltige Veränderungen aber, welche zusammentreffen, wissen wir nicht, daß die Natur der Lebenden diese nicht leicht erträgt?

SOKRATES D. J.: Wie sollten wir das nicht?

FREMDER: Die größten Vernichtungen also entstehen alsdann not-

wendig sowohl unter den anderen Tieren, als auch von dem menschlichen Geschlecht bleibt nur wenig übrig. Und für diese Überreste d
treffen dann viele andere wunderbare und neue Ereignisse zusammen; dieses aber ist das größte und begleitet die Umwälzung des Ganzen notwendig alsdann, wenn die der bisher bestehenden entgegengesetzte Richtung eintritt.

SOKRATES D. J.: Was für eines denn?

FREMDER: Welches Alter jedes lebende Wesen hatte, dies blieb ihm zuerst stehen, und alles Sterbliche hörte auf, je länger je älter auszusehen, vielmehr wendete es sich auf das Entgegengesetzte zurück und wurde gleichsam jünger und zarter. Und die weißen Haare e
der Alten schwärzten sich, die Wangen der Bärtigen aber glätteten sich wieder und brachten jeden zu seiner schon vorübergegangenen Blüte zurück; ebenso glätteten sich die Leiber der mannbaren Jugend und wurden jeden Tag und jede Nacht kleiner, bis sie wieder die Natur der kleinen Kinder annahmen und ihnen an Leib und Seele ähnlich wurden. Nach diesem aber welkten sie dann zusehends und verschwanden gänzlich. Ja auch die Leichname der zur selbigen Zeit gewaltsam Verstorbenen trafen die nämlichen Zufälle insgesamt, so daß sie sich in der Schnelligkeit in wenigen Tagen verzehrten. 271 a

[15. Die einstige Entstehung des Lebendigen und das Leben unter Kronos]

SOKRATES D. J.: Was für eine Entstehung des Lebendigen gab es aber damals, o Fremdling, und auf welche Weise erzeugte es sich aus sich?

FREMDER: Offenbar, o Sokrates, gab es auf diese Weise Erzeugtes in der damaligen Natur gar nicht; sondern das Geschlecht, wovon erzählt wird, es sei ehedem ein Erdgebornes gewesen, das waren eben die damals aus der Erde Zurückkehrenden, und es wurde so im Gedächtnis bewahrt von unsern ersten Vorfahren, welche noch der auf Endigung des ersteren Umlaufes folgenden Zeit Grenze erreich- b
ten und am Anfange des jetzigen geboren wurden. Denn diese sind uns eben die Verkündiger geworden aller jener Geschichten, welche jetzt mit Unrecht von vielen ungläubig verworfen werden. Das können wir, glaube ich, hieraus sehen. Denn damit, daß die Alten wieder zur Natur der Kinder zurückkehren, hängt ja zusammen, daß auch von den Verstorbenen und in der Erde Liegenden alle diejenigen wieder dort sich zusammenfügend und auflebend jener allgemeinen Umwendung folgten, als die gesamte Entstehung sich in die entgegengesetzte Richtung herumdrehte, und daß sie als Erdgeborne nach eben diesem Verhältnis notwendig hervorwachsend hiervon c
ihren Namen und ihre Erklärung erhielten, soviele von ihnen Gott nicht schon zu einem andern Geschick erhöht hatte.

SOKRATES D. J.: Offenbar folgt ja dies aus dem vorigen. Allein, das Leben, welches während der Gewalt des Kronos, wie du sagst, gewesen ist, war dies zur Zeit jener Bewegungen oder der jetzigen?

Denn die Veränderung an der Sonne und den Gestirnen muß offen-
bar mit beiden Bewegungen zusammentreffen.

FREMDER: Sehr gut bist du der Rede gefolgt. Das aber, wonach
d du fragst, daß nämlich den Menschen alles von selbst geworden,
gehört wohl keineswegs zu der jetzt bestehenden Bewegung, sondern
auch dieses war offenbar in der vorigen. Denn damals herrschte zu-
erst, für die ganze Umwälzung Sorge tragend, der Gott, wie jetzt
aber waren strichweise die verschiedenen Teile der Welt gänzlich un-
ter herrschende Götter verteilt. So auch die lebendigen Wesen nach
ihren verschiedenen Gattungen und Herden hatten als göttliche Hü-
ter unter sich verteilt die Dämonen, deren jeder jedem, welches er
e beherrschte, für alles genügte, so daß keines wild war, noch auch sie
einander zur Speise dienten; und Krieg oder Zwiespalt schon gab es
ganz und gar nicht unter ihnen, wie man auch unzählig viel anderes
mit dieser Anordnung Zusammenhängendes noch anführen könnte.
Was aber von der Menschen mühelosem Leben gerühmt wird, wird
aus folgendem Grund erzählt. Gott selbst hütete sie und stand ihnen
vor, wie jetzt die Menschen, als ein anderes göttlicheres Lebendiges,
andere Gattungen des Lebenden geringer als sie selbst hüten. Unter
seiner Hut aber gab es keine bürgerliche Verfassungen noch auch
272 a häusliche, daß man Weiber und Kinder hatte; denn aus der Erde
lebten sie alle auf, ohne sich des Vorherigen zu erinnern. Sondern
dergleichen fehlte ihnen alles, Früchte aber hatten sie reichlich von
Bäumen und vielen anderen Gewächsen, nicht durch Ackerbau ge-
zogene, sondern welche die Erde ihnen von selbst gab. Auch unbe-
kleidet und ohne Lagerdecken weideten sie größtenteils im Freien;
denn die Witterung war beschwerdenlos für sie eingerichtet, und weich
war ihr Lager genug, weil reichliches Gras aus der Erde hervorwuchs.
b Wie also das Leben unter dem Kronos gewesen, o Sokrates, hörst du;
das jetzige aber unter dem Zeus, wie es heißt, kennst du selbst. Könn-
test du nun wohl und wolltest entscheiden, welches von beiden das
glückseligere ist?

SOKRATES D. J.: Keineswegs.

FREMDER: Willst du also, daß ich es dir auf gewisse Weise ent-
scheide?

SOKRATES D. J.: Gar sehr will ich das.

[16. Glückseligkeit des damaligen Lebens. Schicksal und Lauf der sich selbst überlassenen Welt und die damit verbundene Verwandlung der Menschen]

FREMDER: Wenn also die Pfleglinge des Kronos, da sie so vieler
Muße genossen und auch des Vermögens, nicht nur mit Menschen,
sondern auch mit Tieren vernünftigen Umgang zu pflegen, dies alles
c recht gebrauchten zur Philosophie in ihren Unterredungen mit den
Tieren und unter sich, von jedem Wesen erforschend, ob es, im Be-
sitz irgendeines besonderen Vermögens, etwas von den andern Ver-
schiedenes wahrgenommen habe zur Vermehrung der Einsicht: dann

ist wohl leicht zu entscheiden, daß die damaligen Menschen tausend-
mal glückseliger daran waren als die jetzigen. Wenn sie aber reich-
lich mit Speise und Trank gesättigt sich untereinander und den Tie-
ren solche Geschichten erzählten, wie auch jetzt von *ihnen* erzählt
werden: so ist auch so die Sache wenigstens nach meiner Meinung d
gar leicht zu entscheiden. Doch lassen wir das jetzt, bis einer kommt,
der uns gründlich berichte, auf welche von beiden Seiten sich die
Lust jenes Geschlechtes neigte in Beziehung auf Erkenntnis und Ge-
brauch der Rede. Weshalb wir aber diese Geschichte in Anregung
gebracht, das muß jetzt erklärt werden, damit wir nächstdem zum
folgenden fortschreiten können.

Als nämlich alles dieses seine Zeit erfüllt hatte und eine Umkeh-
rung erfolgen mußte, da auch das aus der Erde gekommene Ge-
schlecht ganz aufgerieben war, nachdem jegliche Seele alle ihre Ent- e
stehungen durchgemacht hatte, nämlich, wie viele ihr bestimmt wa-
ren, in so vielen Aussaaten in die Erde gefallen war; alsdann ließ
der Steuermann des Ganzen gleichsam den Griff des Ruders fahren
und zog sich in seine Warte zurück. Die Welt aber bewegte nun
wiederum rückwärts das Geschick und die ihr eingepflanzte Be-
gierde. Alle also an ihren Orten mit dem höchsten Geist mitherr-
schenden Götter, als sie bemerkten, was geschah, ließen gleichfalls
die Teile der Welt los von ihrer Aufsicht und Besorgung. Sie aber, 273 a
die sich umkehrte und, des Endes und des Anfangs entgegengesetz-
ten Schwung empfangend, einen Stoß erlitt, richtete nun, indem sie
in sich selbst große Erschütterungen erregte, dadurch wieder anderes
Verderben an unter allerlei Arten des Lebendigen. Als aber, nach-
dem eine geraume Zeit vergangen war, Getümmel und Verwirrung
nachließen und von den Erschütterungen eine Stille eintrat, ging sie
nun zu ihrem gewohnten eignen Lauf wohl geordnet und bereitet
über, selber Aufsicht und Macht ausübend über alles in ihr und über
sich selbst, ihres Werkmeisters und Vaters Lehren dabei sich nach b
Kräften erinnernd. Anfänglich nun führte sie dies genauer aus, zu-
letzt aber lässiger. Und hieran ist das Körperliche in ihrer Mischung
schuld, dieses noch von der ehemaligen Natur her mit ihr Aufge-
zogene, weil es mit großer Unordnung behaftet war, ehe es zu der
jetzigen Weltordnung gelangte. Denn von dem, welcher sie einge-
richtet, besitzt sie alles Schöne; alles aber, was Widerwärtiges und
Unrechtes unter dem Himmel geschieht, stammt ihr selbst von ihrer c
vorigen Beschaffenheit her, und auch in die Lebendigen bringt sie es
mit hinein. Solange sie daher unter Aufsicht des Steuermannes ihre
lebendigen Bewohner ernährt, erzeugt sie in ihnen nur wenig Schlech-
tes und viel dagegen Gutes. Ist sie aber von jenem getrennt, so be-
sorgt sie in der nächsten Zeit nach ihrer Freilassung noch alles aufs
herrlichste; je weiter aber die Zeit vorrückt und Vergeßlichkeit sich
einschleicht bei ihr, um so mehr nimmt auch überhand der Zustand
der alten Verwirrung, welcher am Ende der Zeit vollkommen auf- d
blüht, so daß sie, nur aus wenig Gutem und einem großen Anteil

des Entgegengesetzten jede Mischung zusammensetzend, in Gefahr
des Verderbens gerät, sie selbst und alles in ihr. Weshalb denn als-
dann schon der Gott, welcher sie eingerichtet hat, wenn er sie in
diesen Nöten erblickt, aus Besorgnis, daß sie nicht zertrümmere und
durch die Zerrüttung gänzlich aufgelöst in der Unähnlichkeit un-
e ergründliches Meer versinke, sich selbst wiederum an das Ruder stel-
lend, alles, was erkrankt und aufgelöst ist, durch Umwendung in
den früheren, ihm selber gemäßen Umlauf wieder in Ordnung bringt
und so alles wieder ausbessernd die Welt unsterblich und alterslos
herstellt.

Dieses nun ist nur als das Ende von allem Bisherigen gesagt; was
uns aber zur Darstellung des Königs dient, finden wir hinreichend,
wenn wir uns nur an das vorige der Rede halten. Nämlich, sobald
die Welt sich wiederum in die Bahn für das jetzige Werden hinein-
drehte, stand zuerst wiederum das Alter still, und Neues, dem dama-
ligen Entgegengesetztes brachte sie demnächst hervor. Nämlich die
vor Kleinheit fast schon verschwindenden Leiber der lebendigen We-
sen wuchsen wieder und die neu aus der Erde schon als alt und grau
hervorgegangenen kehrten sterbend wieder in die Erde zurück, und
274 a alles andere veränderte sich, den Zustand des Ganzen nachahmend
und ihm folgend. Ebenso also auch, was zur Empfängnis, Geburt
und Ernährung gehört, folgte als Nachbildung dem Ganzen not-
wendig nach. Denn nun durfte nicht mehr in der Erde, indem andere
es zusammenfügten, ein Lebendiges gebildet werden; sondern so,
wie der Welt aufgegeben war, selbstherrschend ihre Bahn zu leiten,
auf dieselbe Weise war auch ihren Teilen, aus sich selbst, soviel als
möglich wäre, sich zu bilden, zu erzeugen und zu ernähren, durch
dieselbe Anordnung aufgegeben. Und nun sind wir eben bei dem an-
b gekommen, worauf diese ganze Rede ausging. Von den übrigen
Tieren nämlich wäre es lang und weitläufig zu erzählen, woher sich
jedes und weshalb verwandelt, von den Menschen aber ist es kürzer
zu fassen und mehr zur Sache gehörig. Denn von der Sorgfalt des
uns beherrschenden und hütenden Dämons verlassen, erfuhren die
Menschen, da die meisten Tiere von irgend rauherer Natur ganz ver-
wildert, sie selbst aber schwach und schutzlos geworden waren, von
c diesen vielerlei Leides und waren in den ersten Zeiten völlig hilf-
los und kunstlos, weil die von selbst sich darbietende Nahrung ihnen
ausgegangen und sich selbst welche zu verschaffen sie noch nicht
kundig waren, indem keine Art des Mangels sie vorher dazu genö-
tigt hatte. Alles dieses nun brachte sie in große Not. Weshalb denn
die in alten Sagen schon gerühmten Gaben uns von den Göttern mit
der nötigen Belehrung und Unterweisung geschenkt wurden, das
Feuer nämlich vom Prometheus und die Künste vom Hephaistos und
d seiner Kunstverwandtin, Saat und Gewächse wiederum von ande-
ren; und alles, was zur Ausstattung des menschlichen Lebens beige-
tragen, ist uns hieraus geworden, weil nämlich, wie gesagt ist, die
Obhut der Götter den Menschen fehlte und sie nun sich selbst füh-

ren und selbst für sich Sorge tragen mußten eben wie die ganze Welt, welche wir zu aller Zeit nachahmen und ihr nachfolgen, weshalb wir jetzt so und dann wieder auf andere Weise leben und entstehen. Und hiermit soll die Geschichte ein Ende haben. Zu Nutz e
aber wollen wir sie uns machen, um zu sehen, wie sehr wir gefehlt haben bei Darstellung des Herrschers und Staatsmannes in unserer vorigen Rede.

[17. Aufweis der begangenen Fehler und Bestimmung der den Hütern gemeinsamen Kunst als Herdenwartung]

SOKRATES D. J.: Wieso, und was für ein großer Fehler meinst du, daß uns begegnet wäre?

FREMDER: Auf der einen Seite ein kleinerer, auf der andern ein gar starker und weit mehr und größer als damals.

SOKRATES D. J.: Wieso?

FREMDER: Daß wir nämlich, gefragt nach dem Herrscher und König aus der gegenwärtigen Umkreisung und Art des Werdens, vielmehr aus dem entgegengesetzten Zeitlauf den Hirten der damaligen 275 a
menschlichen Herde beschrieben haben und also einen Gott statt eines Sterblichen, daran haben wir gar sehr gefehlt. Daß wir ihn aber als den Herrscher des gesamten Staates angegeben haben, ohne zu bestimmen auf welche Weise, daran haben wir zwar an sich selbst ganz wahr geredet; aber wir haben es weder ganz noch deutlich genug ausgedrückt und deshalb hierbei auch weniger als an jenem gefehlt.

SOKRATES D. J.: Richtig.

FREMDER: Wir dürfen also, wenn wir nun noch die Art und Weise des Herrschens im Staate bestimmt haben, alsdann, wie es scheint, hoffen, daß der Staatsmann uns vollständig erklärt sei.

SOKRATES D. J.: Sehr schön.

FREMDER: Deshalb nun haben wir auch die Erzählung beigebracht, b
damit sie zeigen sollte von der Herdenzucht nicht nur überhaupt, wie sich alle darum streiten mit dem jetzt Gesuchten, sondern auch, damit wir eben jenen selbst deutlicher erblickten, welchem, weil er allein nach Art und Weise der Hirten und Hüter für die menschliche Erhaltung Sorge trägt, auch allein dieser Name gebühren kann.

SOKRATES D. J.: Richtig.

FREMDER: Und ich meines Teils wenigstens denke, Sokrates, daß diese Abzeichnung eines göttlichen Hüters auch den Vergleich mit c
einem Könige noch weit hinter sich läßt, dahingegen unsere jetzigen Staatsmänner hier weit mehr den Beherrschten ihrer Natur nach ähnlich sind und auch an ihrer Bildung und Nahrung bei weitem mehr teilnehmen.

SOKRATES D. J.: Freilich wohl.

FREMDER: Suchen müssen wir sie aber doch um nichts mehr oder minder, sie mögen nun so oder anders geartet sein.

SOKRATES D. J.: Was sollten wir nicht!

FREMDER: So laß uns denn so wieder zurückgehen. Die wir die
selbstgebietende Kunst über Lebendige genannt haben, und zwar
d nicht über einzelne, sondern die eine gemeinsame Sorgfalt ausübt
über viele, und die wir doch auch dort gleich die Herdenzucht nann-
ten — du erinnerst dich doch?

SOKRATES D. J.: Ja.

FREMDER: Diese nun haben wir schon um etwas verfehlt. Denn wir haben den Staatsmann gar nicht mit befaßt und benannt, sondern unvermerkt ist er uns durch die Benennung entwischt.

SOKRATES D. J.: Wie das?

FREMDER: Daß jeder seine Herde aufzieht und ernährt, dies kommt
wohl allen andern Hütern zu, dem Staatsmann gerade kommt es
aber nicht zu, und doch haben wir eben davon den Namen herge-
e nommen, obwohl wir ihn von etwas allen insgesamt Gemeinschaft-
lichem hergenommen haben sollten.

SOKRATES D. J.: Ganz wahr sprichst du, wenn es so etwas gab.

FREMDER: Wie sollte nicht jedenfalls das Pflegen etwas allen Gemeinschaftliches gewesen sein, wobei weder Fütterung noch irgendein anderes einzelnes Geschäft ausgeschlossen ist, und wir also, wenn wir sie Herdenwartung oder Pflege oder Besorgung insgesamt nannten, alsdann den Staatsmann mit unter den übrigen verstecken konnten, da doch die Rede darauf deutete, daß dies geschehen müsse?

[18. Der Staatsmann als Betätiger der Kunst freiwilliger Herdenwartung über freiwillige Menschen]

276 a SOKRATES D. J.: Richtig; aber die weitere Einteilung, wie wäre die
gegangen?

FREMDER: Ebenso, wie wir vorher die Herdenzucht weiter teilten für zu Fuß Gehendes und Unbefiedertes und für Reinbegattendes und Ungehörntes, ebenso würden wir auch die Herdenwartung geteilt und unter dieser Erklärung dann die jetzige und die unter der Regierung des Kronos gleichermaßen mit begriffen haben.

SOKRATES D. J.: Das ist deutlich. Ich sinne aber, wie nun weiter?

FREMDER: Haben wir nun den Namen der Herdenwartung so be-
b stimmt: so wird offenbar keiner kommen und uns bestreiten, daß
sie überhaupt eine Besorgung wäre, so wie damals mit Recht bestrit-
ten wurde, daß es eine Kunst unter uns gebe, die diesen Beinamen
der aufziehenden und ernährenden verdiente, und wenn es eine gä-
be, viele andere weit eher und mehr dazu gehören würden als irgend-
ein Herrscher.

SOKRATES D. J.: Richtig.

FREMDER: Und Besorgung der gesamten menschlichen Gemein-
schaft wird doch wohl keine andere Kunst mehr und eher als die
c königliche behaupten wollen, daß sie es sei, und Kunst der über alle
Menschen sich erstreckenden Herrschaft.

SOKRATES D. J.: Richtig gesagt.

FREMDER: Nächstdem aber, o Sokrates, merken wir nicht etwa, daß auch gegen das Ende wiederum beträchtlich gefehlt ist?

SOKRATES D. J.: Worin doch?

FREMDER: Darin, daß, wenn wir auch noch so bestimmt gesehen hätten, es gebe allerdings eine aufziehende Kunst für die zweibeinige Herde, wir sie doch nicht gleich sollten die königliche und Staatskunst genannt haben, als wäre sie bereits völlig fertig.

SOKRATES D. J.: Warum nicht?

FREMDER: Zuerst, wie schon gesagt, war der Name zu verändern und mehr auf die gesamte Besorgung als auf die bloße Zucht zu be- d
ziehen. Dann war auch diese noch zu zerschneiden; denn sie hat wohl nicht wenig Einschnitte noch.

SOKRATES D. J.: Was für welche?

FREMDER: Wie wir ja schon den göttlichen Hüter und den menschlichen Fürsorger voneinander getrennt haben.

SOKRATES D. J.: Richtig.

FREMDER: Aber auch diese abgeteilte fürsorgende Kunst war notwendig wieder entzweizuschneiden.

SOKRATES D. J.: Und wie das?

FREMDER: In gewaltsame und freiwillige.

SOKRATES D. J.: Wieso?

FREMDER: Auch darin hatten wir vorher gefehlt und einfältiger e
als billig König und Tyrann in *eins* zusammengestellt, obwohl doch sie selbst und die Art eines jeden von ihnen zu herrschen einander ganz unähnlich sind.

SOKRATES D. J.: Richtig.

FREMDER: Nun also wollen wir auch dies berichtigend die menschliche Fürsorgekunst in zwei Teile teilen, nachdem Gewaltsames darin ist oder Freiwilliges.

SOKRATES D. J.: Allerdings.

FREMDER: Und die der Gewalttätigen nennen wir die tyrannische, die freiwillige Herdenwartung aber über freiwillige zweibeinige lebende Wesen als Staatskunst bezeichnend, wollen wir nun den, der diese Kunst und Besorgung ausübt, als den wahrhaften und wirklichen König und Staatsmann aufstellen.

[19. Hinweis auf den noch bestehenden Mangel an Deutlichkeit]

SOKRATES D. J.: Und hiermit, o Fremdling, wird uns nun doch wohl 277 a
die richtige Darstellung des Staatsmannes ganz vollendet sein.

FREMDER: Sehr schön, o Sokrates, stände es dann um uns. Aber das mußt nicht nur du allein, sondern auch ich muß es gemeinschaftlich mit dir glauben. Nun aber scheint mir wenigstens der König noch nicht seine völlige Gestalt zu haben, sondern wie die Bildhauer bisweilen, wenn sie zur Unzeit eilen, ihre Werke größer anlegen als nötig und sie dadurch verzögern: so haben auch wir, um nicht nur b
schnell, sondern auch auf eine prächtige Art den Fehler unserer ersten Ausführung ans Licht zu bringen, und in der Meinung, es gezieme

sich, dem König auch große Beispiele beizufügen, eine wundergroße Masse von Geschichte zusammengebracht und uns dann eines größeren Teiles derselben als nötig bedienen müssen. Darum ist unsere Darstellung gar lang geraten, und wir haben nicht einmal die Geschichte zu Ende gebracht. Sondern an unserer Rede mögen wohl, wie
c an einem Gemälde, die Umrisse gut genug gezeichnet sein, aber gleichsam die Deutlichkeit, welche durch die Pigmente und durch die richtige Mischung der Farben entsteht, ihr noch gefehlt haben. Und doch soll man noch besser als durch Malerei oder jede andere Handarbeit alles Lebendige durch Vortrag und Rede denen darstellen, die es fassen können, und nur den andern durch Nachbildung mit Händen.

SOKRATES D. J.: Das ist wohl richtig. Wie du aber meinst, daß wir noch nicht hinlänglich erklärt hätten, das mache mir deutlich.

d FREMDER: Es ist schwer, Bester, wenn man nicht ein Beispiel zur Hand nimmt, irgend etwas Größeres recht deutlich zu machen. Denn sonst mag wohl jeder von uns erst wie im Traume alles wissen und dann wieder gleichsam wachend alles nicht wissen.

SOKRATES D. J.: Wie meinst du das?

FREMDER: Gar wunderlich scheine ich gegenwärtig aufzuregen, was bei dem Wissen in uns vorkommt.

SOKRATES D. J.: Woher das?

FREMDER: Eines Beispiels hat mir ja nun wieder auch das Beispiel selbst bedurft.

e SOKRATES D. J.: Was nun weiter? Sage es nur, und meinetwegen trage gar kein Bedenken.

[20. Erläuterung des Wesens des Beispiels am Beispiel der Buchstaben]

FREMDER: So will ich es denn sagen, da ja auch du bereit bist zu folgen. Von den Kindern wissen wir doch, wenn sie eben lesen lernen, –

SOKRATES D. J.: Was denn?

FREMDER: Daß sie jeden Buchstaben in den kürzesten und leichtesten Silben bald genug bemerken und fähig werden, das Wahre über sie deutlich zu machen.

278 a SOKRATES D. J.: Das gewiß.

FREMDER: Daß sie diese selben aber in anderen wieder verkennen und dann fehlen in ihrer Vorstellung und Rede.

SOKRATES D. J.: Allerdings.

FREMDER: Ist es nun nicht so am leichtesten und schönsten, sie zu dem zu führen, was sie noch nicht erkennen?

SOKRATES D. J.: Wie?

FREMDER: Daß man sie erst zu dem zurückführe, wo sie dasselbe richtig vorgestellt haben, und dann dieses neben das noch nicht von
b ihnen Erkannte stelle, um ihnen durch Vergleichung dieselbe Gestaltung und Beschaffenheit in beiden Verknüpfungen zu zeigen, bis

das richtig Vorgestellte neben alles noch Unbekannte gestellt aufgezeigt ist und so aufgezeigt Beispiele abgibt, welche bewirken, daß von allen Buchstaben in allen Silben jeder, wenn er verschieden ist, auch als verschieden, wenn er aber derselbe ist, auch als derselbe immer auf gleiche Weise benannt werde. c

Sokrates d. J.: Allerdings freilich.

Fremder: Das also haben wir zur Genüge gefaßt, daß ein Beispiel alsdann entsteht, wenn etwas, was als dasselbe in einem andern Getrennten richtig vorgestellt und an etwas herangebracht wird, von jedem von beiden als gleichen eine und dieselbe richtige Vorstellung bewirkt.

Sokrates d. J.: Das leuchtet ein.

Fremder: Sollen wir uns also wundern, wenn unsere Seele, der es
von Natur mit den Bestandteilen der Dinge überhaupt ebenso ergeht, d
jetzt von der Wahrheit geführt über jeden einzelnen in einigen Gegenständen Festigkeit gewinnt, dann aber wieder über alle in anderen schwankt, und wenn sie einige von ihnen doch in manchen Verbindungen richtig vorstellt, versetzt aber in weitläufige und nicht leichte Verknüpfungen und gleichsam Silben von Gegenständen, eben dieselbigen wieder nicht erkennt?

Sokrates d. J.: Gar nicht ist das zu verwundern.

Fremder: Denn von einer falschen Vorstellung anfangend könnte
einer wohl auch nicht zum kleinsten Teile der Wahrheit gelangen und e
so irgend Einsicht gewinnen.

Sokrates d. J.: Gewiß auf keine Weise.

Fremder: Also wenn dies so beschaffen ist: so würden wir wohl nichts versehen, ich und du, wenn wir zuerst versuchten, die Natur des ganzen Beispiels an einem kleinen, auf das Einzelne gehenden Beispiel zu erkennen, und uns dann daran gäben, indem wir zu dem Könige als dem größten schon den selbigen Begriff aus kleineren Dingen irgendwoher hinzubrächten, vermittels des Beispiels auch zu versuchen, die Besorgung derer in der Stadt nach der Kunst zu erläutern, damit wir nun statt im Traume es auch wachend haben.

Sokrates d. J.: Vollkommen richtig.

Fremder: So laß uns denn unsere vorige Rede wieder aufnehmen, 279 a
daß nämlich, weil mit dem königlichen Geschlecht so viele andere um die Besorgung im Staate sich streiten, wir diese alle absondern müssen, um jenen allein zu behalten, und eben hierzu, sagten wir, bedürften wir eines Beispiels.

Sokrates d. J.: Und das gar sehr.

[21. Heranziehung des Beispiels der Weberei und ihre genauere Bestimmung als Kleidermacherkunst]

Fremder: Was für ein recht kleines Beispiel, welches aber doch mit der Staatskunst dieselbe Verrichtung in sich schlösse, könnte einer nun wohl beibringen, um das Gesuchte danach genau genug
zu finden? Oder beim Zeus, Sokrates, sollen wir, wenn wir nichts b

anderes bei der Hand haben, ebensogern die Weberei nehmen, und auch die, wenn du meinst, nicht ganz? Vielleicht nämlich wird uns schon die hinreichen, welche in Wolle arbeitet. Denn wenn wir auch nur diesen Teil von ihr herausnehmen, wird er uns wohl schon nachweisen, was wir wollen.

SOKRATES D. J.: Warum also nicht?

FREMDER: Und warum wollten wir nicht, wie wir vorher von jedem Teil wieder Teile abschneidend alles zerlegt haben, auch jetzt bei der
c Weberei dasselbe tun, und wenn wir alles so kurz als möglich schnell durchgegangen sind, wieder zu dem, was uns jetzt brauchbar ist, zurückkehren?

SOKRATES D. J.: Wie meinst du das?

FREMDER: Ich will dir durch die Ausführung selbst antworten.

SOKRATES D. J.: Sehr gut gesagt.

FREMDER: Alle Dinge also, welche wir verfertigen oder erwerben, dienen uns teils um etwas zu tun, teils sind sie, um etwas nicht zu leiden, Schutzwehren. Und von diesen Schutzwehren sind einige
d Heilmittel, sowohl göttliche als menschliche, andere Abwehrungsmittel. Und von den Abwehrungsmitteln sind einige Rüstungen für den Krieg, andere sind Einhegungen. Von diesen Einhegungen sind einige Vorbauungen gegen den Anblick, andere sind Sicherungen gegen Hitze und Ungewitter. Von diesen Sicherungen sind einige, was wir Obdach, andere, was wir Hülle nennen. Die Hüllen sind wieder teils Unterdecken, teils Anzüge. Von den Anzügen sind einige aus einem Stück, andere zusammengesetzt, die zusammengesetz-
e ten teils durchlöchert, teils ohne Durchlöcherung verbunden; und von den undurchlöcherten einige aus dem Baste der Pflanzen, andere von Haaren, und die härenen teils mit Wasser und Erde geklebt, teils durch sich selbst verbunden. Eben diese nun aus durch sich selbst Verbundenem gefertigten Abwehrungen und Hüllen nennen wir Kleider; und die diese Kleider vorzüglich besorgende Kunst wollen
280 a wir, wie wir dort die den Staat vorzüglich besorgende die Staatskunst nannten, so auch diese von der Sache selbst die Kleidermacherkunst nennen. Und wollen auch sagen, daß die Weberei, inwiefern sie bei Verfertigung der Kleider bei weitem das wichtigste Stück ist, gar nicht als nur dem Namen nach von dieser Kleidermacherkunst unterschieden ist, so wie dort die königliche von der Staatskunst.

SOKRATES D. J.: Vollkommen richtig.

FREMDER: Und nun laß uns das weitere bedenken, daß nämlich
b diese so beschriebene Weberei der Kleider einer wohl für hinlänglich erklärt halten würde, der nämlich nicht bemerken könnte, daß sie von ihren nächsten Gehilfinnen noch nicht ausgeschieden, wenngleich von vielen Verwandten abgeteilt ist.

SOKRATES D. J.: Von was für Verwandten, sage.

[22. Aufweis, daß die gegebene Bestimmung zwar vieles Verwandte ausschließt, aber noch manches übrigläßt]

FREMDER: Du bist dem Gesagten nicht gefolgt, wie es scheint. Also müssen wir wohl noch einmal zurückgehen, vom Ende anfangend, ob du etwa das Verwandte gewahr wirst, was wir jetzt eben von ihr abgeschnitten haben, nämlich die Verfertigung der Teppiche, welche wir absonderten, inwiefern sie untergelegt, jene aber angelegt werden.

SOKRATES D. J.: Ich verstehe.

FREMDER: Auch jede Bereitung aus Lein und Hanf und allem, was c
wir in der Erklärung Pflanzenbast nannten, haben wir weggenommen; auch alles Filzen haben wir ausgeschieden und was mittels Durchbohrung und Naht die Teile verknüpft, wovon das meiste die Lederarbeit ist.

SOKRATES D. J.: Allerdings.

FREMDER: Ebenso die Bearbeitung der Häute zu Bedeckungen aus einem Stück und alle Arten von Obdach, sowohl welche die Baukunst und die Tischlerei errichten, um Strömungen abzuhalten, als auch d
was andere einhegende Künste hervorbringen, um gegen Diebereien und gewalttätige Handlungen zu schützen, und alle, welche sich damit beschäftigen, Kisten und Deckel zu verfertigen und die Befestigungen der Türen, und alle, welche sich abteilen lassen als Teile der Kunst, die sich der Nägel bedient. Ferner haben wir die Verfertigung der Waffen abgeschnitten als einen Ausschnitt der großen und mannigfaltigen Kunst der Abwehrungsmittel; ja auch jene Kocherei, wel- e
che es mit den Arzneimitteln zu tun hat, haben wir gleich anfangs gänzlich abgeschieden und haben, wie wir denken sollten, nur eben die gesuchte, gegen die Witterung schützende und wollene Umwürfe verfertigende allein übriggelassen, welche die Weberei genannt wird.

SOKRATES D. J.: So scheint es allerdings.

FREMDER: Aber vollständig ist dies noch gar nicht erklärt, Kind. Denn wer ganz zuerst an Verfertigung der Kleider Hand anlegt, scheint doch ganz das Gegenteil des Webens zu verrichten. 281 a

SOKRATES D. J.: Wieso?

FREMDER: Das Weben ist doch ein Zusammenflechten?

SOKRATES D. J.: Ja.

FREMDER: Jenes aber ist vielmehr eine Trennung des Zusammenhängenden und Zusammengefilzten.

SOKRATES D. J.: Welches denn?

FREMDER: Das Geschäft des Wollkämmers. Oder sollen wir wagen, dies Weberei und den Wollkämmer wirklich Weber zu nennen?

SOKRATES D. J.: Keineswegs.

FREMDER: Und wenn jemand wiederum das Spinnen des Fadens zur Kette sowohl als zum Einschlag Weberei nennen wollte: so würde der sich auch eines ungewöhnlichen und falschen Namens bedie- b
nen.

SOKRATES D. J.: Freilich wohl.

FREMDER: Und wie? Alles Walken und Ausbessern, sollen wir das gar nicht als eine Besorgung und Pflege der Kleider setzen oder auch dies alles als Weberei aufstellen?

SOKRATES D. J.: Keineswegs.

FREMDER: Aber doch werden diese alle die Besorgung und Entstehung der Kleider wohl der Weberei streitig machen, den größten Teil freilich ihr überlassend, aber auch einen großen sich zuschreibend.

c SOKRATES D. J.: Freilich.

FREMDER: Überdies ist noch zu glauben, daß dann auch die Künste, welche die Werkzeuge verfertigen, mit denen die Geschäfte bei dem Gewebe verrichtet werden, auch Miturheberinnen werden sein wollen bei jedem Gewebe.

SOKRATES D. J.: Ganz recht.

FREMDER: Wird nun wohl die Erklärung der Weberei, nämlich des Teils, den wir als den vorzüglichsten gewählt, hinlänglich bestimmt sein, wenn wir sie unter allen Besorgungen für die wollenen Gewän-
d der nur als die schönste und größte angeben? Oder würden wir dann zwar wohl etwas Richtiges sagen, Bestimmtes und Vollendetes aber nicht, bis wir auch diese alle abgesondert haben?

SOKRATES D. J.: Gewiß.

[23. Vollkommene Bestimmung der Weberei durch Teilung in mitverursachende und verursachende und trennende und verbindende Künste]

FREMDER: Dies ist also nun zu verrichten, was wir eben sagen, damit uns die Rede weiter gedeihe.

SOKRATES D. J.: Freilich.

FREMDER: Zuerst also laß uns zweierlei Künste bei allem, was gemacht wird, betrachten.

SOKRATES D. J.: Was für welche?

FREMDER: Die eine ist an einem Entstehen Mitursache, die andere die Ursache selbst.

SOKRATES D. J.: Wie das?

e FREMDER: Solche Künste, welche die Sache nicht selbst verfertigen, den verfertigenden aber Werkzeuge darreichen, ohne deren Anwendung das jeder Kunst Anheimfallende nicht könnte verfertigt werden, diese nenne ich mitverursachend, die aber, welche die Sache selbst verfertigen, verursachend.

SOKRATES D. J.: Das hat freilich Grund.

FREMDER: Demnächst also wollen wir die, von denen die Spinnrocken und Weberladen herrühren, und was für Werkzeuge sonst noch an der Entstehung der Bekleidungen teilhaben, alle mitverursachend nennen, die aber sie selbst behandeln und verfertigen, verursachend.

SOKRATES D. J.: Ganz richtig.

282 a FREMDER: Von denen nun, welche verursachend sind, wollen wir

das Waschen und Ausbessern und alle ähnlichen Besorgungen, weil die schmückende Kunst sehr ausgebreitet ist, als den hierhergehörigen Teil derselben zusammenfassen und alle zusammen benennen nach der Walkerei.

Sokrates d. J.: Gut.

Fremder: Wiederum das Kämmen und Spinnen und alle Teile der Verfertigung des Kleides selbst, wovon wir reden, diese alle bilden *eine* Kunst von den allgemein genannten, die Wollzeugbereitung.

Sokrates d. J.: Wie sollte sie auch anders!

Fremder: Die Wollzeugbereitung habe uns aber wieder zwei Ab- b
schnitte, deren jeder zugleich ein Teil von zwei Künsten ist.

Sokrates d. J.: Wie das?

Fremder: Das Kämmen und die eine Hälfte der Bearbeitung auf dem Webstuhl, und was sonst das Vereinigte trennt, alles dies gehört, wenn man es in eins zusammenfassen will, freilich zur Zeugbereitung selbst; aber dann gibt es doch auch noch zwei sehr weit über alles verbreitete Künste, die verbindende und die trennende?

Sokrates d. J.: Ja.

Fremder: Das Kämmen also und das eben erwähnte alles gehört
zur trennenden. Denn das Trennen der Wolle und der Fäden, wel- c
ches mit der Weberlade auf eine Art geschieht, mit den Händen auf eine andere, dies führt eben die jetzt genannten Namen.

Sokrates d. J.: Allerdings.

Fremder: Ebenso werden wir wiederum einen Teil der verbindenden Kunst und zugleich der Wollbereitung in ihr finden, und wollen nun, was dort zur trennenden gehörte, alles fallen lassen, indem wir die Wollbereitung zerschneiden in einen trennenden und einen verbindenden Abschnitt.

Sokrates d. J.: So sei sie dann geteilt.

Fremder: Aber auch den verbindenden und zugleich zur Wollbe-
reitung gehörigen Teil, o Sokrates, wirst du teilen müssen, wenn d
wir recht genau die vorbeschriebene Weberei finden wollen.

Sokrates d. J.: So müssen wir es denn.

Fremder: Wir müssen es freilich und sagen, der eine Teil sei der drehende, der andere der flechtende.

Sokrates d. J.: Verstehe ich recht? Mich dünkt nämlich, du nennst den, der es mit Verfertigung des Fadens zur Kette zu tun hat, den drehenden.

Fremder: Nicht zur Kette allein, sondern auch zum Einschlag. Oder werden wir irgend finden, daß dieser ohne Drehen entstehe?

Sokrates d. J.: Gewiß nicht.

Fremder: Teile aber auch wieder jeden von diesen; denn diese e
Teilung könnte dir sehr zustatten kommen.

Sokrates d. J.: Wie denn?

Fremder: So: Von den Werken des Wollkämmers nennen wir das in die Länge und in die Breite Gezogene den Wocken.

Sokrates d. J.: Ja.

Fremder: Was nun hiervon mit der Spindel zu einem festen Faden gedreht wird, das nenne das Gespinst zur Kette, und die Kunst, die dieses sauber anfertigt, die feste Spinnerei.

Sokrates d. J.: Richtig.

Fremder: Was aber nur lose zusammengedreht wird und durch Einflechtung der Kette bei der Bearbeitung des Walkers die gehörige Weichheit erhält, dies Gespinst ist das für den Einschlag,
283 a und die Kunst, der es anheimfällt, wollen wir die weiche Spinnerei nennen.

Sokrates d. J.: Ganz richtig.

Fremder: Und nun ist der Teil der Weberei, den wir bestimmen wollten, schon jedem klar. Wenn nämlich der in der Wollbereitung sich findende Teil der verbindenden Kunst durch gerades Einschießen des Einschlags in die Kette ein Geflecht hervorbringt, so wird nun das sämtliche Geflecht das wollene Gewand sein, und die hierzu gesetzte Kunst nennen wir die Weberei.

Sokrates d. J.: Ganz richtig.

[24. Die Notwendigkeit, daß Mehr und Weniger sich nicht nur aufeinander, sondern auch auf die Entstehung des Angemessenen beziehen]

b Fremder: Gut. Warum haben wir aber nicht gleich geantwortet, die Weberei sei die Verflechtung des Einschlags und der Kette, sondern sind in einem weiten Kreise herumgegangen, gar vieles unnützerweise beschreibend?

Sokrates d. J.: Unnützerweise scheint mir wenigstens nichts gesagt zu sein von dem, was wir gesagt haben.

Fremder: Das ist wohl auch kein Wunder, aber es könnte dir doch so scheinen. Gegen dieses Übel nun, wenn es dir vielleicht in Zukunft öfter wiederkommen sollte – denn auch das wäre kein Wun-
c der –, höre eine Rede, die auf alles dergleichen angewendet zu werden wohl verdient.

Sokrates d. J.: Sage sie nur.

Fremder: Zuerst also laß uns überhaupt sehen, was Übermaß und Mangel ist, damit wir mit Grund loben und tadeln, was in solchen Unterhaltungen ausführlicher als billig gesagt wird und was entgegengesetzt.

Sokrates d. J.: Das wollen wir dann.

Fremder: Wenn also unsere Rede auf diese Dinge selbst ginge, würde sie den rechten Weg einschlagen.

Sokrates d. J.: Auf welche?

Fremder: Auf Länge und Kürze und überhaupt auf jedes Hervor-
d ragen oder Zurückbleiben. Auf alles dies geht aber doch eben die Meßkunst?

Sokrates d. J.: Ja.

Fremder: Laß sie uns also in zwei Teile teilen, denn dessen bedürfen wir zu unserm jetzigen Zweck.

SOKRATES D. J.: Sage nur, wie die Teilung geschehen soll.

FREMDER: So: der eine bezieht sich auf ihr Teilhaben an Größe und Kleinheit im Verhältnis zueinander, der andere auf der Entstehung notwendiges Sein.

SOKRATES D. J.: Wie meinst du das?

FREMDER: Dünkt dich nicht natürlich, daß man sagen müsse, das Größere sei als nichts anderes größer denn nur als das Kleinere, und das Kleinere wiederum kleiner als das Größere und als nichts ande- e
res?

SOKRATES D. J.: Das dünkt mich allerdings.

FREMDER: Wie aber? Was die Natur des Angemessenen übertrifft oder davon übertroffen wird, in Reden oder auch in Handlungen, müssen wir das nicht auch beschreiben als ein wirklich Entstehendes, wodurch ja auch vorzüglich die Guten und Bösen unter uns sich voneinander unterscheiden?

SOKRATES D. J.: Offenbar.

FREMDER: Diese zwei Arten des Seins und der Beurteilung müssen wir also annehmen für das Große und Kleine, und nicht, wie wir vorher sagten, sie dürften nur in Beziehung auf einander sein; sondern vielmehr, wie es jetzt erklärt worden, ist die eine Art in Beziehung beider auf einander, die andere in ihrer Beziehung auf das Angemessene zu setzen. Weshalb aber, wollen wir das wohl sehen?

SOKRATES D. J.: Warum nicht?

FREMDER: Wenn jemand nicht zugeben will, daß der Begriff des 284 a
Größeren sich auf etwas anderes beziehe als auf das Kleinere, so wird er sich nie auf das Angemessene beziehen. Nicht wahr?

SOKRATES D. J.: Gewiß.

FREMDER: Und würden wir nicht die Künste selbst und alle ihre Werke zerstören durch diese Rede, und wird uns nicht eben auch die jetzt gesuchte Staatskunst und die vorher erklärte Weberkunst verschwinden? Denn alle solche suchen das im Verhältnis zum Angemessenen Größere oder Geringere nicht als nichtseiend, sondern als für ihr Geschäft verderblich seiend zu vermeiden; und nur, indem sie b
auf diese Weise das Angemessene bewahren, vollbringen sie alles Gute und Schöne.

SOKRATES D. J.: Wie könnten sie anders?

FREMDER: Machen wir aber, daß die Staatskunst uns verschwindet, so bleibt unsere Untersuchung der königlichen Wissenschaft ohne Ausgang.

SOKRATES D. J.: Gewiß.

FREMDER: Sollen wir nun, wie wir bei dem Sophisten durchsetzten, das Nichtseiende sei, weil dahin sich uns die Rede entzog, so auch jetzt durchsetzen, das Mehr und Weniger müsse meßbar sein nicht nur gegeneinander, sondern auch gegen die Entstehung dessen, was angemessen ist? Denn unmöglich kann weder ein Staatsmann noch c
irgendein anderer von denen, die es mit Handlungen zu tun haben,

unbestritten ein wahrhaft Kundiger sein, wenn dies nicht zugestanden wird.

SOKRATES D. J.: Also müssen wir auf alle Weise auch jetzt dasselbe tun.

[25. Die zwei Arten der Meßkunst. Bedeutsamkeit der angeführten These und des richtigen Teilens]

FREMDER: Nur noch größer ist diese Arbeit, o Sokrates, als jene — und wir erinnern uns doch noch an jene, wie lang sie währte. Aber ansetzen können wir darüber wohl dieses mit allem Recht.

SOKRATES D. J.: Was doch?

d FREMDER: Daß allerdings das jetzt Angeführte einmal nötig sein wird zur Darlegung des Genauen selbst. Daß es aber zu unserm jetzigen Bedarf schön und genügend gezeigt ist, dazu scheint dieser Satz uns reichlich zu helfen, daß man also in gleicher Weise annehmen muß, daß alle Künste sind, und zur selben Zeit, daß Größeres und Kleineres meßbar ist nicht nur gegen einander, sondern auch gegen die Entstehung des Angemessenen. Denn wenn dieses *ist*, dann *sind* auch jene, und sind jene, so muß auch dieses *sein*; *ist* aber eines von beiden nicht, so kann auch keines von beiden jemals *sein*.

e SOKRATES D. J.: Das ist richtig; allein was folgt weiter?

FREMDER: Offenbar werden wir nun die Meßkunst auf die Art, wie jetzt erklärt ist, teilen, indem wir sie in zwei Teile zerschneiden, als den einen Teil derselben alle Künste setzend, welche Zahlen, Längen, Breiten, Tiefen und Geschwindigkeiten gegen ihr Gegenteil abmessen; als den andern aber alle, die es tun gegen das Angemessene und Schickliche und Gelegene und Gebührliche und alles, was in der Mitte zwischen zwei äußersten Enden seinen Sitz hat.

SOKRATES D. J.: Gar groß ist jeder von diesen Abschnitten und gar weit unterschieden einer vom andern.

FREMDER: Denn was bisweilen, o Sokrates, viele preiswürdige
285 a Männer sagen in der Meinung, etwas recht Weises vorgetragen zu haben, daß nämlich die Meßkunst auf alles Entstehende geht, das ist eben dies jetzt erklärte. Denn Messung findet gewissermaßen bei allem Kunstmäßigen statt. Weil sie aber nicht gewöhnt sind, was sie betrachten, nach Arten einzuteilen: so werfen sie diese so sehr voneinander verschiedenen Dinge in *eins* zusammen und halten sie für ähnlich; ebenso tun sie dann auch wieder das Gegenteil, indem sie anderes gar nicht nach einer ordentlichen Teilung voneinander
b trennen, obwohl doch, wer zuerst die Gemeinschaft zwischen vielen bemerkt, nicht eher ablassen sollte, bis er alle Verschiedenheiten in derselben gesehen hat, soviele jedenfalls auf Begriffen beruhen; und wiederum, wenn die mannigfaltigen Unähnlichkeiten an einer Mehrheit erschienen sind, dann sollte man nicht imstande sein, eher sich zu scheuen und aufzuhören, bis man alles Verwandte innerhalb *einer* Ähnlichkeit eingeschlossen und unter das Sein einer Gattung befaßt hat. Dies sei nun aber hierüber und über Mangel und Über-

maß zur Genüge gesprochen. Nur dies laß uns in acht nehmen, daß wir zwei Arten der Meßkunst dafür gefunden haben, und laß uns c
erinnern, worin wir sagten, daß beide beständen.

Sokrates d. J.: Das wollen wir erinnern.

[26. Steigerung der dialektischen Fähigkeit als Endzweck aller Untersuchung. Das richtige Maß zur Beurteilung ihrer Länge und Kürze]

Fremder: Nach dieser Erklärung nun laß uns eine andere hinzufügen über das Gesuchte selbst und über jede Beschäftigung mit solchen Reden.

Sokrates d. J.: Was doch für eine?

Fremder: Wenn uns jemand fragte über die Zusammenkünfte derer, welche die Buchstaben lernen, ob, wenn einer nach irgendeinem Worte gefragt wird, aus was für Buchstaben es bestehe, wir dann
sagen wollen, die Frage geschehe mehr wegen des *einen* Aufgegebe- d
nen, oder vielmehr, damit er in allem, was aufgegeben werden kann, sprachkundiger werde?

Sokrates d. J.: Deshalb offenbar, damit er es in allem werde.

Fremder: Und wie? Unsere Frage über den Staatsmann, ist sie uns mehr um seinetwillen selbst aufgegeben worden oder damit wir in allem dialektischer werden?

Sokrates d. J.: Offenbar auch dies, um es in allem zu werden.

Fremder: Gewiß wird doch wenigstens kein irgend vernünftiger Mensch die Erklärung der Weberei um ihrer selbst willen suchen wollen. Aber das, glaube ich, merken die meisten nicht, daß einige
leicht zu erkennende Dinge gewisse wahrnehmbare Ähnlichkei- e
ten an sich tragen, welche es dann gar nicht schwer ist aufzuzeigen, wenn jemand einem, der Rechenschaft über etwas verlangt, nicht auf eine mühsame Weise, sondern ohne Erklärung leicht etwas darüber deutlich machen will; daß aber von den größten und schätz-
barsten es kein handgreifliches Bild für die Menschen gibt, durch 286 a
dessen Aufzeigung, wer die Seele eines Forschenden befriedigen will, wenn er es etwa irgendeinem der Sinne vorhielte, sie hinlänglich befriedigen könnte. Deshalb muß man darauf bedacht sein, von jedem Erklärung geben und auffassen zu können. Denn das Unkörperliche als das Größte und Schönste wird nur durch Erklärung und auf keine andere Weise deutlich gezeigt. Und hierauf bezieht sich
alles jetzt Gesagte; aber die Übung ist in allen Stücken leichter am b
Geringeren als am Größeren.

Sokrates d. J.: Sehr schön gesagt.

Fremder: Weshalb wir nun dieses alles vorgetragen, laß uns ja nicht vergessen.

Sokrates d. J.: Weshalb also?

Fremder: Zunächst und gar nicht am wenigsten wegen eben jener Beschwerde über jene Weitläufigkeit in der Erklärung der Weberei, die wir gar beschwerlich empfunden haben, und in der von der Umwälzung des Ganzen und in der über das Sein des Nichtseienden

beim Sophisten, indem wir bemerkten, wie sehr lang dies alles war. Und über alles dieses haben wir uns Vorwürfe gemacht, besorgend,
c daß wir außer dem Langen auch ungehörig sprächen. Damit uns also dieses in Zukunft nicht wieder begegne, deshalb, sage, hätten wir alles Bisherige erörtert.

SOKRATES D. J.: Das soll geschehen; sprich nur weiter.

FREMDER: Ich sage demnach, daß wir, du und ich, uns des jetzt Gesagten zu erinnern und immer Lob und Tadel über Länge und Kürze, wovon wir auch jedesmal reden mögen, zu erteilen haben nicht nach Beurteilung der Längen in Vergleich miteinander, sondern
d zufolge jenes Teiles der Meßkunst, welchen wir uns damals merken wollten, nach dem Schicklichen.

SOKRATES D. J.: Richtig.

FREMDER: Aber auch nicht nach diesem alles. Denn weder der zum bloßen Vergnügen angemessenen Länge werden wir anders bedürfen als nur sehr nebenbei. Und ebenso auch die für die Untersuchung des unmittelbar Aufgegebenen, um es aufs leichteste und schnellste zu finden, gebietet unsere Rede uns nicht als das erste, sondern nur als das zweite zu lieben, am meisten aber und zuerst das Verfahren selbst in Ehren zu halten, daß man der Teilung nach
e Arten mächtig sei, und daher auch eine Rede, wenn sie gleich noch so lang müßte gesprochen werden, um den Hörer erfinderischer zu machen, dennoch zu verfolgen und über die Länge nicht unwillig zu sein, und wiederum, wenn sie nur kurz sein darf, ebenso. Ferner auch, daß, wer in solchen Verhandlungen die Länge der Reden tadelt und das Herumgehen im Kreise sich nicht will gefallen lassen, daß der keineswegs nur so geradezu das Gesprochene abzutun
287 a und zu tadeln habe, daß es zu lang sei, sondern auch zu bedenken, daß er zeigen müsse, wie es kürzer könnte gewesen sein und doch die Unterredenden dialektischer gemacht haben und erfinderischer in der Kundmachung der Dinge durch die Rede; und daß wir auf anderes Lob und Tadel, wobei auf etwas anderes gesehen wird, uns gar nicht zu bekümmern haben, vielmehr tun können, als ob wir solche Reden ganz und gar nicht hörten. Und hiervon sei es nun genug, wenn auch du so meinst. Sondern laß uns jetzt wieder zum
b Staatsmann gehen und das vorher durchgeführte Beispiel der Weberei an ihm versuchen.

SOKRATES D. J.: Wohl gesprochen, und laß uns tun, was du sagst.

[27. Abtrennung der mitverursachenden Künste im Staat: die für Werkzeuge, Gefäße und Fahrzeuge]

FREMDER: Nicht wahr, von vielen Künsten, welche ebenfalls Hüterinnen sind, oder vielmehr von allen, welche mit Herden zu tun haben, ist der König uns schon abgesondert? Nur sind uns noch übrig, müssen wir sagen, die in dem Staate selbst zu den Mitursachen und Ursachen gehören, welche wir zuerst voneinander trennen müssen.

SOKRATES D. J.: Richtig.

FREMDER: Nun weißt du wohl, daß es schwer ist, sie in zwei Teile zu teilen; und auch die Ursache davon wird uns, denke ich, wenn wir c
weiter gehen, nicht minder deutlich werden.

SOKRATES D. J.: So wollen wir es denn so tun.

FREMDER: Gliederweise wollen wir sie also wie die Opfer zerteilen, da es in die Hälften nicht gehen will. Denn in die möglichst nächste Zahl von dieser muß man immer zerschneiden.

SOKRATES D. J.: Wie wollen wir das also jetzt machen?

FREMDER: Wie vorher, wo wir doch alle, welche nur Werkzeuge für die Weberei hergaben, als mitverursachend setzten.

SOKRATES D. J.: Ja.

FREMDER: Dasselbe müssen wir nun auch jetzt, und zwar noch mehr als damals tun. Die nur irgendein, sei es nun kleines oder d
großes Werkzeug im Staat verfertigen, diese müssen wir insgesamt als mitverursachend setzen. Denn ohne diese könnte weder ein Staat noch eine Staatskunst jemals bestehen, aber keines davon können wir doch als ein Werk der königlichen Kunst ansehen.

SOKRATES D. J.: Freilich nicht.

FREMDER: Allein etwas Schwieriges unternehmen wir zu tun durch Absonderung dieser Gattung von den übrigen. Denn von welchem Dinge man auch sagt, daß es Werkzeug für ein gewisses anderes sei, wird das immer ganz glaubhaft gesagt scheinen. Dennoch aber e
wollen wir von einer andern Sache im Staate folgendes behaupten.

SOKRATES D. J.: Was doch meinst du?

FREMDER: Daß sie nicht dieselbe Eigenschaft hat. Denn nicht, um Ursache zu sein, daß etwas entstehe, wird sie zusammengeschlagen, wie ein Werkzeug, sondern zu des bereits Verfertigten Erhaltung.

SOKRATES D. J.: Was meinst du doch für eine?

FREMDER: Was für Trocknes und Nasses, für im Feuer Gewesenes und nicht darin Gewesenes auf mannigfaltige Weise verfertigt und mit *einem* Namen Gefäß genannt wird, ein gar weitläufiger Begriff, der mit unserer gesuchten Wissenschaft, wie ich glaube, 283 a
gar nichts zu schaffen hat.

SOKRATES D. J.: Wie sollte er auch?

FREMDER: Ferner ist eine dritte von diesen verschiedene Art von Sachen häufig zu sehen zu Land und zu Wasser, teils weit umherirrend, teils nicht, teils kostbar, teils geringgeschätzt, *einen* Namen aber führend, weil es insgesamt, um etwas bei sich aufzunehmen, ein Sitz für etwas wird.

SOKRATES D. J.: Was doch meinst du?

FREMDER: Was wir Fahrzeug nennen, und was gar nicht der Staatskunst Werk ist, sondern weit mehr des Zimmermanns und Töpfers und Metallarbeiters.

SOKRATES D. J.: Ich verstehe.

[28. Weiter die für Bedeckung, Spielwerk, den ursprünglichen unzusammengesetzten Besitz und Nahrung]

b FREMDER: Und wie? Sollen wir nicht als eine andere vierte Art diejenige angeben, wozu das meiste von dem vorher schon Erwähnten gehört, alles, was Kleidung ist, und die meisten Waffen und Mauern, und alles, was aufgeworfen wird von Erde und Steinen, und tausenderlei anderes? Da es aber insgesamt, um etwas zu umgeben und zu decken, verfertigt wird, könnte man es im allgemeinen und mit allem Recht Bedeckung nennen und es bei weitem mehr für das Werk der Baukunst und der Weberei größtenteils und richtiger halten, als der Staatskunst.

SOKRATES D. J.: Allerdings.

c FREMDER: Wollen wir nun etwa als das Fünfte alles, was zum Schmuck gehört, aufstellen und die Malerkunst, und was durch Anwendung dieser Kunst und der Tonkunst als Nachbildung nur zu unserem Vergnügen hervorgebracht und mit Recht unter *einem* Namen begriffen wird?

SOKRATES D. J.: Unter welchem?

FREMDER: Spielwerk nennt man doch etwas?

SOKRATES D. J.: Wie sollte man nicht!

FREMDER: Und das wird sich eben als gemeinschaftlicher Name für dies alles schicken. Denn nie wird etwas davon eines Geschäftes wegen, sondern nur zum Spiel gemacht.

d SOKRATES D. J.: Auch das verstehe ich wohl.

FREMDER: Was nun aber dem allen Körper gibt, woraus und womit alle erwähnten Künste arbeiten, und was wiederum als mannigfaltige Gattung ein Erzeugnis vieler anderen Künste ist, sollen wir das nicht als das Sechste setzen?

SOKRATES D. J.: Was meinst du wohl?

FREMDER: Gold und Silber, und was sich sonst hämmern läßt,
und was die Holzschläger und Scherer abschneidend den zimmern-
den und flechtenden Künsten liefern, und die Baumschäler, welche
e den Gewächsen, so wie die Lederarbeiter, welche den belebten Kör-
pern die Haut abziehn, und alle Künste, welche sich mit derglei-
chen abgeben, wie auch die den Kork und die Schreiberrollen und
die Riemen verfertigenden, was diese alle liefern, um Zusammen-
gesetztes verschiedener Art aus allen Arten des Nichtzusammenge-
setzten zu verfertigen: dies alles nennen wir als eins, den ursprüng-
lichen und unzusammengesetzten Besitz für die Menschen, keines-
wegs aber ein Werk der königlichen Kunst.

SOKRATES D. J.: Schön.

FREMDER: Dann wieder das Gewinnen der Nahrung, und was in
den Leib eingemischt durch seine Teile die Teile des Leibes irgend
289 a zu stärken ein Vermögen besitzt, dies nennen wir insgesamt als das
Siebente die Nahrung, wenn wir nicht einen anderen schöneren
Namen haben. Und wenn wir dies der Kunst des Landbaues
und der Jagd und der Leibesübungen und der Heilkunst und Koch-

kunst anweisen, werden wir es richtiger stellen als unter die Staatskunst.

Sokrates d. J.: Das gewiß.

[29. Aussonderung der Diener: die Knechte, Kaufleute, Söldner, Herolde, Wahrsager und Priester]

Fremder: Nun glaube ich, daß fast alles, was man besitzen kann, außer den zahmen Tieren in diesen sieben Arten zu finden ist. Sieh nur zu. Eigentlich nämlich sollte zuerst obenan stehn die ursprüngliche stoffliche Art, nächst dieser das Werkzeug, das Ge- b
fäß, das Fahrzeug, die Bedeckung, das Spielwerk, die Nahrung. Was wir aber übergehen, wenn uns etwa manches Unwichtige entgangen ist, das läßt sich in eines von diesen größeren schlecht und recht fügen, wie die Gestalt des Geldes, der Insiegel und aller aufgedruckten Zeichen. Denn für diese ist keine unter jenen großen Gattungen ganz angemessen, sondern einiges davon würde sich zum Schmuck, anderes zu den Werkzeugen, mit Gewalt zwar, aber doch ganz gewiß ziehen lassen und zusammenstimmen. Was aber zum Besitz der zahmen Tiere gehört, wenn man die Knechte ausnimmt, das wird die Herdenzucht, wie wir sie vorher eingeteilt haben, wohl c
ganz in sich befassen.

Sokrates d. J.: Allerdings.

Fremder: Nun sind also noch die Knechte und alle anderen Diener übrig, unter denen ich wohl ahne, daß sich uns auch die zeigen werden, die sich um das Geflechte selbst mit dem Könige streiten, wie vorher mit dem Weber die, welche das Spinnen und Wollkämmen und anderes Erwähnte treiben. Die übrigen alle sind, als mitverursachend bezeichnet, schon mit den eben erwähnten Werken drauf gegangen und von dem königlichen und staatskünstlerischen d
Geschäft abgesondert.

Sokrates d. J.: Das scheinen sie wenigstens.

Fremder: Laß uns also die noch übrigen betrachten, und zwar nahe hinzutretend, damit wir sie fester ins Auge fassen.

Sokrates d. J.: Das müssen wir freilich.

Fremder: Bei den hauptsächlichsten Dienern, von hier aus gesehen, werden wir freilich ein ganz entgegengesetztes Geschäft und Leben finden, als uns jetzt ahnte.

Sokrates d. J.: Welche meinst du?

Fremder: Die für Geld gekauften und auf diese Art erwerblichen, welche wir ohne Widerrede Knechte nennen und von ihnen e
sagen dürfen, daß sie am wenigsten Anspruch machen auf die königliche Kunst.

Sokrates d. J.: Wie sollten wir das nicht?

Fremder: Und wie? Diejenigen Freien, welche sich den eben erwähnten freiwillig zugesellen in der Dienstbarkeit, des Ackerbaues und der andern Künste Erzeugnisse einander zutragend und gegeneinander ausgleichend, die einen auf dem Markte, die andern von

Stadt zu Stadt ziehend über See und zu Lande und Geld gegen
Waren oder auch gegen sich selbst umsetzend, welche wir Geld-
290 a wechsler und Kaufleute und Schiffsherren und Krämer nennen,
sollten die sich wohl irgend dazu drängen, zur Staatskunst zu ge-
hören?

Sokrates d. J.: Vielleicht wohl zu der der Kaufleute.

Fremder: Niemals aber werden wir doch, die wir als Söldner dienen sehen und als jedem bereitwillige Tagelöhner, zugleich als solche finden, die auf die königliche Kunst Anspruch machen.

Sokrates d. J.: Wie sollten wir wohl!

Fremder: Und wie? Etwa diejenigen, welche uns dergleichen Dienste zu leisten pflegen?

Sokrates d. J.: Wen? Und was für Dienste meinst du?

b Fremder: Die, zu denen das Geschlecht der Herolde gehört, und
die sich auf öffentliche Schriften verstehen und uns damit oft Dien-
ste leisten, und manche andere, die vielerlei anderes für die öffent-
lichen Gewalten mühsam auszurichten gar trefflich sind, wie sollen
wir die nennen?

Sokrates d. J.: Wie du schon sagtest, Diener, nicht selbst Herrscher in den Staaten.

Fremder: Aber ich habe doch wohl nicht ein Traumgesicht ge-
sehen, als ich sagte, hier würden sich uns wohl die zeigen, welche
ganz vorzüglich mit der königlichen Kunst im Streit begriffen wä-
ren? Wiewohl es freilich ganz ungereimt scheinen kann, diese in
c irgendeinem dienenden Zustande suchen zu wollen.

Sokrates d. J.: Freilich wohl.

Fremder: Laß uns also noch näher an die noch nicht Geprüften uns heranmachen. Da sind zuerst die, welche an der Wahrsagekunst einen Teil einer dienenden Wissenschaft besitzen. Denn für Dolmetscher der Götter bei den Menschen werden sie ja gehalten?

Sokrates d. J.: Ja.

Fremder: Ebenso dann auch das Geschlecht der Priester, das
kundig ist, wie die bestehende Meinung sagt, von unserer Seite Ge-
d schenke an Opfern für die Götter nach ihrem Sinne zu schenken und
von ihrer Seite uns durch Gebete den Besitz des Guten zu erflehen.
Und dies sind doch wohl beides Teile einer dienenden Kunst?

Sokrates d. J.: Offenbar ja wohl.

[30. Antreffen einer Spur: die gewählten Könige und Priester. Erscheinen des größten Tausendkünstlers]

Fremder: Endlich also scheinen wir nun doch eine Spur, der
wir nachgehen können, gefaßt zu haben. Denn Priester und Wahr-
sager geben sich ja ein sehr verständiges Ansehen und genießen
einer hohen Achtung wegen der Wichtigkeit ihres Geschäftes. So
daß in Ägypten kein König ohne Priestertum regieren darf, sondern
e wenn auch etwa einer aus einem andern Geschlecht die Regierung
gewaltsam an sich gerissen hat, so muß er doch notwendig noch

nachher in dies Geschlecht eingeweiht werden. Auch unter den Hellenen findet man häufig, daß den höchsten obrigkeitlichen Personen die wichtigsten solcher Opfer zu verrichten übertragen sind. Ja, auch bei euch liegt ja dies nicht weniger zutage. Denn wen das Los zum Archon, der König genannt wird, macht, dem, sagt man, wären hier die feierlichsten und altväterlichsten Opfer übertragen.

SOKRATES D. J.: Allerdings.

FREMDER: Diese also, die durchs Los ernannten Könige und Prie- 291 a
ster, und ihre Diener und noch eine große Menge anderer, die uns jetzt erschienen sind, müssen wir betrachten, nach gänzlicher Absonderung aller vorigen.

SOKRATES D. J.: Welche meinst du nur?

FREMDER: Einige gar wunderliche.

SOKRATES D. J.: Wieso?

FREMDER: Ein gar vielstämmiges Geschlecht, wie sich gleich auf den ersten Anblick zeigt. Denn viele der Männer gleichen den Löwen und Kentauren und anderen der Art; gar viele aber auch den Sa- b
tyrn und den schwächeren, aber gewandteren Tieren; oft verwandeln sie sich auch aus einer Gestalt und Eigenschaft in die andere. Kurz: jetzt, o Sokrates, glaube ich die Männer endlich erblickt zu haben.

SOKRATES D. J.: Sprich nur. Denn du scheinst etwas gar Wunderliches zu sehen.

FREMDER: Freilich; denn Wunderliches kommt allen aus der Unwissenheit her. Ist mir doch noch jetzt dasselbe begegnet. Denn sogleich kam ich in Zweifel, als ich den Chor, der mit den Staatsangelegenheiten sich beschäftigt, erblickte. c

SOKRATES D. J.: Welchen doch?

FREMDER: Den größten Tausendkünstler unter allen Sophisten und den erfahrensten in diesen Künsten, den wir, wie schwer er auch von den wahrhaft königlichen und Staatsmännern abzusondern sein mag, dennoch absondern müssen, wenn wir das Gesuchte recht klar sehen wollen.

SOKRATES D. J.: Davon dürfen wir aber doch auf keine Weise ablassen.

FREMDER: Gewiß nicht, wenn es nach mir geht. Sage mir also dieses.

[31. Die fünf Regierungsformen. Rückgang auf den Begriff der Königskunst als Erkenntnis]

SOKRATES D. J.: Was doch?

FREMDER: Ist nicht die Monarchie eine von den Regierungen des d
Staates?

SOKRATES D. J.: Ja.

FREMDER: Und nach der Monarchie würde einer, glaube ich, die Obergewalt der Wenigen anführen.

SOKRATES D. J.: Wie sollte er nicht?

Fremder: Und die dritte Gestalt der Staatsverfassung, ist das nicht die Regierung der Menge, welche Demokratie genannt wird?

Sokrates d. J.: Allerdings.

Fremder: Und werden diese nicht gewissermaßen aus dreien fünf, wenn zwei davon sich aus sich selbst andere Namen hervorbringen?

Sokrates d. J.: Was für welche doch?

e Fremder: Wenn man doch auf das Gewaltsame und Freiwillige sieht, auf Armut und Reichtum, auf Gesetz und Gesetzlosigkeit, welche darin statthaben: so teilt man jede von den beiden in zwei und benennt die Monarchie, als begriffe sie zwei Arten, mit zwei Namen, die Tyrannei die eine, die andere das Königtum.

Sokrates d. J.: Richtig.

Fremder: Und so auch den von Wenigen beherrschten Staat mit zwei Namen, Aristokratie und Oligarchie.

Sokrates d. J.: Allerdings.

Fremder: In der Demokratie aber, mag nun mit Gewalt oder
292 a mit ihrem guten Willen die Menge über die, welche das Vermögen in Händen haben, regieren, und mag sie die Gesetze genau beobachten oder auch nicht: so pflegt sie doch niemals jemand mit einem anderen Namen zu benennen.

Sokrates d. J.: Das ist wahr.

Fremder: Wie nun? Glauben wir nun, irgendeine von diesen Staatsverfassungen sei auf Grund dieser Bestimmungen eine richtige, nämlich als bestimmt durch die Anzahl, ob es einer ist oder wenige oder viele, oder durch Armut und Reichtum, oder nach dem Gewaltsamen und Freiwilligen, und danach, ob sie schriftliche Satzungen hat oder ohne Gesetze besteht?

Sokrates d. J.: Warum nicht, und was sollte doch dagegen sein?

b Fremder: Betrachte es nur genauer, indem du mir so folgst.

Sokrates d. J.: Wie doch?

Fremder: Ob wir bei dem anfänglich Gesagten bleiben oder davon abgehen wollen?

Sokrates d. J.: Von welchem meinst du?

Fremder: Die königliche Regierung, sagten wir, sei eine Erkenntnis.

Sokrates d. J.: Ja.

Fremder: Und nicht nur so eine aus allen, sondern eine sondernde und vorstehende nahmen wir erst aus den anderen heraus?

Sokrates d. J.: Ja.

Fremder: Und aus der vorstehenden wiederum eine für unbe-
c seelte Werke und eine für lebendige Wesen, und so sind wir immer weiter teilend bis hierher gekommen, ohne je die Erkenntnis fahren zu lassen, nur was für eine sie wäre, konnten wir immer noch nicht recht ausmitteln.

Sokrates d. J.: Richtig gesagt.

Fremder: Das sehen wir also doch, daß weder das Viele noch das Wenige noch das Freiwillige oder Unfreiwillige noch Reichtum oder Armut die Bestimmung darüber enthalten darf, sondern eine Erkenntnis muß es sein, wenn wir anders dem Vorigen folgen wollen.

SOKRATES D. J.: Daß wir das aber nicht tun sollten, ist ganz unmöglich. d

[32. Die Erkenntnis und Kunstgerechtheit als einzig möglicher Bestimmungsgrund bei jeder Aufsicht und Regierung]

FREMDER: Notwendig also müssen wir jetzt darauf acht haben, in welcher von diesen nun wohl eine Erkenntnis sich finden kann über die Beherrschung der Menschen, die gewiß fast die schwierigste ist wie die wichtigste zu erwerben. Denn sie müssen wir sehen, um zu wissen, was für Leute wir zu trennen haben von dem vernunftmäßigen Könige als solche, die sich zwar dafür ausgeben, Staatsmänner zu sein, auch viele dessen überreden, es aber keineswegs sind.

SOKRATES D. J.: Das müssen wir allerdings tun, wie auch unsere Rede uns schon vorher angedeutet hat.

FREMDER: Meinst du nun etwa, die Menge im Staate sei imstande, e
diese Erkenntnis zu erlangen?

SOKRATES D. J.: Wie sollte sie wohl!

FREMDER: Aber in einer Stadt von tausend Männern könnten doch wohl hundert oder wenn auch nur fünfzig imstande sein, sie gründlich zu erwerben?

SOKRATES D. J.: Die leichteste wäre sie dann wohl unter allen Künsten. Denn wir wissen ja, daß unter tausend Männern nicht so viele vor den übrigen in Hellas sich auszeichnende Brettspieler gefunden werden, geschweige denn Könige. Denn wer die königliche Kunst besitzt, den müssen wir, er mag nun regieren oder nicht, auch nach unserer vorigen Rede doch immer König nennen. 293 a

FREMDER: Sehr gut erinnert. Und daraus, meine ich, folgt, daß man die richtige Regierung bei einem oder zweien oder gar wenigen suchen muß, wenn es eine richtige gibt.

SOKRATES D. J.: Wie sollte man anders!

FREMDER: Von diesen aber — mögen sie nun mit dem guten Willen der Beherrschten regieren oder wider ihren Willen, und nach geschriebenen Satzungen oder ohne solche, und dabei reich sein oder arm — müssen wir glauben, wie wir jetzt meinen, daß sie jegliche Regierung, welche es auch sei, nach einer Kunst verwalten werden;
so wie wir die Ärzte nicht weniger dafür halten, sie mögen uns nun b
mit oder wider unsern Willen heilen, und dabei schneiden, brennen oder welchen Schmerz sonst uns zufügen, und mögen es nach geschriebenen Vorschriften tun oder ohne solche, und arm oder reich sein, in allen Fällen werden wir ihnen nichtsdestoweniger zugestehen, daß sie Ärzte sind, solange sie nur kunstgerecht dem Leibe vorstehn und ihn reinigen oder sonst irgendwie magerer machen oder auch fleischiger, wenn es nur zum besten des Leibes geschieht, um ihn besser zu machen aus einem schlechteren, und sie ihn — wie jeder, der etwas pflegt, sein zu Pflegendes — erhalten. So, werden c

wir sagen, denke ich, und nicht anders ergebe sich allein die richtige Bestimmung der ärztlichen und jeder anderen Aufsicht und Regierung.

SOKRATES D. J.: Offenbar freilich.

[33. Richtigkeit einer auf Erkenntnis beruhenden Regierung auch ohne Gesetze. Der Mangel des Gesetzes]

FREMDER: Notwendig ist also auch unter den Staatsverfassungen, wie es scheint, diejenige die richtige vor allen andern und allein eine Staatsverfassung, in welcher man bei den Regierenden wahrhafte und nicht nur eingebildete Erkenntnis findet, mögen sie nun nach Gesetzen oder ohne Gesetze regieren und über Gutwillige
d oder Gezwungene und arm sein oder reich: denn hiervon ist gar nichts jemals irgendwie für die Richtigkeit mit in Anschlag zu bringen.

SOKRATES D. J.: Schön.

FREMDER: Und wenn sie auch einige töten oder verjagen und so zu seinem Besten den Staat reinigen, oder auch Kolonien wie die Schwärme der Bienen anderwärts hinsenden und ihn kleiner machen, oder andere von außen her unter die Bürger aufnehmen und ihn größer machen: solange sie nur Erkenntnis und Recht anwendend ihn erhalten und aus einem schlechten möglichst besser machen, wer-
e den wir immer nach diesen Bestimmungen diese Staatsverfassung für die einzig richtige erklären müssen. Die wir aber sonst so nennen, dürfen wir gar nicht für echte und wahrhafte angeben, sondern für Nachahmerinnen jener, von denen die wohlgeordneten sie besser, die anderen schlechter nachahmen.

SOKRATES D. J.: Das übrige, o Fremdling, scheint ganz untadelig gesagt, daß sie aber auch ohne Gesetze herrschen sollen, ist hart anzuhören.

FREMDER: Du bist mir um ein weniges zuvorgekommen durch
294 a deine Frage, o Sokrates. Denn eben wollte ich dich dasselbe fragen, ob du mit allem zufrieden wärest oder ob dir doch etwas zuwider sei von dem Gesagten. Nun liegt ja schon zutage, daß wir werden durchgehen müssen, wie es wohl damit stehen mag, daß auch ohne Gesetze könne richtig regiert werden.

SOKRATES D. J.: Freilich.

FREMDER: Auf gewisse Weise nun ist wohl offenbar, daß zur königlichen Kunst die gesetzgebende gehört; das beste aber ist, wenn nicht die Gesetze Macht haben, sondern der mit Einsicht königliche Mann. Weißt du weshalb?

SOKRATES D. J.: Sage, weshalb du meinst.

FREMDER: Weil das Gesetz nicht imstande ist, das für alle Zu-
b träglichste und Gerechteste genau zu umfassen und so das wirklich Beste zu befehlen. Denn die Unähnlichkeit der Menschen und der Handlungen, und daß niemals irgend etwas sozusagen Ruhe hält in den menschlichen Dingen, dies gestattet nicht, daß irgend-

eine Kunst in irgend etwas für alle und zu aller Zeit Einartiges hinstelle. Das geben wir doch wohl zu?

SOKRATES D. J.: Wie sollten wir nicht!

FREMDER: Das Gesetz aber sehen wir doch, daß es eben hiernach strebt, wie ein selbstgefälliger und ungelehriger Mensch, der nichts c
will anders als nach seiner eigenen Anordnung tun und auch niemanden weiter anfragen lassen, auch nicht, wenn für jemanden etwas Neues etwa besser ist außer der Ordnung, die er selbst festgestellt hat.

SOKRATES D. J.: Richtig. Genauso, wie du jetzt gesagt hast, macht es das Gesetz uns allen.

FREMDER: Unmöglich also kann sich zu dem niemals Einartigen das richtig verhalten, was durchaus einartig ist.

SOKRATES D. J.: So scheint es.

[34. Notwendigkeit der Gesetze und Freiheit des Gesetzgebers ihnen gegenüber]

FREMDER: Weshalb es nun aber doch notwendig ist, Gesetze zu geben, wenngleich das Gesetz nicht das richtigste ist, wollen wir d
davon die Ursache aufspüren?

SOKRATES D. J.: Allerdings.

FREMDER: Es gibt doch auch bei euch, wie auch in anderen Städten, Übungen vieler Menschen zusammen, im Lauf oder sonst worin, aus Wetteifer.

SOKRATES D. J.: Gar viele freilich.

FREMDER: Wohl! Wiederholen wir uns also, was die, welche diese Übungen kunstmäßig verstehen, darüber anordnen, wo sie zu gebieten haben.

SOKRATES D. J.: Was doch?

FREMDER: Sie glauben doch, es sei nicht möglich, sie ganz genau im einzelnen auszuarbeiten, so daß sie jedem besonders das für seinen Leib Angemessenste aufgäben; sondern etwas mehr aus dem Groben, glauben sie, müsse man im allgemeinen für viele die Anord- e
nung des dem Leibe Zuträglichen abfassen.

SOKRATES D. J.: Schön.

FREMDER: Daher messen sie denn allen insgesamt gleiche Anstrengungen zu und lassen sie zugleich anfangen und zugleich auch wieder aufhören mit Laufen, Ringen und den übrigen Leibesübungen.

SOKRATES D. J.: So ist es.

FREMDER: So laß uns denn auch vom Gesetzgeber glauben, der seinen Herden vorstehen soll in Sachen des Rechtes und ihres gegenseitigen Verkehrs, daß er nicht imstande sein werde, indem er 295 a
allen insgesamt gebietet, jedem einzelnen genau das Gebührende anzuweisen.

SOKRATES D. J.: Wahrscheinlich ist es wohl.

FREMDER: Sondern nur das dem Haufen insgemein und im ganzen genommen Gebührende; und mithin wird er den einzelnen nur gewissermaßen aus dem Groben Gesetze geben, sowohl wenn er sie schriftlich abfaßt, als auch wenn er in ungeschriebenen, aber von den Vätern ererbten Gebräuchen gesetzgebend ist.

SOKRATES D. J.: Richtig.

FREMDER: Richtig freilich. Denn wie wäre einer wohl imstande,
b o Sokrates, sein ganzes Leben lang für jeden einzelnen dazusitzen, um ihm mit aller Genauigkeit das Gebührliche anzuordnen? Denn könnte das freilich einer von denen, welche die königliche Kunst besitzen: so würde er wohl bleiben lassen, meine ich, sich selbst Schranken zu setzen, indem er diese sogenannten Gesetze schriebe.

SOKRATES D. J.: Nach dem vorhin Gesagten freilich, Fremdling.

FREMDER: Und noch mehr wohl, o Bester, nach dem, was wir noch sagen wollen.

SOKRATES D. J.: Und was wäre das?

FREMDER: Dieses: Laß uns zu uns selbst sprechen, wenn ein Arzt
c oder einer, der den Leibesübungen vorsteht, verreisen wollte und, wie er glaubte, geraume Zeit von denen, die er zu besorgen hat, abwesend sein, und dabei nicht glaubte, daß die Übenden oder die Kranken seine Anordnungen im Gedächtnis behalten würden: so würde er sie ihnen ja wohl lieber aufschreiben? Oder wie?

SOKRATES D. J.: Gewiß.

FREMDER: Und wie, wenn gegen seine Meinung die Reise kürzer währte und er wiederkäme, dann sollte er es nicht wagen, gegen dieses Aufgeschriebene anderes anzuordnen, wenn sich für die
d Kranken etwas anderes besser eignete, etwa der Winde wegen, oder weil sonst etwas in der Witterung über Erwarten anders als gewöhnlich erfolgt wäre? Sondern sollte dabei beharren und meinen, das ehemals gesetzlich Vorgeschriebene dürfe nicht übertreten werden, weder von ihm, indem er anderes verordnete, noch von dem Kranken, indem der etwas anderes, als aufgeschrieben ist, zu tun wagte, weil dies nämlich das Heilkundige und Gesunde wäre, was aber davon abwiche, schädlich sein müßte und nicht kunstmäßig? Oder würde nicht in jeder Wissenschaft und wahren Kunst, welche es auch
e sei, auf alle Weise das größte Gelächter entstehen über solche Gesetzgebungen?

SOKRATES D. J.: Auf alle Weise freilich.

FREMDER: Wenn aber, was gerecht ist und ungerecht, schön und häßlich, gut und böse, einer aufgezeichnet oder auch unaufgezeichnet den Herden der Menschen vorgeschrieben hat, wie sie eben staatenweise geweidet werden nach den Gesetzen derer, die dies aufgeschrieben, dem sollte es, wenn er selbst, der es kunstgemäß abgefaßt hat, oder ein anderer ähnlicher wiederkäme, nicht freistehn,
296 a anderes von diesem Abweichendes zu verordnen? Oder müßte nicht auch dies Verbot nicht minder als jenes in Wahrheit lächerlich erscheinen?

SOKRATES D. J.: Wie sollte es nicht?

[35. Rechtfertigung auch aufgezwungener Gesetze, wenn sie besser sind]

FREMDER: Weißt du auch, was hierüber die meisten zu sagen pflegen?

SOKRATES D. J.: Ich entsinne mich wenigstens dessen jetzt gleich nicht so.

FREMDER: Es klingt gar schön. Sie sagen nämlich, wer bessere als die bisherigen Gesetze wisse, der solle Gesetze geben, wenn er nämlich seinen Staat dazu überreden kann, sonst aber nicht.

SOKRATES D. J.: Wie nun? Ist das nicht recht?

FREMDER: Vielleicht. Wenn aber nun einer, ohne zu überreden, b
das Bessere erzwingt, beantworte mir doch, wie dieser Zwang heißen soll? Doch lieber noch nicht, sondern zuvor in dem vorigen.

SOKRATES D. J.: Was meinst du doch?

FREMDER: Wenn einer, der seinen Kranken nicht überredet, aber die Kunst recht innehat, ihn Besseres als das Geschriebene zu tun nötigt, sei es nun ein Kind oder ein Mann oder ein Weib, welchen Namen soll wohl dieser Zwang erhalten? Nicht jeden andern eher als den, womit das gegen die Kunst Gefehlte genannt wird, das Ungesunde? Und kann nicht, wer hierzu gezwungen worden ist, alles c
eher mit Recht sagen, nur nicht, daß ihm Ungesundes und Kunstwidriges widerfahren sei von dem zwingenden Arzte?

SOKRATES D. J.: Du hast vollkommen Recht.

FREMDER: Wie heißt uns nun das gegen die Staatskunst Gefehlte? Nicht das Schändliche, das Böse, das Ungerechte?

SOKRATES D. J.: Allerdings.

FREMDER: Die nun gezwungen werden, gegen das Geschriebene und Hergebrachte anderes Gerechteres, Besseres und Schöneres als das bisherige zu tun; sprich, wenn diese sich nun über solchen Zwang d
beklagen wollen, und ihre Klage soll nicht die allerlächerlichste unter allen sein, muß sie nicht eher jedes andere aussagen, als daß den Gezwungenen Schändliches und Ungerechtes und Böses widerfahren wäre von den Zwingenden?

SOKRATES D. J.: Vollkommen richtig.

FREMDER: Oder ist etwa, wenn der Zwingende reich ist, dann das Erzwungene recht, wenn aber arm, dann ungerecht? Oder muß nicht vielmehr, habe einer nun mit Überredung oder ohne Überredung, Reicher oder Armer, nach den Schriften oder gegen die Schriften das Zuträgliche getan, dies auch hier die richtigste Bestim- e
mung sein für die rechte Einrichtung des Staates, wie der weise und gute Mann die Angelegenheiten der Beherrschten einrichten wird? So daß, wie der Steuermann immer des Schiffes und der Schiffsgesellschaft Bestes wahrnehmend, ohne Schriften auszustellen, son- 297 a
dern seine Kunst zum Gesetz machend seine Mitschiffenden erhält, so auch auf die nämliche Weise bei denen, die so zu regieren verstehen, diese die rechte Staatsverfassung sein wird, welche die Kraft der Kunst höher stellt als die Gesetze? Und was auch die mit Ein-

sicht Regierenden tun, das ist ohne Fehl, solange sie nur das *eine*
b Große bewahren, daß sie, nach Vernunft und Kunst denen im Staate immer das Gerechteste austeilend, imstande sind, sie zu erhalten und immer zum Besseren vom Schlechteren hinzuführen nach Vermögen.

SOKRATES D. J.: Es ist nichts einzuwenden hiergegen.

[36. Die Nachahmung der richtigen Staatsverfassung als zweitbeste Möglichkeit]

FREMDER: Aber auch wohl dagegen wird nichts aufzubringen sein?

SOKRATES D. J.: Wogegen meinst du?

FREMDER: Daß nie eine Menge, von was für Menschen es auch sei, zu dieser Erkenntnis gelangen und imstande sein kann, vernunft-
c mäßig einen Staat zu verwalten; sondern nur unter wenigen und bei geringer Zahl oder dem einen muß man jene *eine* richtige Staatsverfassung suchen, die übrigen aber nur als Nachahmungen setzen, wie auch vorher gesagt wurde, deren einige besser, andere schlechter jene nachahmen.

SOKRATES D. J.: Wie meintest du doch das? Denn ich habe auch vorher das von den Nachahmungen nicht recht verstanden.

FREMDER: Und es wäre fürwahr auch gar nichts Geringes, wenn jemand einen solchen Gegenstand aufregte und dann wieder hinwürfe, ohne ihn durchzuführen, bis er den jetzt darin begangenen
d Fehler aufzeigte.

SOKRATES D. J.: Welchen doch?

FREMDER: Einen solchen haben wir zu suchen, der uns gar nicht gewohnt ist noch auch leicht zu sehen; dennoch müssen wir versuchen, ihn zu fassen. Wohlan denn, wenn uns dies die einzige richtige Staatsverfassung ist, die wir beschrieben haben, so weißt du wohl, müssen sich die übrigen dadurch erhalten, daß sie sich der Schriften von jener bedienen, indem sie das beobachten, was jetzt gelobt wird, wiewohl es nicht das richtigste ist.

SOKRATES D. J.: Was doch?

e FREMDER: Daß keiner im Staate sich untersteht, irgend etwas gegen die Gesetze zu tun, und der es sich untersteht, mit dem Tode und auf das allerhärteste bestraft wird. Und dies ist auch wirklich das richtigste und schönste als das zweite, nämlich wenn man das erste Vorherbeschriebene beiseite setzt. Wie nun aber dieses geworden ist, was wir als das zweite angenommen haben, das laß uns nun zu Ende bringen. Nicht wahr?

SOKRATES D. J.: Allerdings.

[37. Das Bild verkehrt betriebener Arzeneikunst und Steuermannskunst]

FREMDER: Kehren wir also zu jenen Bildern zurück, mit denen wir notwendig immer die königlichen Herrscher vergleichen.

SOKRATES D. J.: Zu was für welchen?

Fremder: Zu dem edlen Steuermann und dem Arzte, der «wert
wie viele zu achten». An diesen nämlich wollen wir uns einen Ent-
wurf davon bilden und den betrachten.

Sokrates d. J.: Wovon doch?

Fremder: Davon, als wenn wir alle von ihnen dächten, daß sie 298 a
uns aufs ärgste mitspielten. Wem sie nämlich eben helfen wollten,
dem hülfen sie, wen sie aber verstümmeln wollten von uns, den
verstümmelten sie durch Schneiden und Brennen und ließen sich
noch Kosten dafür bezahlen wie Abgaben, von denen sie wenig
oder nichts auf den Kranken verwenden und das übrige selbst mit
ihren Leuten verbrauchten. Ja, am Ende ließen sie sich gar noch von
Verwandten oder Feinden des Kranken Geld geben und brächten ihn b
um. Und die Schiffer wiederum täten tausenderlei anderes derglei-
chen, ließen einen arglistigerweise an den Landungsplätzen einsam
zurück und würfen, wenn sie Unglück auf dem Meere hätten, die
Waren über Bord oder verursachten anderen Schaden. Wenn wir
also in dieser Meinung einen solchen Rat über sie pflögen, es solle
keiner von diesen Künsten länger gestattet sein, unumschränkt zu c
regieren, weder über Knechte noch Freie, sondern wir wollten eine
Versammlung aus uns selbst zusammenberufen, entweder das ge-
samte Volk oder die Reichen allein, wo es auch denen, die nichts von
der Sache verstehn, und Arbeitern anderer Art freistehn solle, ihre
Meinung über Schiffahrt und Krankheit mit dazuzugeben, wie wir
uns der Arzneimittel und der heilkünstlerischen Werkzeuge bei den
Kranken zu bedienen hätten und ebenso der Schiffe selbst und des
Schiffgerätes zum Besten der Schiffe, und über die Gefahren bei der d
Schiffahrt selbst von Wind und Wellen und auch bei dem Zusam-
mentreffen mit Seeräubern, und so auch, wenn große Schiffe ein
Gefecht auszuhalten haben mit anderen solchen. Was dann den mei-
sten gut dünkt über diese Dinge, mögen nun Ärzte und Schiffer
oder mögen Unkundige dabei geraten haben, das schrieben wir auf
spitzige Tafeln oder auf Säulen, oder auch ungeschrieben würde es e
als wohlhergebrachter Gebrauch festgestellt, und hiernach müßte
dann von nun an die Schiffahrt betrieben und die Pflege der Kran-
ken eingerichtet werden.

Sokrates d. J.: Offenbar gar wunderliche Dinge erzählst du.

Fremder: Und jährlich würden Herrscher über die Menge be-
stellt entweder aus den Reichen oder aus dem gesamten Volke, wen
eben das Los träfe, und die bestellten Gewalthaber herrschten dann
nach diesen Schriften, die Schiffe steuernd und die Kranken heilend.

Sokrates d. J.: Das ist noch ärger.

[38. Gesetze über Rechenschaftsforderung und Verbot der Forschung]

Fremder: Sieh auch noch, was nächstdem folgt. Wenn nämlich
das Jahr eines Gewalthabers um ist, dann muß ein Gericht bestellt
werden von Männern, die entweder vorzugsweise aus den Reichen
oder aus dem gesamten Volk gewählt sind, und vor diese muß man 299 a

diejenigen, welche an der Regierung gewesen, führen und sich Rechenschaft ablegen lassen; und wer Lust hätte, könnte einen anklagen, daß er nicht nach den Vorschriften dieses Jahr über die Schiffe gesteuert hätte und nicht nach alter urväterlicher Sitte. Und ebenso mit denen, welche die Kranken geheilt haben. Und welche dann für schuldig erkannt, denen bestimmte man, was einigen zugefügt werden sollte oder was sie bezahlen müßten.

Sokrates d. J.: Freilich; wer sich freiwillig dazu verstände, unter solchen zu regieren, dem geschähe recht, was er auch immer erlei-
b den oder bezahlen müßte.

Fremder: Dann müßte noch ein Gesetz gegeben werden außer allen diesen, wenn von jemand herauskäme, daß er die Steuermanns- und Schiffahrtskunst oder das Heilsame und die eigentlichen Lehren der Heilkunde von Luft und Wärme und Kälte zu erforschen suchte anders als aus den Vorschriften und irgend etwas über diese Dinge erklügelte, daß der zuerst ja nicht ein Heilkundiger oder Schifffahrtskundiger heißen solle, sondern ein eingebildeter und sophistischer Schwätzer, und dann, daß ihn als einen Verderber der Ju-
c gend und der sie überredete, sich der Steuermannskunst und der Heilkunst nicht nach den Gesetzen zu befleißigen, sondern unumschränkt über Schiffe und Leute regieren zu wollen, daß ihn als einen solchen jeder, der Lust hätte, verklagen und, wohin er gehört, vor Gericht laden könne. Und ergibt sich dann, daß er den Gesetzen und Vorschriften zuwider Junge oder Alte überredet habe, daß man ihn auf das äußerste bestrafe. Denn man dürfe nicht weiser sein als die Gesetze. Denn es brauche ja auch niemand unwissend zu sein in dem Arzneikundigen und Heilsamen und in dem Steuermannskundigen und zur Schiffahrt Gehörigen; sondern wer Lust habe, könne ja die niedergeschriebenen Gesetze und die bestehenden
d väterlichen Gebräuche erlernen. Wenn man nun so, wie wir es jetzt beschreiben, in allen diesen Künsten verführe, o Sokrates, und mit der Kunst des Feldherrn und der gesamten Nachstellung jeder Art und mit jedem Teil der sämtlichen Malerei oder der Nachahmung oder der Baukunst oder alles dessen, was irgend zur Verfertigung der Gefäße gehört, oder des Landbaues und der gesamten Kunst, mit den Gewächsen umzugehen; oder wenn wir auch eine Pferdezucht oder sämtliche übrige Viehzucht nach Vorschriften betrieben sähen oder die Wahrsagekunst, oder was sonst für Teile die dienende
e Kunst umfaßt, oder auch die Kunst des Brettspiels oder die gesamte Rechenkunst mit bloßen Zahlen und mit Flächen, Tiefen und Geschwindigkeiten, — was würde wohl werden aus allem, was so betrieben würde nach Vorschriften und nicht mit Kunst?

Sokrates d. J.: Offenbar würden uns alle Künste gänzlich untergehen und könnten sich auch in Zukunft gar nicht wieder erzeugen wegen des das Forschen untersagenden Gesetzes; so daß das Leben, welches jetzt schon schlecht genug ist, zu einer solchen Zeit gar nicht würde zu leben sein.

[39. Schädlichkeit der Gesetzesveränderung für die andern Staatsverfassungen, die Nachahmungen der wahren sind]

FREMDER: Wie aber dann? Wenn wir dies nun durchsetzten, daß 300 a
alles Erwähnte nach Vorschriften geschehe und über die Vorschriften uns ein durch Stimmenmehrheit Erkorener oder einer, den es zufällig träfe, die Aufsicht führte, dieser aber unterstände sich dann, ohne sich um die Vorschriften zu bekümmern, aus Eigennutz oder aus besonderer Gunst abweichend von ihnen anders zu handeln ohne alle Einsicht: würde daraus nicht noch ein weit größeres Übel entstehen als das vorige?

SOKRATES D. J.: Vollkommen wahr.

FREMDER: Denn wer, meine ich, gegen die Gesetze, die doch auf b
langer Erfahrung beruhen und bei denen immer einige Ratgeber verständig geraten und die Menge mit überredet haben, sie so festzusetzen, wer so gegen diese zu handeln wagt, der werde statt eines Fehlers einen noch viel größeren Fehler machen und uns alles Handeln noch weit ärger zerstören als die Vorschriften selbst.

SOKRATES D. J.: Wie sollte er nicht?

FREMDER: Daher ist dies nun für alle, welche über irgend etwas c
einmal Gesetze und Vorschriften aufgestellt haben, der zweite Weg nach dem besten, daß sie hiergegen weder einen einzelnen noch die Menge jemals das mindeste tun lassen.

SOKRATES D. J.: Richtig.

FREMDER: Nun sind das doch überall nur Nachbildungen des Wahren, was so von den Wissenden nach Vermögen aufgezeichnet ist.

SOKRATES D. J.: Wie anders?

FREMDER: Aber von dem Wissenden, dem wahrhaften Staatsmann, sagten wir doch, wenn wir uns recht erinnern, daß er mit Kunst gar vieles in seinem Geschäft vornehmen werde, ohne sich um das Geschriebene zu bekümmern, wenn ihm etwas anderes besser scheint als das, was er selbst aufgeschrieben und etwa Entfern- d
ten geschickt hat.

SOKRATES D. J.: Das sagten wir freilich.

FREMDER: Wenn also auch ein einzelner oder eine Menge, die ihre bestehenden Gesetze hat, gegen diese irgend etwas anderes einzurichten wagt, als wäre es so besser: so tun sie daran, so gut sie können, dasselbe, was jener wahre tut.

SOKRATES D. J.: Allerdings.

FREMDER: Wenn sie aber nun Unkundige sind und doch dergleichen tun, so versuchen sie freilich, das Wahre nachzuahmen, sie werden aber gar schlecht nachahmen. Sind sie aber Kunstverständi- e
ge, dann wäre es nicht mehr Nachahmung, sondern eben jenes Wahrste und Richtigste selbst.

SOKRATES D. J.: Allerdings wohl.

FREMDER: Von vorher aber steht uns doch fest, daß nirgends der große Haufen irgendeiner Kunst sich zu bemächtigen imstande ist.

SOKRATES D. J.: Das steht fest.

FREMDER: Gibt es also eine königliche Kunst, so kann der Haufe der Reichen und das Volk insgesamt diese Staatswissenschaft doch niemals besitzen.

SOKRATES D. J.: Wie sollte das auch gehn!

FREMDER: Also müssen jene Staaten, wie es scheint, wenn sie je-
301 a nen wahren Staat des *einen* kunstmäßig Herrschenden aufs beste nachahmen wollen, wenn ihre Gesetze einmal bestehen, niemals etwas tun, weder gegen die geschriebenen noch gegen die väterlichen Gebräuche.

SOKRATES D. J.: Das hast du sehr schön erklärt.

FREMDER: Wenn nun die Reichen jenen nachahmen, so nennen wir einen solchen Staat Aristokratie; wenn sie sich aber um die Gesetze nichts bekümmern, dann Oligarchie.

SOKRATES D. J.: So scheint es.

FREMDER: Und wiederum, wenn ein einziger nach Gesetzen
b herrscht, den Wissenden nachahmend, so nennen wir ihn König, ohne also durch den Namen den, der mit Erkenntnis, von dem zu unterscheiden, der nur nach guter Meinung den Gesetzen gemäß allein herrscht.

SOKRATES D. J.: So machen wir es wohl.

FREMDER: Und nicht wahr, auch wenn ein wahrhaft Kundiger allein herrschte, so wird er doch auf alle Weise mit demselben Namen ‹König› und mit keinem anderen genannt werden; weshalb auch die fünf Namen für die jetzt aufgestellten Verfassungen nur *einer* geworden sind.

SOKRATES D. J.: So scheint es ja.

FREMDER: Wie aber, wenn ein Alleinherrschender weder nach
c Gesetzen noch nach Gewohnheiten handelt, sondern sich anstellt wie der Wissende, als müsse er nämlich auch gegen das Vorgeschriebene das Bessere tun, es leitet ihn aber Begierde oder Unkunde bei dieser Nachahmung, muß nicht jeder solcher ein Tyrann heißen?

SOKRATES D. J.: Wie könnte er anders?

[40. Unglaube der Menschen an die Existenz eines solchen Alleinherrschers und Unglück der Staaten]

FREMDER: Auf diese Weise also, sagen wir, entstehen uns der König und der Tyrann, die Oligarchie und Aristokratie und Demokratie, wenn die Menschen jenen *einen*, den Alleinherrscher, verschmähen und nicht glauben, es könne jemals einen geben, der einer solchen Macht würdig sei, so daß er, mit Tugend und Erkenntnis
d regierend, allen, was gerecht und gewissenhaft ist, richtig austeilen wolle und könne, sondern annehmen, er werde vielmehr jedem von uns, wie er wolle, Leides antun und ihn töten oder ihm sonst Schaden zufügen. Denn gäbe es nur einen, wie wir ihn meinen, so würde er wohl empfangen werden und glückselig sein Leben verbringen, indem er den genau genommen allein richtigen Staat beherrschte.

SOKRATES D. J.: Wie sollte er nicht!

FREMDER: Nun aber, da es, wie wir ja sagen, in den Staaten keinen
König so gibt, wie in den Bienenschwärmen einer aufwächst, der e
sich gleich nach Leib und Seele als einziger unterscheidet: so müssen sie eben zusammentreten, wie es scheint, um Schriften zu verfassen, und dabei der Spur des wahrhaften Staates nachgehen.

SOKRATES D. J.: So scheint es.

FREMDER: Wundern wir uns also noch, Sokrates, wie doch in solchen Staaten soviel Übles geschehen kann und noch geschehen wird, da sie auf einem solchen Grunde beruhen, daß sie nach Schriften und Gewohnheiten, nicht nach Erkenntnis ihre Geschäfte verrich-
ten, da ja jeder sieht, daß in jeder andern Verwaltung, wenn sie sich 302 a
dessen bedienen wollte, alles untergehen müsse, wobei man so zu Werke ginge? Oder wollen wir uns vielmehr darüber wundern, wie stark doch ein Staat von Natur ist? Denn gar viele Staaten sind seit undenklicher Zeit in diesem Falle gewesen, und doch bestehen einige davon noch immer und gehen nicht zugrunde. Viele freilich gehen auch unter, wie leck gewordene Schiffe, und sind untergegangen und werden noch untergehen wegen des Steuermanns und der Schiffsleute Schlechtigkeit, die in den größten Dingen die größte Un-
wissenheit besitzen und, ungeachtet sie in Staatssachen von gar nichts b
etwas verstehen, doch meinen, in allen Stücken unter allen Wissenschaften diese gerade am sichersten innezuhaben.

SOKRATES D. J.: Vollkommen wahr.

[41. Prüfung der Staatsverfassungen darauf, wie gut und schlecht man in ihnen lebt. Der Schwarm der falschen Staatsmänner]

FREMDER: In welchem nun unter diesen nicht vollkommenen Staaten am wenigsten schwer ist zu leben – denn schwer ist es in allen – und welcher dagegen der unleidlichste ist, sollen wir das wohl untersuchen? Denn wenn es auch für das, was wir uns jetzt vorgenommen haben, nur eine Nebensache ist, so tun wir alle wohl im ganzen alles in solcher Hinsicht.

SOKRATES D. J.: Wir wollen. Warum auch nicht?

FREMDER: Dieselbige also von den dreien, sage getrost, sei zu- c
gleich ausgezeichnet vor allen die unleidlichste und auch die leidlichste.

SOKRATES D. J.: Wie meinst du das?

FREMDER: Nichts anderes meine ich als nur, daß die Alleinherrschaft und die Herrschaft der Wenigen und die der Menge die drei seien, deren wir am Anfang der uns jetzt zugeflossenen Untersuchung erwähnten.

SOKRATES D. J.: Das waren sie freilich.

FREMDER: Diese schneiden wir nun einzeln entzwei und machen sechs daraus, indem wir die vollkommene gänzlich von ihnen abgesondert lassen als die siebente.

SOKRATES D. J.: Wie das?

FREMDER: Aus der Alleinherrschaft schneiden wir das Königtum d und die Tyrannei, und wiederum aus der Herrschaft der Wenigen die wohlbedeutende Aristokratie und dann die Oligarchie, und endlich die Herrschaft der Vielen setzten wir damals zwar nur einfach als Demokratie, jetzt aber müssen wir auch diese als zweifach setzen.

SOKRATES D. J.: Wie aber, und wonach wollen wir diese teilen?

FREMDER: Gar nicht anders als die übrigen; denn wenn sie auch
e keinen zwiefachen Namen hat, so findet doch das nach Gesetzen
Herrschen und gesetzlos bei ihr ebensogut statt wie bei den übrigen.

SOKRATES D. J.: Das freilich.

FREMDER: Damals nun, als wir den vollkommenen Staat suchten, war uns dieser Schnitt zu gar nichts nutz, wie wir auch vorher gezeigt haben. Nachdem wir nun aber jenen ganz herausgenommen und die andern als unvermeidlich gesetzt haben, so teilt nun doch das Gesetzmäßige und Gesetzwidrige jede von diesen in zwei Hälften.

SOKRATES D. J.: Das erhellt wohl, nun die Erklärung davon gegeben ist.

FREMDER: Die Alleinherrschaft nun, in gute Vorschriften, die wir Gesetze nennen, eingespannt, ist die beste unter allen sechsen, gesetzlos aber ist sie beschwerlich und die allerlästigste darin zu leben.

303 a SOKRATES D. J.: Das mag wohl sein.

FREMDER: Die Herrschaft der Wenigen nun wollen wir, wie
denn wenige das Mittel ist zwischen eins und vielen, so auch selbst
für die mittlere nach beiden Seiten hin halten. Die Herrschaft der
Menge aber für ganz schwach und weder im Guten noch im Bö-
sen etwas Großes vermögend im Vergleich mit den übrigen, weil
nämlich die Gewalten in ihr unter viele ins kleine zerteilt sind. Dar-
um, sind alle diese Staaten gesetzmäßig, so ist sie unter allen der
schlechteste; sind sie aber insgesamt gesetzlos, dann ist diese die be-
b ste. Und sind alle zügellos, so trägt es den Preis davon, in der De-
mokratie zu leben; sind sie aber wohlgeordnet, dann muß man am
wenigsten in dieser leben, sondern in der ersten ist es dann bei wei-
tem am besten und vorzüglichsten, mit Ausnahme der siebenten.
Denn die muß man, wie einen Gott unter Menschen, aus allen an-
deren Staatsverfassungen aussondern.

SOKRATES D. J.: So scheint es allerdings zu werden und zu folgen, und wir müssen tun, wie du sagst.

FREMDER: Also müssen wir auch alle, welche sich mit diesen
c Staatsverfassungen außer der einsichtigen zu tun machen, ausson-
dern, daß sie nicht Staatsmänner sind, sondern Parteimänner, und
nur große Gaukelbilder regieren, selbst auch solche seiend, und
daß sie als die größten Nachahmer und Tausendkünstler auch die
größten Sophisten unter den Sophisten werden.

SOKRATES D. J.: Ganz richtig scheint jetzt dieses Wort gegen die sogenannten Staatsmänner gedreht worden zu sein.

FREMDER: Gut. Dies ist nun also geradezu wie ein Schauspiel, wie ich auch vorher sagte, ein Kranz von Kentauren und Satyrn zu

schauen, den wir von der Staatskunst absondern müßten und nun d
endlich glücklich abgesondert haben.

Sokrates d. J.: So scheint es.

Fremder: Es ist uns aber noch etwas anderes, Schwierigeres als dieses übrig, weil es sowohl der königlichen Gattung näher verwandt als auch schwerer festzuhalten ist. Und es gemahnt mich, als ginge es uns wie denen, die das Gold reinigen.

Sokrates d. J.: Wie das?

Fremder: Erde und Steine und vieles andere sondern auch jene
Arbeiter zuerst aus. Nach diesem aber bleibt ihnen noch in der Mi-
schung das dem Golde Verwandte, das kostbare, nur im Feuer ab- e
zusondernde Erz und Silber, bisweilen auch Stahl, welches durch
wiederholte Schmelzungen und Läuterungen mit Mühe abgesondert
uns endlich das reine Gold an und für sich sehen läßt.

Sokrates d. J.: So sagt man ja, daß es geschehe.

[42. Abtrennung der Redekunst von der Staatskunst]

Fremder: Auf dieselbe Weise nun scheint auch jetzt das übrige
zwar, was fremdartig und nicht befreundet ist, schon von der Wis-
senschaft des Staates abgesondert, das Kostbare und Verwandte
aber noch zurück zu sein. Dazu gehört nun die Kriegskunst und
die Rechtswissenschaft und jene mit der königlichen Kunst in Ver-
bindung stehende Rednergabe, welche durch überzeugende Emp- 304 a
fehlung des Gerechten die Verhandlungen im Staate leiten hilft; wel-
che man nun, so leicht es eben gehen will, ausscheiden muß und
dann erst jenen von uns Gesuchten bloß und allein für sich aufzei-
gen kann.

Sokrates d. J.: Offenbar muß man irgendwie versuchen, dies zu bewirken.

Fremder: Soweit es vom Versuch abhängt, soll er wohl ans Licht kommen. Und zwar durch die Tonkunst muß man versuchen ihn darzustellen. Sage mir also.

Sokrates d. J.: Was denn?

Fremder: Es gibt doch ein Erlernen der Tonkunst und über- b
haupt aller mit einer Geschicklichkeit der Hände verbundenen Künste?

Sokrates d. J.: Das gibt es.

Fremder: Und wie nun dies? Ob wir irgendeine von allen diesen erlernen sollen oder auch nicht, sollen wir sagen, daß auch dies eine Erkenntnis sei in Bezug auf eben diese Dinge, oder wie?

Sokrates d. J.: So, daß es eine sei, wollen wir sagen.

Fremder: Und daß sie eine andere sei als jene Künste selbst, werden wir doch zugeben?

Sokrates d. J.: Ja.

Fremder: Und sollte wohl keine von ihnen über die andere herr-
schen dürfen? Oder etwa jene verschiedenen über diese letztere? c
Oder sollen wir sagen, daß diese Aufsicht führend die übrigen ins-
gesamt beherrschen solle?

Sokrates d. J.: Diese letztere über jene.

Fremder: Die, ob man etwas lernen soll oder nicht, über die, welche gelernt wird und lehrt, behauptest du, daß uns herrschen müsse?

Sokrates d. J.: Gar sehr.

Fremder: Und so auch wohl die, ob man überreden soll oder nicht, über die, welche zu überreden versteht?

Sokrates d. J.: Wie anders?

Fremder: Wem sollen wir nun zuschreiben, daß er mit Erkennt-
d nis der Menge und des Volkes dieses zu überreden verstehe vermittels sinnlicher Darstellung, nicht aber ordentlicher Belehrung?

Sokrates d. J.: Offenbar müssen wir auch dies der Redekunst zuschreiben.

Fremder: Zu wissen aber, ob man etwas bei diesem oder jenem durch Überredung oder durch Gewalt durchsetzen solle, oder vielleicht ganz und gar damit innehalten, welcher Wissenschaft sollen wir dies wiederum beilegen?

Sokrates d. J.: Offenbar der, welche über die sprechende und überredende herrscht.

Fremder: Und das wäre doch wohl keine andere, denke ich, als die des Staatsmannes?

Sokrates d. J.: Ganz richtig.

Fremder: Auch dies Rednerische scheint sich also schnell abge-
e sondert zu haben von dem Staatskünstlerischen als eine andere Art, jener jedoch dienend?

Sokrates d. J.: Ja.

[43. Ausscheidung der Feldherrn und Richter. Die Staatskunst als Herrscherin]

Fremder: Was sollen wir nun aber von dieser Geschicklichkeit denken?

Sokrates d. J.: Von welcher?

Fremder: Der, wie wir mit allen Krieg führen sollen, mit denen wir beschlossen haben Krieg zu führen? Sollen wir diese für eine kunstlose oder für eine künstlerische erklären?

Sokrates d. J.: Und wie könnten wir wohl die für kunstlos halten, welche die Feldherrnkunst und alle anderen kriegerischen Verrichtungen ausüben?

Fremder: Die aber, welche, ob man Krieg führen oder sich freundschaftlich auseinandersetzen solle, imstande ist kundigerweise zu entscheiden, sollen wir diese für eine andere als jene setzen oder für dieselbe mit ihr?

Sokrates d. J.: Dem vorigen zufolge notwendig für eine andere.

305 a Fremder: Also werden wir auch annehmen müssen, daß letztere über die erstere herrscht, wenn wir es dem vorigen gemäß bestimmen wollen.

Sokrates d. J.: Das denke ich.

FREMDER: Welche nun sollen wir wohl wagen einer so gewaltigen und großen Kunst, wie die gesamte Kriegskunst ist, zur Herrin zu setzen, ausgenommen jene wahrhaft königliche?

SOKRATES D. J.: Keine andere.

FREMDER: Also nicht als die Staatswissenschaft dürfen wir, da sie ja nur eine dienende ist, die Wissenschaft der Feldherren setzen?

SOKRATES D. J.: Nicht füglich.

FREMDER: Wohl, laß uns nun auch die Wirksamkeit der Rich- b
ter, welche gehörig richten, betrachten.

SOKRATES D. J.: Das wollen wir.

FREMDER: Vermag sie nun wohl etwas mehr, als daß sie in be-
zug auf allerlei Verkehr alles Gesetzliche, was von dem gesetzge-
benden Könige festgestellt ist, zusammenfassend ihr Urteil fällt mit
Hinsicht darauf, was als Recht festgestellt ist und was als Unrecht,
ihre eigentümliche Tugend darin beweisend, daß sie niemals, durch
Geschenke oder Furcht oder Mitleid oder irgend andere Feindschaft
oder Freundschaft bewogen, irgend gegen des Gesetzgebers An- c
ordnung die gegenseitigen Beschuldigungen schlichten will?

SOKRATES D. J.: Nichts anderes; sondern wie du es erklärt hast, so weit geht eigentlich das Gebiet ihrer Wirksamkeit.

FREMDER: Also auch von der Stärke der Richter finden wir, daß sie nicht die königliche ist, sondern eine Wächterin der Gesetze und eine Dienerin von jener.

SOKRATES D. J.: So scheint es ja.

FREMDER: Und soviel ist zu sehen, wenn man alle die bisher be-
schriebenen Künste betrachtet, daß keine von ihnen sich irgend als
Staatskunst gezeigt hat. Denn die wahrhaft königliche soll nicht d
selbst etwas verrichten, sondern nur über die, welchen Verrichtun-
gen obliegen, soll sie herrschen, indem sie den Anfang und An-
trieb zu allem Wichtigsten im Staat nach Zeit und Unzeit erkennt;
die andern aber sollen, was ihnen aufgetragen ist, verrichten.

SOKRATES D. J.: Richtig.

FREMDER: Deshalb auch herrschen auch die jetzt durchgenommenen weder über einander noch jede über sich selbst, sondern mit einem eigenen Geschäft hat es jede von ihnen zu tun und führt daher auch ihren besonderen Namen von der Eigentümlichkeit dieses Geschäftes.

SOKRATES D. J.: So scheint es wenigstens. e

FREMDER: Aber die über alle diese herrschende Kunst, die Gesetze und alles andere im Staate besorgende und alles auf das richtigste zusammenwebende, diese könnten wir doch, wenn wir ihr Geschäft mit ihrem Namen umfassen wollten, mit dem größten Rechte, wie mich dünkt, die Staatskunst nennen?

SOKRATES D. J.: Allerdings.

[44. Die zwieträchtige und gegensätzliche Natur der Tapferkeit und der Besonnenheit]

FREMDER: So könnten wir sie jetzt wohl auch nach dem Muster der Webekunst durchgehen, nun uns auch alle Gattungen, die im Staate vorkommen können, bekannt geworden sind?

SOKRATES D. J.: Gar sehr gern.

306 a FREMDER: Also die königliche Zusammenflechtung, scheint es, müssen wir erklären, wie sie beschaffen ist, auf welche Weise sie ineinander flicht, und was für ein Gewebe sie uns dadurch liefert.

SOKRATES D. J.: Offenbar.

FREMDER: Ein gar schwer darzulegendes Geschäft ist uns also nun notwendig geworden, wie es scheint.

SOKRATES D. J.: Auf alle Weise doch muß es erklärt werden.

FREMDER: Daß nämlich ein Teil der Tugend mit einer andern Art derselben gewissermaßen im Streit sein könne, werden die in Reden Streitbaren gar leicht angreifen können mit Bezug auf die geltenden Meinungen.

SOKRATES D. J.: Das verstehe ich nicht.

FREMDER: Vielleicht so. Die Tapferkeit, denke ich doch, hältst du
b dafür, daß sie *ein* Teil der Tugend sei?

SOKRATES D. J.: Freilich.

FREMDER: Und die Besonnenheit für verschieden zwar von der Tapferkeit, aber auch sie für *einen* Teil derselben wie jene?

SOKRATES D. J.: Ja.

FREMDER: Über diese beiden nun muß ich einen wunderbaren Satz aufzustellen wagen.

SOKRATES D. J.: Was für einen?

FREMDER: Daß die beiden auf gewisse Weise gar sehr miteinander in Feindschaft und Zwietracht stehen in gar vielen Dingen.

SOKRATES D. J.: Wie meinst du das?

FREMDER: Keineswegs freilich eine gewöhnliche Meinung. Denn
c man sagt ja, daß alle Teile der Tugend untereinander freund sind.

SOKRATES D. J.: Ja.

FREMDER: Laß uns also, aber recht wohl aufmerkend, zusehen, ob dies so ganz allgemein gilt, oder ob es nicht auf alle Weise etwas darunter gibt, was mit dem Verwandten im Streit liegt.

SOKRATES D. J.: Ja, sagtest du nur, wie wir es untersuchen sollen!

FREMDER: In allen Dingen müssen wir wohl alles das aufsuchen, was wir zwar schön nennen, es aber in zwei entgegengesetzte Arten setzen.

SOKRATES D. J.: Erkläre dich noch deutlicher.

FREMDER: Schnelligkeit und Schärfe, sowohl körperlich als in der
d Seele und in den Bewegungen der Stimme, und sowohl in diesen selbst als in den Bildern davon und allem, was die Tonkunst nachahmend und die Malerkunst in Abbildern darstellt, hiervon hast du wohl selbst schon etwas gelobt oder andere es loben hören.

SOKRATES D. J.: Wie sollte ich nicht?

FREMDER: Erinnerst du dich auch wohl, auf welche Weise sie dies bei allen dergleichen Dingen tun?

SOKRATES D. J.: Nein.

FREMDER: Wenn ich nun nur imstande wäre, so, wie ich es denke, es dir auch deutlich zu machen durch die Rede.

SOKRATES D. J.: Wie solltest du das nicht? e

FREMDER: Du scheinst so etwas für leicht zu halten. Laß es uns also an den einander fast entgegengesetzten Gattungen betrachten. In gar vielen Handlungen nämlich und gar oft, wenn wir uns der Schnelligkeit, Kräftigkeit und Beweglichkeit des Gedankens oder des Leibes oder auch der Stimme erfreuen, benennen wir dies alles lobend mit einem und demselben Namen, nämlich der Tapferkeit.

SOKRATES D. J.: Wieso?

FREMDER: Das ist kräftig und tapfer, pflegen wir ja zu sagen, und schnell und mannhaft und derb ebenso; und sooft wir die erwähnte Benennung gemeinsam allen diesen Naturen beilegen, loben wir sie damit.

SOKRATES D. J.: Ja.

FREMDER: Wie aber? Die ruhige Art des Werdens, loben wir die 307 a
nicht ebenfalls in vielen Handlungen?

SOKRATES D. J.: Und gar sehr.

FREMDER: Und sprechen wir dieses nicht, indem wir das entgegengesetzte wie von jenem aussagen?

SOKRATES D. J.: Wie das?

FREMDER: Sooft wir als ruhig und besonnen, was im Gemüt vorgeht, bewundernd anführen, und was in Handlungen, als langsam und sanft, und was an der Stimme vorkommt, als gedämpft und tief, und jede gemessene Bewegung und alles in schönen Künsten, wobei zur rechten Zeit Langsamkeit angewendet wird, dann legen b
wir diesem insgesamt nicht den Namen der Tapferkeit bei, sondern den der Anständigkeit.

SOKRATES D. J.: Vollkommen wahr.

FREMDER: Wiederum aber, wenn beiderlei zur Unzeit geschieht, dann wenden wir um und tadeln auch beides, indem wir ihm auch so entgegengesetzte Namen beilegen.

SOKRATES D. J.: Wie das?

FREMDER: Was sich schärfer und schneller und härter, als erfordert wird, beweist, das nennen wir übermütig und wahnsinnig, das Schwerfälligere und Weichere aber feigherzig und träge. Und c
gewiß werden wir fast immer finden, daß dies letztere nebst der besonnenen Natur und andererseits die tapfere Natur des Entgegengesetzten als feindselige Zwietracht hegende Kräfte sich weder miteinander vermischen in den für sie gehörigen Handlungen, noch auch werden wir diejenigen, welche sie in der Seele haben, anders als sehr uneins untereinander erblicken, wenn wir ihnen nachgehen.

[45. Die darauf beruhende Verschiedenheit der Menschen und ihre verderblichen Folgen]

SOKRATES D. J.: Wo meinst du denn?

FREMDER: In allem solchen, was wir jetzt anführten, und, wie du
d ja denken kannst, in noch vielem anderen. Denn sie loben jeder nach seiner Verwandtschaft einiges als das ihnen eigentümliche und tadeln das der Andersgesinnten als ihnen fremdartig und geraten dadurch gar sehr und über viele Dinge in Feindschaft.

SOKRATES D. J.: Das scheinen sie wohl.

FREMDER: Oft nun ist die Uneinigkeit dieser Eigenschaften nur ein Scherz, in wichtigeren Dingen aber wird sie die verhaßteste Krankheit unter allen für die Staaten.

SOKRATES D. J.: In was für welchen meinst du?

e FREMDER: Wo es auf die Anordnung des gesamten Lebens ankommt. Denn die ausgezeichnet Sanften sind auch immer darauf bedacht, ein stilles Leben zu führen, indem sie ganz für sich nur ihre eigenen Angelegenheiten besorgen und sowohl zu Hause mit allen auf diese Art umgehen als auch mit andern Staaten gleichermaßen bemüht sind, immer auf irgendeine Art Frieden zu halten. Und vermöge dieser Neigung, wenn sie unzeitiger ist, als sie sollte, werden sie, wenn sie nach ihrem Willen handeln können, unvermerkt selbst unkriegerisch, wie sie auch die Jünglinge gleichfalls zu solchen machen, und fallen daher jedem Angreifenden anheim, wodurch sie dann in gar wenig Jahren mit ihren Kindern und dem ge-
308 a samten Staate oft aus Freien unvermerkt Knechte geworden sind.

SOKRATES D. J.: Einen bösen und schlimmen Erfolg gibst du an.

FREMDER: Wie aber die mehr zur Tapferkeit sich Neigenden? Reizen die nicht ihren Staat immer zu irgendeinem Kriege an wegen ihrer mehr, als gut ist, heftigen Begierde nach einem solchen Leben, und verwickeln ihn dadurch mit Vielen und Mächtigen in Feindschaft, ja bringen wohl gar ihr Vaterland ins Verderben und in die Knechtschaft und Gewalt seiner Feinde?

b SOKRATES D. J.: Auch das geschieht.

FREMDER: Wie sollten wir also nicht sagen, daß hierin beide Arten immer viel Feindschaft und Streit gegeneinander unterhalten von der heftigsten Art?

SOKRATES D. J.: Auf keine Weise können wir das leugnen.

FREMDER: Also, was wir von Anfang suchten, das haben wir gefunden, daß nicht unwichtige Teile der Tugend untereinander uneins sind von Natur und auch die, welche sie besitzen, eben dazu machen.

SOKRATES D. J.: Das scheinen sie in der Tat.

FREMDER: Laß uns nun auch dies dazunehmen.

SOKRATES D. J.: Welches?

[46. Die Aufsichtstätigkeit der königlichen Kunst bei der Erziehung]

Fremder: Ob wohl eine von den zusammensetzenden Künsten c
irgendeines ihrer Werke, wenn es auch das unbedeutendste wäre,
gutwillig aus Schlechtem und Gutem bilden wird? Oder ob nicht
jede Kunst überall das Schlechte nach Vermögen verwirft und nur
das Tüchtige und Gute nimmt, um aus diesem dann, Ähnliches
und Unähnliches in eines verarbeitend, eine bestimmte Kraft oder
Gestalt hervorzubringen?

Sokrates d. J.: Wie sollte sie nicht das letzte?

Fremder: Also wird auch die ihrer Natur nach wahre Staats- d
kunst niemals gutwillig aus guten und schlechten Menschen irgend-
einen Staat bilden, sondern offenbar wird sie sie zuerst beim Kin-
derspiel prüfen und nach der Prüfung denen, die sich darauf ver-
stehen, zum Unterricht und zur Besorgung übergeben unter ihrer
eignen Anordnung und Aufsicht, wie die Weberei über die Woll-
kämmer und andere, welche die zu ihrem Gewebe notwendigen
Vorarbeiten verrichten, immer die Aufsicht führt, ihr Geschäft be-
gleitend anordnet und ihnen solche Arbeit aufgibt zu verrichten, e
wie sie glaubt, daß zu ihrem Gewebe tüchtig sein werde.

Sokrates d. J.: Allerdings.

Fremder: Ebenso scheint mir auch die königliche Kunst selbst
die Oberaufsicht zu führen über alle gesetzlichen Erzieher und Leh-
rer und ihnen nicht zu gestatten, etwas zu üben, außer wenn einer
im Hinblick auf ihre Mischung wirkend eine dieser angemessene
Gesinnung hervorbringt, sondern darin allein zu unterrichten be-
fiehlt sie; und die, welche nicht vermögen, an tapferer und beson-
nener Gesinnung teilzunehmen, und was sonst zur Tugend führt,
sondern in Gottlosigkeit, in Frevel und Ungerechtigkeit durch die 309 a
Gewalt einer bösartigen Natur hineingestoßen werden, diese stößt
sie aus durch Todesstrafen und durch Verweisungen oder züchtigt
sie durch die härtesten Beschimpfungen.

Sokrates d. J.: So soll es wenigstens sein.

Fremder: Die aber wiederum in Torheit und großer Niedrigkeit
des Sinnes sich herumwälzen, unterjocht sie in das Sklavenge-
schlecht.

Sokrates d. J.: Ganz richtig.

Fremder: Von den übrigen aber, deren Naturen zu dem Edle-
ren mit Hilfe der Erziehung fähig sind gebildet zu werden und b
kunstmäßig Vermischung miteinander einzugehen, von diesen ver-
sucht sie, die zur Tapferkeit mehr sich Hinneigenden, deren derbere
Gemütsart ihr als das für die Kette geeignete erscheint, und die an-
deren, zum Sittsamen Neigenden, welche nach dem vorigen Bilde
gleichsam das fettere, weichere, einschlagartige Gespinst sind, wie
auch beide einander entgegenstreben, dennoch auf folgende Weise
miteinander zu verbinden und zu verflechten.

Sokrates d. J.: Auf welche denn?

Fremder: Zuerst, indem sie, wie es der Verwandtschaft gemäß c ist, den ewigen Teil ihrer Seele durch ein göttliches Band vereinigt, und nächst dem göttlichen auch den tierischen durch ein menschliches.

SOKRATES D. J.: Wie meintest du das wieder?

[47. Die wahre politische Verbindung und Verflechtung der Seelen]

FREMDER: Die wahrhaft wahre Vorstellung von dem Gerechten, Schönen und Guten und dessen Gegenteil, wenn sie wohl begründet der Seele einwohnt, nenne ich eben das Göttliche in einem dämonischen Geschlecht.

SOKRATES D. J.: Das gehört sich auch wohl so.

d FREMDER: Und von dem Staatskundigen und dem guten Gesetzgeber wissen wir, daß ihm allein gebührt, mit Hilfe der Muse der königlichen Kunst eben dies denen einzubilden, welche einer richtigen Erziehung teilhaftig geworden, wie wir eben von ihnen gesagt?

SOKRATES D. J.: Man sollte es denken.

FREMDER: Wer aber dies, o Sokrates, zu bewirken unvermögend ist, dem wollen wir nie den Namen beilegen, dessen Bedeutung wir jetzt untersuchen.

SOKRATES D. J.: Ganz richtig.

FREMDER: Wie also? Wenn eine tapfere Seele jene Wahrheit er-
e greift, wird sie nicht gezähmt und begehrt dann, vorzüglich mit dem Gerechten Gemeinschaft zu haben; hat sie aber jene nicht ergriffen, neigt sie sich dann nicht vielmehr zu einer wilderen Natur?

SOKRATES D. J.: Wie anders?

FREMDER: Und wiederum die sittsame Natur, wenn sie jener Vorstellungen sich bemächtigt, wird sie dann nicht das wahrhaft Besonnene und Sittliche, wie es im Staate sein soll, werden; wenn sie aber mit dem, was wir meinen, nicht in Gemeinschaft tritt, dann mit größtem Recht in den schimpflichen Ruf der Stumpfsinnigkeit kommen?

SOKRATES D. J.: Allerdings.

FREMDER: Aber für Böse unter sich oder auch für Gute mit Bösen wollen wir nicht sagen, daß diese Verflechtung und Verbindung jemals haltbar sein, noch daß sich deren irgendeine Kunst im Ernst für solche bedienen werde.

SOKRATES D. J.: Wie sollte sie auch!

310 a FREMDER: Aber den schon von ihrer Geburt an gutgearteten und ihrer Natur gemäß gebildeten Gemütern allein werden diese Vorstellungen durch die Gesetze sich einbilden und eben unter diesen dies nun das kunstmäßige Heilmittel und, wie wir gesagt haben, das göttlichere Band sein für die von Natur einander unähnlichen und entgegengesetzt fortstrebenden Teile der Tugend.

SOKRATES D. J.: Vollkommen wahr.

FREMDER: Die übrigen Bande menschlicher Art sind, wenn nur dieses göttliche vorhanden ist, weder schwer zu sehen noch, wenn man sie gesehen hat, schwer in Anwendung zu bringen.

SOKRATES D. J.: Wieso aber, und welche sind es? b

FREMDER: Durch die Eheverträge und Verbindungen der Kinder zwischen Staaten und auch einzeln durch die Verheiratungen und Ausstattungen. Denn die meisten binden hierbei nicht richtig zusammen zum Behuf der Kindererzeugung.

SOKRATES D. J.: Wieso?

FREMDER: Daß auf Reichtum und Macht hierbei Jagd gemacht wird, weshalb sollte man sich nur die Mühe geben, dies noch ernsthaft zu tadeln?

SOKRATES D. J.: Für nichts freilich.

[48. Die Verflechtung der besonnenen mit der tapferen Gemütsart als Vollendung der Staatskunst]

FREMDER: Eher wäre es billig, über diejenigen, welche hierbei auf die Abkunft sehen, etwas zu sagen, ob auch diese der Sache nicht c
gemäß handeln.

SOKRATES D. J.: Das wäre wohl billig.

FREMDER: Und freilich handeln sie nach gar keinem richtigen Grunde, wenn sie, nur der augenblicklichen Bequemlichkeit nachgehend, mit denen sich gefallen, die ihnen ganz ähnlich sind, und die Unähnlichen nicht leiden mögen, weil sie auf das Beschwerliche dabei allzuviel Rücksicht nehmen.

SOKRATES D. J.: Wie das?

FREMDER: Die Sittsamen und Bescheidenen suchen wiederum ihre Gemütsart, heiraten, soviel es sich tun läßt, nur von solchen und geben auch ihre Töchter wiederum nur an solche aus. Ebenso macht d
es auch das tapfere Geschlecht und geht *seiner* Natur nach, obwohl beide Arten hiervon ganz das Gegenteil tun sollten.

SOKRATES D. J.: Wie, und weshalb?

FREMDER: Weil die Tapferkeit, wenn sie viele Geschlechter hindurch, ohne sich mit der besonnenen Natur vermischt zu haben, wieder erzeugt wird, anfänglich zwar sich durch Kräftigkeit hervortut, am Ende aber ganz in Tollheiten ausschlägt.

SOKRATES D. J.: Wahrscheinlich.

FREMDER: Und wiederum die schamhafte Seele, wenn sie sich ganz unvermischt mit mannhafter Keckheit viele Geschlechter hindurch e
erzeugt, muß träger werden, als recht ist, und damit endigen, ganz und gar zu verkümmern.

SOKRATES D. J.: Auch das wird sich wahrscheinlich so ereignen.

FREMDER: Diese Bande nun, sagte ich, wären gar nicht schwer zu knüpfen, wenn nur über das Schöne und Gute beide Arten dieselben Vorstellungen haben. Denn dies ist einzig und allein das ganze Geschäft jener königlichen Zusammenwebung, daß sie niemals lasse die besonnene und die tapfere Gemütsart sich voneinander trennen, sondern sie durch Gleichgesinntheit und Ehre und Schande und öffentliche Meinung und durch Geiseln, die sie einander ausgeben, zusammenschlägt, und wenn sie so jenes glatte und feine Gewebe

311a aus ihnen verfertigt hat, dann ihnen gemeinschaftlich alle Gewalten in den Staaten überläßt.

SOKRATES D. J.: Wie das?

FREMDER: Indem sie, wo nur *ein* Herrscher nötig ist, einen solchen, der beides in sich vereinigt, zum Vorsteher wählt; wo aber mehrere, da beides miteinander vermischt. Denn besonnener Herrscher Gemütsart wird zwar für das Vorsichtige, Gerechte und Heilsame sorgen, aber einer gewissen durchgreifenden Schärfe und Keckheit des Handelns ermangeln.

SOKRATES D. J.: Das dünkt mich freilich auch.

b FREMDER: Die Tapferkeit hingegen wird in Absicht auf Gerechtigkeit und Vorsichtigkeit hinter jener zurückstehen, aber im Handeln selbst sich sehr auszeichnen. Daß es aber um den Staat in allen Dingen, was das Allgemeine und was die einzelnen betrifft, wohlstehen könne, wenn diese nicht beide vorhanden sind, ist ganz unmöglich.

SOKRATES D. J.: Wie sollte es auch nicht!

FREMDER: Dies also, wollen wir sagen, sei die Vollendung des Gewebes der ausübenden Staatskunde, daß ineinander eingeschossen und verflochten werde der tapferen und der besonnenen Menschen Gemütsart, wenn die königliche Kunst, durch Übereinstimmung und
c Freundschaft beider Leben zu einem gemeinschaftlichen vereinigend, das herrlichste und trefflichste aller Gewebe bildend, alle übrigen Freien und Knechte in den Staaten umfassend, sie unter diesem Geflechte zusammenhält und, wieweit es einem Staate gegeben sein kann glückselig zu werden, davon nirgend etwas ermangelnd herrsche und regiere.

SOKRATES: Vortrefflich, o Fremdling, hast du uns nun auch den königlichen und Staatsmann dargestellt.

PHILEBOS

GLIEDERUNG

A. Einleitung:

1. Die beiden Thesen über Gutes: gut ist die Lust, gut ist das Vernünftigsein (1. Kap., 11 a 1 — 11 d 1).
2. Die Aufgabe: Darstellung von zwei Verfassungen der Seele. Möglichkeit einer besseren dritten (2. Kap., 11 d 2 — 12 b 6).

B. Hauptteil:

I. Vorentscheidung über den ersten Platz

1. Die Vielheit in Lust und Erkenntnis. a) Gibt es einander unähnliche und entgegengesetzte Arten der Lust? (3. Kap., 12 b 7 — 13 e 1); b) Anerkennung der Verschiedenheit in Lust und Erkenntnis (4. Kap., 13 e 2 bis 14 b 8).
2. Das Problem des Eins und des Vielen. a) Die gewöhnliche und die philosophische Problematik des Einen und Vielen (5. Kap., 14 c 1 bis 15 c 9); b) Falscher und rechter Gebrauch des beim Reden über Seiendes entstehenden Einen und Vielen (6. Kap., 15 d 1 — 17 a 5); c) Erläuterung des Eins und Vielen an Laut, Ton und Bewegung (7. Kap., 17 a 6 — 17 e 6); d) Wichtigkeit der bestimmten Zahl beim Übergang vom Eins zum Unendlichen und vom Unendlichen zum Eins. Beispiel der Buchstaben (8. Kap., 17 e 7 — 18 e 2).
3. Prüfung des Lebens der Lust und des der Erkenntnis am Guten. a) Wiederaufnahme der ursprünglichen Frage (9. Kap., 18 e 3 — 20 b 5); b) Das Gute als vollendet, hinreichend und Ziel des Strebens. Prüfung des Lebens der Lust (10. Kap., 20 b 6 — 21 d 7); c) Entscheidung, daß weder das Leben der Lust noch das der Vernunft das Gute hat, sondern ein aus beiden gemischtes. Anspruch der Vernunft auf den zweiten Platz (11. Kap., 21 d 8 — 23 b 10).

II. Untersuchung von Lust und Erkenntnis in Hinsicht auf ihre Gattung, ihr Entstehen und ihre Wahrheit und Reinheit

1. Die Stelle von Lust und Vernunft in den vier Gattungen des Seienden. a) Ansetzung von vier Arten des Seienden: das Unbegrenzte, das mit Grenze, das Gemischte und die Ursache der Vermischung. Erläuterung der zwei ersten Arten (12. Kap., 23 c 1 — 25 b 4); b) Erklärung des aus Unbegrenztem und aus Grenze in sich Habenden erzeugten Geschlechts (13. Kap., 25 b 5 — 26 d 10); c) Die vierte Gattung der Ursache. Das gemischte Leben als Teil der dritten Gattung (14. Kap., 26 e 1 — 27 d 11); d) Zugehörigkeit von Lust und Unlust zur Gattung des Unbegrenzten. Frage nach der Gattung der Vernunft (15. Kap., 27 e 1 — 28 d 2); e) Darlegung, daß die Vernunft zur Gattung der Ursache gehört (16. Kap., 28 d 3 — 31 b 1).
2. Die zwei Arten der Lust und ihre Entstehung. a) Das Entstehen von Lust und Unlust in den Lebendigen: Unlust als Auflösung, Lust als Wiederherstellung (17. Kap., 31 b 2 — 32 b 8); b) Die zweite Art von Lust und Unlust: das aus Erwartung des Angenehmen und Unangenehmen entstehende Gefühl der Seele selbst. Der von Lust und Unlust freie Zustand der Seele (18. Kap., 32 b 9 — 33 c 4); c) Erklärung der Wahrnehmung, des Gedächtnisses und der Erinnerung (19. Kap., 33 c 5 bis 34 c 8); d) Wesen und Entstehung der Begierde (20. Kap., 34 c 9 bis 35 c 2); e) Trieb und Begierde als allein der Seele zukommend.

Möglichkeit, zu gleicher Zeit Lust und Unlust zu empfinden (21. Kap., 35 c 3—36 e 12).

3. Wahrheit und Falschheit der Lust. a) Gibt es wahre und falsche Lust und Unlust? (22. Kap., 36 e 13—38 b 1); b) Die Entstehung der wahren und falschen Vorstellungen und Bilder: der Schreiber und Maler in unserer Seele (23. Kap., 38 b 2—39 e 7); c) An den Hoffnungen geführter Beweis, daß es falsche Lust gibt. Ist die Falschheit auch Grund der Schlechtigkeit? (24. Kap., 39 e 8—41 b 7); d) Entstehung des Falschen von Lust und Unlust beim Nebeneinanderstellen beider (25. Kap., 41 b 8—42 c 8).

4. Die mit Unlust gemischte Lust. a) Aufstellung von drei verschiedenen Lebenszuständen: das angenehme, das unangenehme und das weder angenehme noch unangenehme Leben (26. Kap., 42 c 9—44 b 3); b) Die These derjenigen, die leugnen, daß es überhaupt Lust gibt (27. Kap., 44 b 4—45 d 1); c) Beispiele der Mischung größter Lust und Unlust in krankhaften Zuständen (28. Kap., 45 d 2—47 d 4); d) Die Mischung von Lust und Unlust in der Seele selbst. Erklärung des Lächerlichen und des Neides (29. Kap., 47 d 5—50 b 6); e) Allgemeines Vorkommen der mit Unlust gemischten Lust (30. Kap., 50 b 7—50 e 4).

5. Die reine Lust. a) Die reine Lust an Gestalt, Farben, Tönen, Gerüchen und Kenntnissen (31. Kap., 50 e 5—52 e 9); b) Die Reinheit einer Lust als Maßstab für ihre Wahrheit, Schönheit und Annehmlichkeit (32. Kap., 52 c 1—53 d 2).

6. Die Lust und das Gute. Die Lust als ein Werden befindet sich nicht in der Ordnung des Guten (33. Kap., 53 d 3—55 c 3).

7. Reine und unreine Erkenntnis. a) Einteilung der Erkenntnisse nach ihrer Reinheit (34. Kap., 55 c 4—57 b 4); b) Die dialektische Wissenschaft als reinste, wahrste und genaueste Erkenntnis (35. Kap., 57 b 5—59 b 9).

III. Entscheidung über das gute Leben und den Rang von Vernunft und Lust

1. Bestimmung des gemischten Lebens. a) Rückgang zur ursprünglichen Frage und Wiederholung der beiden Thesen (36. Kap., 59 b 10—60 d 2); b) Vorschlag, zur Erlangung des in dem gemischten Leben befindlichen Guten die wahrste Lust und die wahrste Erkenntnis miteinander zu mischen (37. Kap., 60 d 3—62 a 1); c) Notwendigkeit, auch unreinere Erkenntnisse zur Mischung zuzulassen (38. Kap., 62 a 2—62 d 6); d) Bestimmung, welche Lust in die Mischung aufzunehmen ist (39. Kap., 62 d 7—64 b 4).

2. Die Stellung von Vernunft und Lust zum Guten. a) Die Ursache des Gutseins jeder Mischung: das Gute als Schönheit, Verhältnismäßigkeit und Wahrheit (40. Kap., 64 b 5—65 a 6); b) Aufweis, daß die Vernunft dem Guten näher verwandt ist als die Lust. Die Ordnung der Güter (41. Kap., 65 a 7—66 d 3).

C. Schluß:
Schlußzusammenfassung (42. Kap., 66 d 4—67 b 13).

Sokrates, Protarchos, Philebos

[1. Die beiden Thesen über Gutes: gut ist die Lust, gut ist das Vernünftigsein]

11 a Sokrates: Sieh also zu, Protarchos, was für eine Rede du jetzt vom Philebos übernehmen willst und gegen was für eine von unse-
b rer Seite streiten, falls sie dir nicht zu Sinne sollte gesprochen sein. Wollen wir sie uns beide noch einmal wiederholen?

Protarchos: Allerdings.

Sokrates: Philebos nämlich sagt, daß für alles Lebendige das Wohlbefinden gut sei und die Lust und das Vergnügen, und was sonst mit dieser Gattung zusammenstimmt. Von unserer Seite aber ist das Bedenken, daß vielleicht doch nicht dieses, sondern das Vernünftigsein und das Erkennen und Sicherinnern und was wiederum hiermit verwandt ist, richtige Meinung und wahrhafte Folgerungen, besser sein mag als Lust und trefflicher für alles, was nur daran teil-
c nehmen kann, und daß es für die, so es können, das vorteilhafteste von allem sei, hieran teilzuhaben, für die jetzigen sowohl als für die künftigen. Behaupten wir nicht dies ungefähr, o Philebos, von beiden Seiten?

Philebos: Ganz unstreitig, o Sokrates.

Sokrates: Und übernimmst du diesen dir jetzt übertragenen Satz, o Protarchos?

Protarchos: Ich muß ihn wohl übernehmen; denn Philebos der Schöne ist uns ja ermüdet.

Sokrates: Und auf alle Weise soll doch das Wahre darüber herausgebracht werden?

d Protarchos: Das soll freilich.

[2. Die Aufgabe: Darstellung von zwei Verfassungen der Seele. Möglichkeit einer besseren dritten]

Sokrates: Wohlan! So laß uns außer dem Vorigen auch noch dieses feststellen.

Protarchos: Was doch?

Sokrates: Daß jetzt auch jeglicher von beiden unternehmen muß, eine gewisse Beschaffenheit und Verfassung der Seele als diejenige aufzuzeigen, welche allen Menschen das Leben glückselig zu machen vermag. Nicht so?

Protarchos: Allerdings so.

Sokrates: Also ihr die des Wohlbefindens und wir dagegen die des Vernünftigseins?

Protarchos: So ist es.

Sokrates: Wie aber, wenn sich noch eine andere besser zeigt als diese? Werden nicht dann, falls sie sich der Lust verwandter zeigt, zwar wir beide von der jene Beschaffenheit festhaltenden Lebensweise überwunden werden, doch aber dann das Leben der Lust den Sieg davontragen über das der Erkenntnis? 12 a

Protarchos: Ja.

Sokrates: Falls aber der Vernünftigkeit verwandter, dann siegt doch die Vernunft über die Lust, und diese wird überwunden. Gebt ihr zu, daß dies so feststehe, oder wie?

Protarchos: Mir wenigstens gefällt es.

Sokrates: Wie aber dem Philebos? Was meinst du?

Philebos: Mir ist auf alle Weise annehmlich und wird es immer sein, daß die Lust siegt. Du aber, Protarchos, wirst ja selbst wissen.

Protarchos: Nachdem du uns die Rede übergeben, o Philebos, bist du auch nicht mehr Herr darüber, dem Sokrates dies zuzugestehen oder nicht.

Philebos: Richtig gesprochen. Ich will mich auch nur lossagen und b
rufe jetzt die Göttin selbst zum Zeugen.

Protarchos: Auch wir wollen dir dies wohl gern mitbezeugen, daß du das gesagt hast, was du sagst. Allein das weitere, o Sokrates, wollen nun wir, mit Philebos Beistimmung oder wie er es sonst halten will, durchzuführen versuchen.

[3. Gibt es einander unähnliche und entgegengesetzte Arten der Lust?]

Sokrates: Das wollen wir versuchen, und zwar von der Göttin selbst anfangend, welche zwar Aphrodite genannt wird, wie dieser behauptet, ihr eigentlichster Name aber sei Lust.

Protarchos: Ganz richtig.

Sokrates: Meine Angst aber, Protarchos, die ich immer habe we- c
gen der Benennungen der Götter, ist gar nichts Gewöhnliches, sondern ärger als jede Furcht. So auch jetzt die Aphrodite will ich, wie es ihr selbst lieb ist, benennen; Lust aber, weiß ich, ist ein gar krauses Ding, und eben von ihr, wie gesagt, müssen wir anfangen daranzugehen und zuzusehen, was für eine Natur sie eigentlich hat. Denn wenn man es so hört, ist sie freilich ganz einfach nur Eins, aber vielfältige Gestalten nimmt sie doch an, und die einander auf gewisse Weise unähnlich sind. Denn sieh nur: Lust zu empfinden,
schreiben wir dem ausschweifenden Menschen zu, und Lust auch d
wiederum dem besonnenen, eben inwiefern er besonnen ist; und ebenso Lust dem Unvernünftigen und mit unvernünftigen Meinungen und Hoffnungen Erfüllten, und Lust zu empfinden, auch wiederum dem Vernünftigen, eben inwiefern er vernünftig ist; und wer nun von diesen beiden Arten der Lust, daß sie einander ähnlich wären, behaupten wollte, wie sollten wir den nicht mit vollem Recht für unvernünftig halten?

Protarchos: Freilich entstehen diese, o Sokrates, aus entgegenge-

setzten Dingen, doch aber sind sie selbst einander nicht entgegen-
e gesetzt. Denn wie sollte nicht Lust der Lust, dieselbe Sache sich selbst, am ähnlichsten sein unter allen Dingen?

SOKRATES: Freilich auch Farbe, du Wunderlicher, wird von der Farbe, wenigstens was dieses selbst betrifft, das Farbesein, auch ganz und gar nicht einmal verschieden sein; aber das Weiße, wissen wir doch alle, ist dem Schwarzen außer der Verschiedenheit auch noch das Allerentgegengesetzteste. Ebenso Gestalt ist mit der Gestalt in derselben Hinsicht der Gattung nach ganz eins, die Arten aber sind
13 a den Arten teils ganz entgegengesetzt, teils haben sie tausendfältige Verschiedenheiten voneinander. Und vieles andere werden wir finden, daß es sich ebenso verhält, so daß du dieser Rede nicht trauen darfst, welche auch das Entgegengesetzteste zu *einem* macht. Ich fürchte aber, daß wir manche Lust der andern entgegengesetzt finden werden.

PROTARCHOS: Vielleicht! Aber wie soll das unserm Satze schaden?

SOKRATES: Weil du sie, werden wir sagen, unähnlich, wie sie einander sind, doch alle noch mit einem andern Namen benennst. Denn du sagst ja, alles Angenehme sei gut. Daß nun das Angenehme nicht alles angenehm wäre, dagegen kann kein Satz auftreten. Aber da
b vieles davon schlecht ist und auch gut, wie wir sagen, sagst du doch von allen aus, sie seien gut, obgleich du zugibst, daß sie einander unähnlich sind, wenn dir es jemand in der Rede abdringen will. Indem nun was als dasselbe den schlechten gleichermaßen wie den guten einwohnt, schreibst du aller Lust zu, daß sie Gutes ist?

PROTARCHOS: Wie sagst du, Sokrates? Glaubst du wohl, irgend jemand werde einräumen, nachdem er einmal festgesetzt, die Lust sei das Gute, daß er sich hernach gefallen lassen werde, wenn du sagst,
c einige gewisse Arten der Lust wären zwar gut, andere gewisse Arten aber schlecht?

SOKRATES: Doch aber unähnlich wirst du gestehen, daß sie einander sind, und einige auch entgegengesetzt.

PROTARCHOS: Nicht doch, sofern sie Lust sind.

SOKRATES: Da werden wir wieder auf dieselbe Rede getrieben, o Protarchos, und werden auch nicht einmal, daß eine Lust von der andern verschieden sei, sondern daß sie alle ähnlich sind, behaupten müssen. Und alle die eben angeführten Beispiele tun uns nichts; sondern wir werden dasselbe auf uns nehmen und vorbringen, was
d die schlechtesten unter allen, und die zugleich in solchen Reden ganz neu sind.

PROTARCHOS: Was doch meinst du?

SOKRATES: Daß, falls ich dich nachahmend mich wehren wollte, indem ich etwa das Herz hätte zu sagen, daß das Unähnlichste dem Unähnlichsten von allen am ähnlichsten sei, ich nur dasselbe wie du zu sagen brauchte, und wir zeigen uns dann wohl jünger als billig, und unsere Rede wird uns festsitzen und draufgehen. Also laß sie uns nur wieder umwenden. Und vielleicht, wenn wir auf dieselben Wendungen zurückkommen, werden wir miteinander einig werden.

PROTARCHOS: Sage wie? e

[4. Anerkennung der Verschiedenheit in Lust und Erkenntnis]

SOKRATES: Nimm an, daß ich nun meinerseits von dir gefragt würde, o Protarchos.

PROTARCHOS: Wonach doch?

SOKRATES: Einsicht und Erkenntnis und Vernunft und alles übrige, was ich am Anfang als gut setzte, wird dem nicht, wenn ich nun weiter ausgefragt werde, was doch das Gute ist, eben dasselbe begegnen wie deiner Rede?

PROTARCHOS: Wieso?

SOKRATES: Als viele werden uns die sämtlichen Erkenntnisse erscheinen und einige einander unähnlich. Und werden einige gar auch
irgendwie entgegengesetzte: würde ich wohl wert sein, jetzt Gespräch 14 a
zu führen, wenn ich eben dies scheuend sagen wollte, keine Erkenntnis werde je der andern unähnlich, so daß demnach diese Rede uns wie eine Fabel verlorenginge und wir selbst uns nur auf irgendeiner Unvernunft retteten?

PROTARCHOS: Aber das darf ja keineswegs geschehen, außer das Retten. Und eben dies Gleiche deines und meines Satzes gefällt mir. Vielerlei Lust und unähnliche soll es geben, und vielerlei Erkenntnis und verschiedene.

SOKRATES: Diese Verschiedenheit nun, o Protarchos, in meinem b
Gut und in deinem wollen wir uns nicht verbergen, sondern den Mut haben, sie vor uns hinzustellen, ob sie nicht irgendwie weiter durchgeprüft uns zeigen sollte, ob man sagen muß, Lust oder Einsicht sei das Gute, oder ob etwas anderes Drittes. Denn jetzt ist es uns doch wohl nicht darum zu tun, daß das, was ich sage, den Sieg davontragen soll, oder das, was du; sondern für das Richtigste müssen wir doch wohl beide streiten.

PROTARCHOS: Das müssen wir freilich.

[5. Die gewöhnliche und die philosophische Problematik des Einen und Vielen]

SOKRATES: Laß uns also zuerst diesen Satz noch mehr durch Über- c
einkunft befestigen.

PROTARCHOS: Welchen doch?

SOKRATES: Der allen Menschen zu schaffen macht mit ihrem Willen und auch wider ihren Willen manchen und manchmal.

PROTARCHOS: Erkläre dich deutlicher.

SOKRATES: Ich meine den, auf den wir jetzt eben gestoßen sind, der von Natur gar wunderbar geartet ist. Denn daß Eins das Viele ist und Vieles das Eins, ist doch wunderbar zu sagen, und es ist wohl leicht zu streiten mit dem, der welches auch von beiden behauptet.

PROTARCHOS: Meinst du, wenn jemand sagte, daß ich, Protarchos, d der ich von Natur *einer* bin, doch auch wieder *viele* wäre und einander entgegengesetzte, indem er mich als groß und klein setzte und als leicht und schwer und dergleichen noch tausenderlei?

Sokrates: Du bringst nur das vor, Protarchos, was schon gewöhnlich geworden ist von diesen Wunderbarkeiten über das Eine und Viele, und, um es kurz zu sagen, von allen schon eingestanden ist, daß man daran nicht rühren dürfe, welche annehmen, dies sei kindisch und leicht und gereiche nur den Reden sehr zur Verwicklung. Ja auch das nicht einmal, wenn einer von einer Sache alle Glieder,
e die zugleich Teile sind, der Erklärung gemäß teilend, nachdem er mit jemandem übereingekommen ist, dies alles sei eben zusammen jenes Eins, dann den auslachte und tadelte, daß er wunderliche Dinge einzuräumen genötigt wäre, daß nämlich das Eins Vieles ist und Unendliches, und das Viele wiederum nur Eins.

Protarchos: Was meinst denn du, o Sokrates, was noch nicht so zugestanden und gewöhnlich geworden ist über denselben Satz?

15 a Sokrates: Wenn jemand, mein Kind, das Eins nicht aus dem Werdenden und Vergehenden nimmt, wie wir jetzt eben taten. Denn hiervon und von einem solchen Eins, wie wir jetzt eben besprachen, ist schon eingestanden, daß man es nicht prüfen darf. Wenn aber jemand den Menschen als Einen setzt, und den Ochsen als Einen, und das Schöne als Eins, und das Gute als Eins, über diese und ähnliche Einheiten wird bei ernsterer Behandlung und Auseinanderlegung leicht Streitigkeit entstehen.

Protarchos: Wie meinst du?

b Sokrates: Zuerst, ob man wohl annehmen darf, daß es dergleichen Einheiten gebe als wahrhaft *seiend*. Dann aber auch, wie man diese Einheiten – mag immerhin eine jede von ihnen immer dieselbe sein und weder Werden noch Untergang zulassen –, wie man dennoch eine solche als am sichersten *Eine* seiend annehmen muß. Hernach aber, ob sie in dem Werdenden und Unbegrenzten wiederum als zerrissen und *Vieles* geworden zu setzen ist oder als ganz in ihnen außerhalb ihrer selbst, was doch für das Unmöglichste von allem zu halten wäre, indem dann dieses Selbe und Eine zugleich in Einem sowohl als in Vielen auftritt. Dies ist es, das in dergleichen Dingen
c Eine und Viele, nicht aber jenes, o Protarchos, was aller Zweifel Ursache ist, wenn es nicht richtig bestimmt wird, aber auch wieder aller Sicherheit, wenn richtig.

Protarchos: Also müssen wir wohl, o Sokrates, für jetzt zuerst dieses verarbeiten.

Sokrates: Wie ich wenigstens raten möchte.

Protarchos: Und nimm nur immer an, daß wir hier alle dir in dergleichen folgen. Den Philebos aber wäre wohl am besten, für jetzt nicht durch Fragen aufzustören, da er ruhig liegt.

[6. Falscher und rechter Gebrauch des beim Reden über Seiendes entstehenden Einen und Vielen]

SOKRATES: Wohl! Wobei soll man nun aber wohl diesen großen d
und vielfältigen Streit über das Bezweifelte anfangen? Etwa hier-
bei?

PROTARCHOS: Wobei?

SOKRATES: Wir sagen doch, daß das Selbe als Eines und Vieles
unter der Rede werdend überall herumlaufe, wo nur immer etwas
geredet wird, schon lange so wie jetzt. Und daß das weder jemals
aufhören wird, noch auch jetzt erst angefangen hat; sondern es ist
dies, soviel ich sehe, ein unsterbliches und nie veraltendes Begegnis
der Reden selbst unter uns. Wer aber von jungen Leuten zuerst da-
von kostet, der, froh als hätte er einen ganzen Schatz von Weisheit
gefunden, ist ganz begeistert vor Freude und lüstern, jegliche Rede e
aufzustören, indem er die Sache bald auf die eine Seite wälzt und in
Eins zusammenrührt, bald wieder sie aufwickelt und zerteilt, zu-
erst und am meisten sich selbst in Ratlosigkeit stürzend, zunächst
aber auch, wen er jedesmal festhält, sei es nun ein jüngerer oder ein
älterer oder von gleichem Alter mit ihm, ohne weder des Vaters zu
schonen noch der Mutter, noch irgendeines andern Hörers, ja fast 16 a
auch nicht einmal der andern Tiere, nicht nur der Menschen nicht.
Denn von Barbaren würde er gewiß keinen schonen, wenn er nur
irgendwoher einen Dolmetscher bekommen könnte.

PROTARCHOS: Aber siehst du denn nicht, Sokrates, wieviel wir un-
serer sind, und alles Jünglinge? Und fürchtest du nicht, daß wir mit
dem Philebos über dich herfallen, wenn du uns schmähst? Jedoch,
denn wir verstehen recht gut, was du meinst, wenn es eine Art gibt
und einen Rat, um eine so große Verwirrung aus unserer Rede ganz
gelinde loszuwerden und einen besseren Weg als diesen zu unserm b
Satze zu finden: so sinne du es nur aus, und wir wollen dir nach Ver-
mögen folgen. Denn nichts Geringfügiges ist unsere jetzige Rede, o
Sokrates.

SOKRATES: Freilich nicht, ihr Kinder, wie euch Philebos immer
anredet; und einen schöneren Weg gibt es nicht und kann es nicht
geben als diesen, den ich zwar immer liebe, oft aber auch schon, wenn
ich ihn verloren hatte, ließ er mich in der Irre und ratlos zurück.

PROTARCHOS: Welcher ist dieser? Er werde uns nur angezeigt.

SOKRATES: Der zu beschreiben zwar gar nicht schwer ist, einzu- c
schlagen aber sehr schwer. Denn alles, was jemals mit einer Kunst
Zusammenhängendes gefunden worden ist, hat man durch ihn ent-
deckt. Siehe nun, welchen ich meine.

PROTARCHOS: Sage nur.

SOKRATES: Als eine Gabe der Götter an die Menschen, wofür ich es
wenigstens erkenne, ist er einmal von den Göttern herabgeworfen
worden durch irgendeinen Prometheus, zugleich mit einem glanz-
vollsten Feuer. Und die Alten, besser als wir und den Göttern näher
wohnend, haben uns diese Sage übergeben, aus Eins und Vielem sei

alles, wovon jedesmal gesagt wird, daß es ist, und habe Bestim-
mung und Unbestimmtheit in sich verbunden. Deshalb nun müß-
d ten wir, da dieses so geordnet ist, immer *einen* Begriff von allem
jedesmal annehmen und suchen; denn finden würden wir ihn ge-
wiß darin. Wenn wir ihn nun ergriffen haben, dann sei nächst dem
einen, ob etwa *zwei* darin sind, zu betrachten, wo aber nicht, ob
drei oder irgendeine andere Zahl, und mit jedem von jenen Eins
ebenso, bis man von dem ursprünglichen Eins nicht nur, daß es Eins
und Vieles und Unendliches ist, sieht, sondern auch wie vieles; des
Unendlichen Begriff aber dürfe man an die Menge nicht eher anle-
gen, bis einer die Zahl derselben ganz übersehen hat, die zwischen
e dem Unendlichen und dem Eins liegt, und dann erst jedes Eins von
allem in die Unendlichkeit freilassen und verabschieden. So nun
haben, wie ich sagte, die Götter uns überliefert zu untersuchen und
zu lernen und einander zu lehren. Die jetzigen Weisen unter den
17 a Menschen hingegen setzen ein Eins, wie sie es eben treffen, schneller
oder langsamer, als es sich gehörte, nach dem Eins aber gleich Un-
endliches; das in der Mitte hingegen entgeht ihnen, wodurch doch
eben zu unterscheiden ist, ob wir in unsern Reden dialektisch oder
nur streitsüchtig miteinander verfahren.

[7. Erläuterung des Eins und Vielen an Laut, Ton und Bewegung]

Protarchos: In einigem, o Sokrates, glaube ich dich wohl zu verstehen, von anderem aber muß ich erst noch deutlicher vernehmen, wie du es meinst.

Sokrates: Ganz deutlich, o Protarchos, ist, was ich meine, an den
b Buchstaben; fasse es also nur an dem, worin du selbst unterrichtet
bist.

Protarchos: Wieso?

Sokrates: Der Laut ist uns doch wohl *einer*, der durch unsern Mund ausgeht, und unendlich mannigfaltig ist er auch wiederum bei allen und jedem.

Protarchos: Wie sollte er nicht!

Sokrates: Aber durch keines von diesen beiden verstehen wir doch irgend etwas, weder weil wir das Unendliche desselben kennen, noch weil das Eine, sondern weil das Wievielerlei und Welcherlei, dies ist es, was jeden von uns zum Sprachkundigen macht.

Protarchos: Vollkommen richtig.

Sokrates: Und ebenso, was zum Tonkünstler macht, ist ganz dasselbe.

Protarchos: Wieso?

c Sokrates: Der Laut oder Ton ist doch wie in jener Kunst nur *einer*
in ihr?

Protarchos: Wie sollte er nicht!

Sokrates: Laß uns nun aber auch als Zwei darin setzen, Hohes und Tiefes, und das Einstimmige als das Dritte. Oder wie?

Protarchos: Allerdings so.

Sokrates: Aber noch lange verständest du nichts von der Tonkunst, wenn du nur dieses wüßtest; wenn du aber auch dies noch nicht einmal weißt, bist du, um es geradeheraus zu sagen, gar nichts wert in dieser Sache.

Protarchos: Freilich nicht.

Sokrates: Aber, Freund, wenn du die Zwischenräume der Töne aufgefaßt hast, wieviel deren sind der Zahl nach und welcherlei an Höhe und Tiefe, und die Erklärungen dieser Zwischenräume, und d
wie viele Verbindungen wieder aus ihnen entstehen, welche eben die Älteren erkannt und uns, ihren Nachfolgern, überliefert haben, sie Tonarten zu nennen, und ebenso ähnliche Verhältnisse, die sich in den Bewegungen des Leibes finden, welche man in Zahlen gemessen, wie sie sagen, wiederum Takte und Maße nennen muß, und zugleich bedenken, daß man eben so jedes, was Eins und Vieles ist, untersuchen muß: wenn du dies so aufgefaßt hast, dann bist du der Sache kundig geworden, und wenn du irgendein anderes der Eins auf eben die Weise untersucht und gefaßt hast, dann bist du darin zur e
Einsicht gelangt. Das Unendliche aber jedes Begriffes und in jeglichem Dinge macht jedesmal, daß du in der Kenntnis auch nicht zu Ende kommst und nicht zu nennen bist in der Sache noch mitzuzählen, da du ja in keiner Sache jemals irgend auf die Zahl siehst.

[8. Wichtigkeit der bestimmten Zahl beim Übergang von Eins zum Unendlichen und vom Unendlichen zum Eins. Beispiel der Buchstaben]

Protarchos: Sehr schön, o Philebos, scheint mir Sokrates, was er jetzt gesagt hat, vorgetragen zu haben.

Philebos: Auch mich dünkte es ebenso. Allein, was geht uns doch 18 a
diese Rede an, daß sie an uns ist gerichtet worden, und was will sie von uns?

Sokrates: Ganz mit Recht, o Protarchos, hat uns Philebos hiernach gefragt.

Protarchos: Allerdings, und antworte ihm also.

Sokrates: Das will ich tun, sobald ich nur noch ein Weniges über eben dieses werde auseinandergesetzt haben. Nämlich wie, wenn jemandem irgendein Eins vorgekommen ist, dieser, wie wir sagen, danach nicht gleich auf das Unendliche sehen muß, sondern zuvor irgendeine Zahl suchen; so auch auf der andern Seite, wenn jemand genötigt wäre, das Unendliche zuerst zu nehmen, muß er nicht gleich b
auf das Eins hinsehen, sondern wiederum auf eine Zahl, die doch jede eine bestimmte Menge zum Begreifen in sich enthält, und so von allen bei dem Eins endigen. Laßt uns aber wiederum an den Buchstaben das jetzt Gesagte betrachten.

Protarchos: Wie das?

Sokrates: Nachdem nämlich zuerst den Laut als ein Unendliches aufgefaßt hatte, war es nun ein Gott oder irgendein göttlicher Mensch – wie denn in Ägypten eine Sage geht, welche sagt, es sei

dies ein gewisser Theuth gewesen, welcher zuerst die Selbstlauter in diesem Unendlichen unterschied, daß sie nicht Eins, sondern mehre-
c re sind, und dann wiederum andere, die zwar eigentlich keinen Laut, wohl aber ein gewisses Geräusch geben, und daß diese ebenfalls eine gewisse Zahl ausmachen, und der endlich noch eine dritte Art der Buchstaben unterschied, die wir jetzt ‹stumme› nennen; nächstdem aber zerteilte er sowohl die laut- und geräuschlosen bis hin zu jedem Eins, als auch die Selbstlauter und die mittleren auf dieselbe Weise, bis er, ihre Zahl innehabend, jeden einzeln und alle insgesamt Buchstaben nannte. Und da er sah, daß niemand von uns auch nicht *einen* für sich allein ohne sie insgesamt verstehen kann, so faßte er
d wiederum dieses ihr Band als *eines* zusammen und als diese alle vereinigend, und benannte es daher als das *eine* zu diesen die Sprachkunst.

PHILEBOS: Dies habe ich nun noch deutlicher als jenes, nämlich in seiner Beziehung unter sich, verstanden, o Protarchos. Dieselbe Kleinigkeit aber fehlt mir an der Rede auch jetzt noch wie vorher.

SOKRATES: Etwa, o Philebos, was dies wohl zur Sache beiträgt?

PHILEBOS: Ja, das ist es, wonach Protarchos und ich schon lange suchen.

SOKRATES: Wahrhaftig, ihr seid schon eben dabei und sucht es
e doch, wie du sagst, noch immer?

PHILEBOS: Wie doch?

[9. Wiederaufnahme der ursprünglichen Frage]

SOKRATES: War uns nicht von Anfang an die Rede von Vernünftigkeit und Lust, welche von beiden zu wählen wäre?

PHILEBOS: Wovon anders?

SOKRATES: Und jede von beiden, sagen wir doch, ist Eins?

PHILEBOS: Freilich.

SOKRATES: Eben dieses also fragt die vorige Rede uns ab, wie doch jede von beiden Eins ist und Vieles, und wie nicht gleich un-
19 a endlich, sondern zuvor jede ihre bestimmte Zahl hat, ehe das Einzelne in ihnen unendlich geworden ist.

PROTARCHOS: In eine gar nicht schlechte Aufgabe, o Philebos, hat uns, ich weiß nicht auf welche Weise rings herumführend, Sokrates hineingeworfen. Siehe daher zu, welcher von uns beiden das jetzt Gefragte beantworten soll. Denn vielleicht ist es wohl lächerlich, wenn ich, der ich die Rede vollständig zu übernehmen mich erklärt habe, nun, weil ich das jetzt Gefragte nicht zu beantworten vermag, es dir wieder zurückschiebe; noch lächerlicher aber bei weitem, glau-
b be ich, wenn keiner von uns beiden es vermöchte. Überlege also, was wir tun sollen. Nach den Arten der Lust nämlich scheint mir Sokrates jetzt zu fragen, ob es deren gibt oder nicht und wieviele und was für welche, und nach der Einsicht ebenso auf dieselbe Weise.

SOKRATES: Vollkommen richtig, o Sohn des Kallias. Denn wenn wir dies nicht mit jedem Einen und Ähnlichen und Selben zu tun

wissen und ebenso mit dem Gegenteil davon, so wird, wie die eben
durchgeführte Rede uns nachgewiesen hat, keiner von uns zu irgend
etwas irgendwann auch nur irgend etwas wert sein.
PROTARCHOS: So scheint es fast wohl, o Sokrates, sich zu verhalten. c
Allein schön ist es freilich, alles zu wissen, für den Weisen; doch die
nächstbeste Fahrt wenigstens scheint zu sein, daß man sich selbst
nicht verkenne. Was mir damit jetzt gesagt sein soll, will ich dir
erklären. Du hast uns allen, o Sokrates, diese Unterredung hier zu-
gestanden und dich selbst, um zu bestimmen, welches wohl unter
den menschlichen Besitztümern das vortrefflichste sei. Denn da Phi-
lebos behauptete, Lust, Vergnügen und Freude und alles, was es der-
gleichen gibt, seien es, so hast du dem widersprochen, nicht dies
wäre es, sondern jenes, was wir uns oft absichtlich wiederholen, und d
mit Recht, damit dem Gedächtnis wohl eingeprägt beides geprüft
werde. Du behauptest nämlich, wie zu sehen ist, was mit Recht ein
besseres Gut als die Lust wenigstens genannt werden könne, sei Ver-
nunft, Erkenntnis, Verstand, Kunst und alles damit Verwandte, wel-
ches man müsse zu erlangen suchen, nicht aber jenes. Da nun beide
Meinungen nicht ohne Widerspruch vorgebracht worden sind, ha-
ben wir dich scherzhafterweise bedroht, wir würden dich nicht nach
Hause lassen, bis diese Reden so zu Ende gekommen, daß etwas e
Genügendes darüber bestimmt wäre. Und du hast eingewilligt und
hierzu uns dich selbst hergegeben. Also sagen wir wie die Kinder,
was einmal ordentlich geschenkt ist, kann nicht zurückgenommen
werden. Höre demnach auf, dem jetzt Gesagten auf diese Weise zu
begegnen.
SOKRATES: Auf welche meinst du?
PROTARCHOS: Daß du uns in die Enge treibst und immer weiter zu- 20 a
rück nach solchen Dingen fragst, worauf wir dir im Augenblick kei-
ne befriedigende Antwort zu geben wissen. Denn das wollen wir
nicht gelten lassen, daß jetzt die Sache mit unser aller Ratlosigkeit
endigen soll; sondern wenn wir es auszurichten unvermögend sind,
mußt du es ausrichten, denn du hast es versprochen. Gehe also nun
selbst mit dir zu Rate, ob du die verschiedenen Arten der Lust und
der Erkenntnis aufstellen sollst oder es lassen, falls du etwa auf eine
andere Weise kannst und das jetzt unter uns Streitige irgend anders-
wie deutlich machen willst.
SOKRATES: Nun habe doch ich nichts Arges mehr zu erwarten, da b
du dich hierüber so erklärst. Denn dies ‹wenn du willst› macht aller
Furcht über alles ein Ende. Überdies aber hat mir wohl ein Gott
selbst etwas in Erinnerung gebracht, zu unserm Besten.
PROTARCHOS: Wieso? Und was?

[10. Das Gute als vollendet, hinreichend und Ziel des Strebens. Prüfung des Lebens der Lust]

SOKRATES: Reden, die ich schon lange gehört habe im Traume oder
auch wachend, fallen mir jetzt ein über Lust und Einsicht, daß

keines von beiden das Gute ist, sondern ein anderes Drittes, das von ihnen verschieden ist und besser als beide. Zeigte sich uns nun die-
c ses jetzt deutlich, so wäre es mit der Lust schon vorbei und sie könnte nicht siegen, denn das Gute wäre nicht mehr einerlei mit ihr. Oder wie?

PROTARCHOS: Allerdings so.

SOKRATES: Und der Anstalten zur Bestimmung der Arten der Lust bedürften wir dann gar nicht mehr, wie ich meine und die Sache selbst im Fortgang es noch deutlicher zeigen wird.

PROTARCHOS: Vortrefflich gesagt, und führe es nun auf diese Art weiter.

SOKRATES: Nur einiges Wenige laß uns vorher noch miteinander ausmachen.

PROTARCHOS: Was doch?

d SOKRATES: Ist es wohl notwendig, daß die Ordnung des Guten vollendet ist oder nicht vollendet?

PROTARCHOS: Vor allem andern offenbar doch das vollendetste, o Sokrates.

SOKRATES: Und wie? Ist das Gute hinreichend?

PROTARCHOS: Wie sollte es nicht! Und noch dazu übertrifft es hierin alles andere.

SOKRATES: Und dies muß man doch am allernotwendigsten davon sagen, daß alles Erkennende danach trachtet und strebt, es zu gewinnen und für sich zu haben und sich um alles übrige nicht kümmert, sondern nur um das, was mit dem Guten zugleich vollendet wird.

PROTARCHOS: Dagegen ist nichts zu sagen.

e SOKRATES: Betrachten wir also und beurteilen nun das Leben der Lust und das der Einsicht, indem wir sie getrennt ansehen.

PROTARCHOS: Wie meinst du das?

SOKRATES: Weder soll in dem der Lust irgend Einsicht sein noch in dem der Einsicht irgend Lust. Denn wenn eines von beiden das Gute ist, darf dies weiter sonst gar nichts bedürfen. Zeigt sich aber
21 a eines von beiden noch bedürftig, so kann uns dies nicht mehr das wahrhaft Gute sein.

PROTARCHOS: Wie sollte es auch!

SOKRATES: Wollen wir also den Versuch machen, an dir dieses zu prüfen?

PROTARCHOS: Immerhin.

SOKRATES: So antworte denn!

PROTARCHOS: Sprich nur.

SOKRATES: Möchtest du wohl so leben, o Protarchos, daß du dein ganzes Leben hindurch an allen größten Vergnügungen dich vergnügtest?

PROTARCHOS: Warum nicht?

SOKRATES: Würdest du wohl glauben, daß dir noch etwas fehle, wenn du dies ganz vollkommen hättest?

PROTARCHOS: Keineswegs.

SOKRATES: Sieh doch zu! Von Einsehen und Wissen und Erwägen des Nötigen und was dazu gehört, davon hättest du doch wohl nichts nötig? b

PROTARCHOS: Und wozu? Denn ich hätte ja alles, weil ich das Vergnügtsein hätte.

SOKRATES: Auf diese Art also lebend würdest du zwar immer an jeglicher größten Lust dich vergnügen —

PROTARCHOS: Freilich.

SOKRATES: Von Vernunft aber und Erinnerung, von Erkenntnis und richtiger Meinung auch nicht das mindeste habend, mußt du doch zuerst schon dieses, ob du vergnügt bist oder nicht, offenbar nicht wissen, da du ja aller Einsicht leer bist.

PROTARCHOS: Notwendig.

SOKRATES: Und ebenso, da du ja gar kein Gedächtnis besitzt, kannst c
du offenbar weder dessen, daß du einst vergnügt warst, dich erinnern, noch kann dir von der Lust, die dir im Augenblick zufällt, auch nur das mindeste Andenken zurückbleiben. Wiederum, da du auch keine richtige Meinung hast, kannst du nicht einmal, indem du dich freust, urteilen, daß du dich freust. Und da du aller Erwägung beraubt bist, wirst du auch nicht einmal, daß du in Zukunft noch vergnügt sein wirst, berechnen können und so nicht ein menschliches Leben leben, sondern irgendeines Polypen oder eines Schaltieres, wie man sie im Meere findet. Ist es so, oder können wir uns die Sache irgend anderswie vorstellen? d

PROTARCHOS: Wie nur!

SOKRATES: Ist uns nun wohl ein solches Leben zu wählen?

PROTARCHOS: Ganz zum Verstummen hat mich diese deine Rede jetzt gebracht.

SOKRATES: Laß uns nur noch nicht abstehn, sondern nun auch das Leben der Vernunft vornehmen und betrachten.

[11. Entscheidung, daß weder das Leben der Lust noch das der Vernunft das Gute hat, sondern ein aus beiden gemischtes. Anspruch der Vernunft auf den zweiten Platz]

PROTARCHOS: Was für eines meinst du?

SOKRATES: Ob wohl einer von uns so leben möchte, daß er zwar alle Einsicht und Vernunft und Wissenschaft und Erinnerung von allem hätte, Lust aber weder viel noch wenig genösse und ebenso- e
wenig Unlust, sondern für dieses alles ganz unempfänglich wäre?

PROTARCHOS: Keine von diesen beiden Lebensweisen ist mir wünschenswert, noch wird sie wohl irgendeinem andern, glaube ich, so vorkommen.

SOKRATES: Wie aber eine beiderseitige, o Protarchos, aus beiden 22 a
durch Mischung gemeinschaftlich gewordene?

PROTARCHOS: Aus Lust meinst du und aus Vernunft und Einsicht?

SOKRATES: So, und eben eine solche meine ich.

PROTARCHOS: Diese wird wohl jeder eher als irgendeine von jenen

wählen, und auch außer diesen hier nicht etwa nur einer und ein
anderer wieder nicht.

Sokrates: Verstehen wir nun wohl, was uns aus der bisherigen
Rede folgt?

Protarchos: Allerdings; es sind uns drei Lebensweisen vorgelegt
b worden, von ihrer zweien aber war keine genügend noch wünschens-
wert, weder für Menschen noch für irgendein anderes lebendes We-
sen.

Sokrates: Ist nun nicht von diesen schon soviel gewiß, daß keine
von beiden das Gute in sich hatte? Denn sonst müßte sie ja hinrei-
chend sein und vollständig und allen Gewächsen und Tieren wün-
schenswert, denen es nur irgend möglich wäre, so ihr ganzes Leben
hinzubringen. Und wenn dennoch jemand von uns etwas anderes
wählte, so ergriffe er das gegen die Natur des wahrhaft Erwählens-
werten wider Willen aus Unwissenheit oder vermöge sonst einer
unseligen Notwendigkeit.

Protarchos: So muß es sich allerdings wohl verhalten.

c Sokrates: Daß man also des Philebos Göttin und das Gute nicht
für einerlei halten darf, das dünkt mich hinlänglich gezeigt zu sein.

Philebos: Aber auch deine Vernunft, o Sokrates, ist nicht das Gute,
sondern unterliegt wohl denselben Einwendungen.

Sokrates: Vielleicht, o Philebos, die meinige wohl, die wahrhafte
und göttliche Vernunft aber glaube ich wohl nicht, sondern mit
der wird es sich wohl ganz anders verhalten. Um den ersten Preis
also streite ich mich nicht mit jenem gemeinsamen Leben für die
Vernunft. Wegen der zweiten Stelle aber müssen wir nun zusehen
d und überlegen, was wir tun wollen. Denn von diesem gemeinsamen
Leben könnten wir nun jeder, der eine die Vernunft für die Ursache
halten, der andere die Lust. Und so wäre zwar keine von diesen bei-
den das Gute selbst, aber für die Ursache desselben könnte doch
einer eine von beiden ansehen. Darüber nun möchte ich noch um so
lieber mit unserem Philebos streiten, daß, was das auch sei in diesem
gemischten Leben, wodurch es zugleich erwählungswert ist und gut,
diesem nicht die Lust, sondern die Vernunft das Verwandtere und
Ähnlichere ist. Und sonach könnte man von der Lust, weder daß ihr
e die erste, noch daß ihr die zweite Stelle zukäme, irgend mit Recht
sagen, ja auch noch weiter als die dritte steht sie zurück, wenn mei-
ner Vernunft für jetzt irgend zu glauben ist.

Protarchos: Allerdings, o Sokrates, scheint mir wenigstens jetzt
die Lust gefallen zu sein, gleichsam tödlich getroffen von diesen
jetzigen Reden. Denn um den ersten Preis kämpfend unterliegt sie.
23 a Der Vernunft aber muß man, wie es scheint, nachsagen, daß sie
sehr weislich um den ersten Preis sich nicht beworben hat; denn ihr
wäre dasselbe begegnet. Geht nun die Lust auch des zweiten Preises
verlustig, so würde ihr das ja auf alle Weise zur Schande gereichen
bei ihren Verehrern, denn nicht einmal denen würde sie dann
noch so schön wie sonst erscheinen.

Sokrates: Wie also? Ist es nun nicht besser, sie lieber gleich zu lassen und nicht, indem wir sie auf die schärfste Probe nehmen und ganz durchprüfen, ihr wehe zu tun?

Protarchos: Das ist nichts gesagt, Sokrates!

Sokrates: Etwa weil ich etwas Unmögliches ausgesprochen, der b
Lust weh tun?

Protarchos: Wenigstens nicht darum allein, sondern auch weil du nicht bedenkst, daß keiner von uns dich loslassen wird, bis du dies ganz zu Ende führst in deiner Rede.

Sokrates: Weh also, Protarchos, über die vielen Reden, die wir noch vor uns haben und die gar nicht leicht sind für jetzt. Denn es zeigt sich wohl, daß noch anderer Künste bedarf, wer für die Vernunft auf den zweiten Preis losgehen will, um andere Pfeile zu haben als unsere vorigen Reden. Doch vielleicht sind einige auch wohl dieselben. Also wollen wir nur.

Protarchos: Wie sollten wir auch nicht.

[12. Ansetzung von vier Arten des Seienden: das Unbegrenzte, das mit Grenze, das Gemischte und die Ursache der Vermischung. Erläuterung der zwei ersten Arten]

Sokrates: Den Anfang aber laß uns ja versuchen recht vorsichtig c
festzustellen.

Protarchos: Was für einen meinst du?

Sokrates: Laß uns alles, was jetzt ist in dem Ganzen, in zwei Teile teilen oder lieber, wenn du willst, in drei.

Protarchos: Wolltest du wohl erklären, wonach?

Sokrates: Einige von den vorigen Reden wollen wir wieder aufnehmen.

Protarchos: Welche denn?

Sokrates: Gott, sagten wir ja wohl, habe von dem Seienden einiges als unbegrenzt gezeigt, anderes als Grenze.

Protarchos: Allerdings.

Sokrates: Diese also setzen wir als zwei von diesen Arten; als die
dritte aber ein aus diesen beiden zusammengemischtes Eins. Ich d
werde aber, wie es scheint, lächerlich, wenn ich nach Arten etwas gehörig auseinanderstelle und zusammenzuzählen versuche.

Protarchos: Wie meinst du das, Guter?

Sokrates: Mir kommt schon wieder vor, als ob noch eine vierte Gattung nötig wäre.

Protarchos: Sage welche.

Sokrates: Sieh doch auf die Ursache der Vermischung dieser beiden miteinander und setze mir diese zu jenen als die vierte.

Protarchos: Wirst du etwa auch eine fünfte noch brauchen, welche ihre Trennung bewirkt?

Sokrates: Vielleicht; doch glaube ich für jetzt wohl nicht. Sollte
es indes nötig sein, so wirst du mir schon nachsehen, wenn ich noch e
auf eine fünfte Jagd mache.

PROTARCHOS: Warum auch nicht.

SOKRATES: Zuerst nun laß uns von diesen vieren die drei aussondern und versuchen, da wir die zwei von ihnen jedes als Vieles zerspalten und zerrissen sehen, ob wir, wenn wir sie wiederum jedes in Eins zusammengebracht haben, bemerken können, wie wohl jedes von ihnen Eins und Vieles war.

PROTARCHOS: Wenn du mir dies noch deutlicher erklärtest, könnte ich vielleicht folgen.

24 a SOKRATES: Die zwei also, die ich vorlege, sollen sein die eben genannten, das eine das Unbegrenzte, das andere das mit Grenze. Daß nun das Unbegrenzte gewissermaßen Vieles ist, will ich versuchen, dir zu erklären, das mit Grenze aber soll auf uns warten.

PROTARCHOS: Es warte.

SOKRATES: Sieh also. Es ist freilich schwierig und strittig, was ich dich auffordere zu betrachten, aber betrachte es doch. Zuerst an dem Wärmeren und Kälteren sieh doch, ob du wohl eine Grenze bemerken kannst, oder ob nicht das Mehr und Weniger, welches diesen
b Gattungen einwohnt, solange es ihnen einwohnt, gar kein Ende entstehen läßt; denn sobald ein Ende entstände, wäre es selbst auch zu Ende.

PROTARCHOS: Vollkommen richtig.

SOKRATES: Und immer, behaupten wir doch, ist in dem Kälteren sowohl als Wärmeren das Mehr und Weniger.

PROTARCHOS: Allerdings.

SOKRATES: Immer also, deutet unsere Rede an, werden diese beiden kein Ende haben, und da sie also ohne Ende sind, sind sie doch auf alle Weise unbegrenzt.

PROTARCHOS: Und das gar stark, o Sokrates.

SOKRATES: Sehr gut, lieber Protarchos, hast du dies aufgefaßt und
c mich erinnert, daß auch dieses ‹Gar stark›, was du jetzt ausgesprochen hast, und das ‹Gar schwach› ganz dieselbe Bedeutung haben, wie das Mehr oder Weniger. Denn worin sie sich befinden, das lassen sie nicht bestimmter Größe sein, sondern indem sie in jegliche Handlung ein Stärkeres als das Schwächere und umgekehrt einzeichnen, bewirken sie ein Mehr und Minder und machen die bestimmte Größe verschwinden. Denn, wie wir eben sagten, wenn sie die bestimmte Größe nicht verschwinden machten, sondern diese und das
d Gemessene in die Stelle des Mehr und Minder und Stark und Schwach eintreten ließen: so müßten diese selbst aus ihrer Stelle verlorengehn, in der sie sich befanden. Denn sie wären nicht mehr Wärmeres und Kälteres, wenn sie die bestimmte Größe aufnähmen. Denn immer vorwärts schreitet das Wärmere und bleibt nicht, und ebenso auch das Kältere. Das von bestimmter Größe aber steht still und ist aufgehalten im Fortschreiten. Demzufolge also wäre das Wärmere unbegrenzt, und sein Gegenteil auch.

PROTARCHOS: Das leuchtet freilich ein, o Sokrates; aber, wie du auch sagtest, es ist nicht leicht zu folgen. Wird es indes wieder und

immer wieder vorgetragen, so muß wohl erhellen, daß Fragender e
und Gefragter hinreichend darüber einverstanden sind.

Sokrates: Sehr wohl bemerkt, und wir müssen versuchen es so zu machen. Jetzt aber sieh doch zu, ob wir nicht dieses als ein Merkmal der Natur des Unbegrenzten annehmen wollen, um nicht alles durchgehend die Sache in die Länge zu ziehen.

Protarchos: Welches meinst du?

Sokrates: Alles, woran wir sehen, daß es mehr und weniger wird,
und das Stark und Schwach und Sehr und alles dergleichen annimmt, dies alles müssen wir unter die Gattung des Unbegrenzten 25 a
als unter Eins zusammenstellen nach unserer vorigen Rede, da wir sagten, daß wir alles Zerspaltene und Zerrissene nach Vermögen müßten unter *einen* Begriff einzuzeichnen suchen, wenn du dich erinnerst.

Protarchos: Wohl erinnere ich mich.

Sokrates: Also was nun dieses nicht annimmt, sondern alles Entgegengesetzte hiervon annimmt, zuerst das Gleiche und die Gleichheit, und nach dem Gleichen das Zwiefache und was sonst Zahl ist
im Verhältnis zu Zahl und Maß im Verhältnis zu Maß, wenn wir b
dies alles unter die Grenze rechneten, würden wir wohl ganz recht daran tun. Oder wie meinst du?

Protarchos: Ganz vortrefflich, o Sokrates.

[13. Erklärung des aus Unbegrenztem und aus Grenze in sich Habendem erzeugten Geschlechts]

Sokrates: Wohl! Aber das Dritte aus diesen beiden gemischte, welche Gestalt sollen wir sagen, daß dieses habe?

Protarchos: Auch das, denke ich, wirst du mir wohl sagen.

Sokrates: Ein Gott wohl, wenn anders einer meine Bitten erhören will von den Göttern.

Protarchos: So bete denn und sieh zu.

Sokrates: Ich sehe schon, und es dünkt mich allerdings, o Protarchos, einer von ihnen uns jetzt gewogen zu sein.

Protarchos: Wie meinst du das, und woran erkennst du es? c

Sokrates: Das will ich dir eben sagen; folge du nur meiner Rede.

Protarchos: So sage denn.

Sokrates: Wir nannten doch eben etwas Wärmeres und Kälteres. Nicht wahr?

Protarchos: Ja.

Sokrates: Nimm nun auch noch Trockneres und Feuchteres dazu, und Mehr und Weniger, und Schnelleres und Langsameres und Größeres und Kleineres, und was wir sonst noch vorher unter den das Mehr und Minder annehmenden Begriff zusammengestellt haben.

Protarchos: Du meinst unter den des Unbegrenzten? d

Sokrates: Ja. Und mit diesem vermische hierauf wiederum die Familie der Grenze.

Protarchos: Was für eine?

SOKRATES: Die wir auch vor kurzem, obwohl wir, wie wir die des Unbegrenzten in Eins zusammenbrachten, so auch die des Grenzartigen hätten zusammenbringen sollen, nicht zusammengebracht haben. Aber vielleicht wird es uns auch jetzt genügen, wenn bei der Zusammenbringung dieser beiden auch jene Familie deutlich werden wird.

PROTARCHOS: Welche und wie meinst du?

SOKRATES: Ich meine die des Gleichen und Zwiefachen, und jede,
e welche sonst noch macht, daß das Entgegengesetzte aufhört, sich zu einander ungleich zu verhalten, und welche durch Einbringung des Gleichmäßigen und Zusammenstimmenden eine Zahl hervorbringt.

PROTARCHOS: Ich verstehe. Du willst nämlich offenbar sagen, daß, wenn man diese mischt, gewisse Erzeugnisse aus jedem derselben herauskommen werden.

SOKRATES: Das will ich offenbar.

PROTARCHOS: Sprich also weiter.

SOKRATES: Pflegt also nicht bei Krankheiten die richtige Gemeinschaft beider das Wesen der Gesundheit zu erzeugen?

26 a PROTARCHOS: Allerdings.

SOKRATES: Und wenn in Hohes und Tiefes, in Schnelles und Langsames, die als unbestimmte sind, eben dieses selbige hineinkommt, wird es nicht, indem es Grenze bewirkt, zugleich die gesamte Tonkunst aufs vollkommenste darstellen?

PROTARCHOS: Allerdings.

SOKRATES: Und wenn es in Kälte und Hitze hineinkommt, so wird das Allzuheftige und Unbegrenzte aufgehoben und darin das Angemessene und Ebenmäßige bewirkt.

PROTATCHOS: Wie anders?

b SOKRATES: Hieraus also entstehen uns die geregelten Zeiten und alles, was nur schön ist, wenn das Unbegrenzte und das die Grenze in sich Habende vermischt werden.

PROTARCHOS: Wie anders?

SOKRATES: Und tausenderlei anderes übergehe ich anzuführen, wie nächst der Gesundheit auch Schönheit und Stärke und in der Seele wiederum vielerlei anderes Herrliches. Denn Übermut und jegliche Schlechtigkeit aller Art sah diese Göttin wohl, schöner Philebos, daß keine Grenze, weder der Lust noch der Sättigung, in ihnen sei, und hat daher Gesetz und Ordnung als Grenze in sich habend eingerich-
c tet; und du zwar sagtest, sie erschöpfe, ich aber behaupte, sie erhalte. Wie aber erscheint es dir, o Protarchos?

PROTARCHOS: Gar sehr, o Sokrates, ist es so auch nach meinem Sinne.

SOKRATES: Diese drei also hätte ich abgesprochen, wenn du dich besinnst.

PROTARCHOS: Ich glaube wohl es zu verstehen; eines nämlich, denke ich, erklärst du als das Unbegrenzte, eines, das zweite nämlich, als die Grenze in den Dingen, das dritte aber habe ich noch nicht recht inne, was du damit sagen willst.

Sokrates: Die Menge hat dich eben verwirrt, o Bester, des Werdens dieses Dritten. Wiewohl ja auch das Unbegrenzte uns viele Arten darbot, doch aber eingezeichnet unter den Begriff des Mehr und d
seines Gegenteils erschien es uns als Eins.

Protarchos: Richtig.

Sokrates: Die Grenze aber hatte weder Vieles unter sich, noch waren wir auch im mindesten schwierig, daß sie vielleicht nicht Eins wäre ihrer Natur nach.

Protarchos: Wie konnten wir auch!

Sokrates: Gar nicht freilich. Unter dem Dritten aber, sage nur, meinte ich, das gesamte Erzeugnis dieser beiden als *eines* setzend, das Werden zum Sein aus den mit der Grenze bewirkten Maßen.

Protarchos: Ich habe verstanden.

[14. Die vierte Gattung der Ursache. Das gemischte Leben als Teil der dritten Gattung]

Sokrates: Aber wir behaupteten, es sei noch eine vierte Gattung e
zu den dreien zu untersuchen; und das ist eine gemeinsame Untersuchung. Denn sieh nur, ob dich notwendig dünkt, daß alles Werdende kraft einer Ursache werde.

Protarchos: Allerdings; denn wie könnte es wohl ohne dies werden?

Sokrates: Ist nun nicht der Begriff des Bewirkenden nur dem Namen nach von dem der Ursache verschieden, und das Bewirkende und Ursächliche würde mit Recht *eines* genannt?

Protarchos: Mit Recht.

Sokrates: Ebenso das Bewirkte und das Werdende finden wir ge- 27 a
wiß auch, wie das obige, nur dem Namen nach verschieden. Oder wie?

Protarchos: Allerdings so.

Sokrates: Und das Bewirkende führt doch immer an, seiner Natur nach, das Bewirkte aber folgt als Werdendes jenem.

Protarchos: Freilich.

Sokrates: Ein anderes also und nicht dasselbe ist die Ursache und das der Ursache zum Werden Dienende.

Protarchos: Wie anders?

Sokrates: Stellten uns nun nicht das Werdende und das, woraus alles wird, jene drei Gattungen dar?

Protarchos: Allerdings.

Sokrates: Was aber nun alles dieses bildet, erklären wir für das b
Vierte, die Ursache, als hinlänglich für verschieden von jenen anerkannt.

Protarchos: Als verschieden allerdings.

Sokrates: Gut wäre es nun wohl, nachdem wir sie alle vier bestimmt haben, wenn wir sie wegen besserer Erinnerung jedes einzelnen noch einmal der Reihe nach aufzählten.

Protarchos: Sehr gut.

SOKRATES: Als Erstes also nenne ich das Unbegrenzte, als Zweites die Grenze, dann als Drittes aus diesen das gemischte und gewordene Sein; und wenn ich nun der Mischung und des Werdens Ursa-
c che als Viertes nenne, würde ich dann wohl fehlen?

PROTARCHOS: Wie solltest du?

SOKRATES: Wohl! Worauf geht nun weiter unsere Rede, und weshalb sind wir hierauf gekommen? War es nicht dieses, daß wir, wem der zweite Preis zukäme, untersuchen wollten, ob der Lust oder der Vernünftigkeit? War es nicht so?

PROTARCHOS: So war es freilich.

SOKRATES: Können wir nun nicht jetzt, nachdem wir dies so unterschieden, vielleicht auch das Urteil richtiger abfassen über das Erste und Zweite, worüber wir vorher im Streit waren?

PROTARCHOS: Vielleicht.

d SOKRATES: Wohlan! Als Sieger erkannten wir doch das gemischte Leben aus Lust und Vernunft. War es nicht so?

PROTARCHOS: Es war.

SOKRATES: Und dieses Leben sehen wir doch leicht, was für eines es ist und von welcher Gattung.

PROTARCHOS: Wie sollten wir nicht!

SOKRATES: Und werden wohl, denke ich, behaupten, es sei ein Teil unserer dritten Gattung. Denn nicht aus irgend zweien gemischt ist jene, sondern aus allen Unbegrenzten von der Grenze Gebundenen, so daß mit Recht dieses gekrönte Leben ein Teil von jener wäre.

PROTARCHOS: Mit ganz vollkommenem Recht.

[15. Zugehörigkeit von Lust und Unlust zur Gattung des Unbegrenzten. Frage nach der Gattung der Vernunft]

e SOKRATES: Wohl! Wie aber nun deines, o Philebos, das angenehm und ungemischt ist? Unter welche von den beschriebenen Gattungen würden wir es zu setzen haben, um es richtig zu setzen? Antworte mir aber so, ehe du dich erklärst.

PHILEBOS: Sprich nur.

SOKRATES: Haben wohl Lust und Unlust eine Grenze, oder gehören sie zu dem das Mehr und Minder Aufnehmenden?

PHILEBOS: Ja, zu dem das Mehr, o Sokrates. Denn die Lust wäre ja auch nicht ganz gut, wenn sie nicht unbegrenzt wäre, sowohl der Menge als dem Grade nach.

28 a SOKRATES: Und so doch auch die Unlust, o Philebos, nicht ganz schlecht. So daß wir wohl auf etwas anderes sehen müssen, als auf die Natur des Unbegrenzten, das den Lüsten einen Anteil an dem Guten sichert. Dies also sei dir aus dem Unbegrenzten hervorgegangen. Vernunft aber und Erkenntnis und Einsicht, welchem von den vorherbeschriebenen, o Protarchos und Philebos, müssen wir diese wohl beigesellen, um nicht zu freveln? Denn es dünkt mich nicht wenig darauf zu beruhen, ob wir über diese Frage richtig entscheiden oder nicht.

Philebos: Du willst eben deinen Gott recht hervorheben und ver- b
herrlichen, o Sokrates.

Sokrates: Auch du, Freund, deine Göttin. Das Gefragte aber ist uns doch zu beantworten.

Protarchos: Daran sagt Sokrates ganz recht, und wir müssen ihm gehorchen.

Philebos: Für mich aber hast du dich ja schon anheischig gemacht zu reden, Protarchos.

Protarchos: Freilich wohl. Jetzt aber weiß ich fast keinen Rat und bitte dich, Sokrates, du wollest selbst unser Wortführer sein, damit wir nicht gegen deinen Kämpfer uns versündigend etwas Mißtöniges vorbringen.

Sokrates: Darin muß ich dir Folge leisten, o Protarchos; auch c
legst du mir nichts Schweres auf, sondern ich habe in der Tat, wie Philebos sagt, dich im Scherz durch Feierlichkeit aus der Fassung gebracht, als ich fragte, zu welcher Gattung Vernunft und Erkenntnis gehörten.

Protarchos: Das hast du freilich sehr, o Sokrates.

Sokrates: Es ist aber gar leicht. Denn alle Weisen stimmen darin zusammen, um sich selbst wahrhaft zu verherrlichen, daß die Vernunft der König ist Himmels und der Erden. Und vielleicht haben sie recht. Laß uns aber ausführlicher die Untersuchung über ihre Gattung anstellen.

Protarchos: Führe sie nur, wie du willst, und wende nicht vor, d
sie wäre zu lang; denn dadurch wirst du uns nicht zuwider sein.

[16. Darlegung, daß die Vernunft zur Gattung der Ursache gehört]

Sokrates: Wohl gesprochen! Und laß uns etwa mit dieser Frage anfangen.

Protarchos: Mit welcher?

Sokrates: Ob wir wohl, o Protarchos, sagen wollen, über alles insgesamt und über dies sogenannte Ganze walte die Gewalt des Vernunftlosen und des Zufälligen und das Ungefähr, oder im Gegenteil, wie auch unsere Vorfahren gesagt haben, eine wundervolle Vernunft und Einsicht beherrsche alles anordnend?

Protarchos: Gar nicht ist ja beides zu vergleichen, du wunderba- e
rer Sokrates; denn was du jetzt sagst, ist ja nicht einmal erlaubt. Zu sagen aber, daß Vernunft es alles anordnet, ist dem Anblick von Welt und Sonne, Mond und Sternen und dem ganzen Umschwung angemessen, und nie möchte ich etwas anderes darüber sagen oder glauben.

Sokrates: Willst du also, daß auch wir mit den Früheren einstim-
mend behaupten, dies verhalte sich so, und zwar nicht nur in der 29 a
Meinung, wir könnten wohl Fremdes ohne Gefahr nachsagen, sondern so, daß wir auch mit die Gefahr tragen und den Tadel teilen, wenn ein gewaltiger Mann sagt, es verhalte sich so nicht, sondern ganz unordentlich?

PROTARCHOS: Wie sollte ich das nicht wollen!

SOKRATES: So komm und sieh, was uns hierüber nun weiter folgt.

PROTARCHOS: Sage nur.

SOKRATES: Was zur Natur der Leiber aller Lebendigen gehört, Erde, Feuer, Wasser und auch Luft, wie die Beklommenen rufen, finden wir doch in der Zusammensetzung des Ganzen.

b PROTARCHOS: Gar recht. Denn beklommen sind wir wahrhaftig auch aus Ratlosigkeit in unsern jetzigen Verhandlungen.

SOKRATES: Wohl! Von dem allen nun, wie es in uns ist, nimm dieses an.

PROTARCHOS: Was doch?

SOKRATES: Daß von diesen jegliches sich nur gar sparsam in uns findet und schlecht, und nirgend irgend etwas rein und den seiner Natur eigenen Kräften ganz entsprechend. Nimm es nur an *einem* recht wahr, und sieh dann, wie es überall dasselbe ist. Zum Beispiel Feuer ist doch in uns und ist auch in dem Ganzen?

PROTARCHOS: Wie sollte es nicht?

c SOKRATES: Und nicht wahr, wenig ist doch dessen in uns und schwaches und schlechtes; das aber in dem Ganzen ist bewundernswürdig viel und schön und in der vollen Kraft, welche dem Feuer zukommt?

PROTARCHOS: Ganz richtig ist, was du sagst.

SOKRATES: Wie aber? Nährt sich etwa und entsteht aus diesem und wird beherrscht das Feuer des Ganzen von dem Feuer in uns? Oder hat nicht im Gegenteil von jenem das meinige und deinige und das aller andern Lebendigen eben alles dieses?

PROTARCHOS: Diese Frage verdient nicht einmal eine Antwort.

d SOKRATES: Ganz recht; und dasselbe, denke ich, wirst du auch sagen von der Erde in den Lebendigen hier und der im Ganzen, und von allem übrigen, wonach ich eben fragte. Antwortest du so?

PROTARCHOS: Wen dürfte man wohl für ganz bei Sinnen halten, wenn er anders antwortete?

SOKRATES: Wohl niemanden. Aber folge nun auch dem nächsten. Alles eben Erwähnte, wenn wir es in Eins verbunden sehen, nennen wir es dann nicht Leib?

PROTARCHOS: Wie sollten wir nicht?

e SOKRATES: Dasselbe nimm nun auch an von dem, was wir Welt nennen. Denn ganz auf dieselbe Weise wäre es doch auch ein Leib, da es zusammengesetzt ist aus demselben.

PROTARCHOS: Vollkommen richtig.

SOKRATES: Wird nun wohl von diesem Leibe insgesamt unser Leib oder von dem unsrigen jener genährt werden und, was wir vorhin schon davon sagten, erhalten haben und haben?

PROTARCHOS: Auch dies, o Sokrates, ist gar nicht der Frage wert.

30 a SOKRATES: Etwa aber folgendes mehr? Oder was wirst du sagen?

PROTARCHOS: Laß nur hören, was.

SOKRATES: Unser Leib, wollen wir nicht sagen, der habe eine Seele?

Protarchos: Offenbar wollen wir das.
Sokrates: Woher aber, o lieber Protarchos, sollte er sie erhalten
haben, wenn nicht auch des Ganzen Leib beseelt wäre, dasselbe ha-
bend wie er und noch in jeder Hinsicht Trefflicheres?
Protarchos: Offenbar wohl nirgends anders her, o Sokrates.
Sokrates: Denn wir glauben doch nicht, o Protarchos, daß jene
vier, die Grenze und das Unbegrenzte und das Gemeinsame und die
Gattung der Ursache, welche allen insgesamt als das vierte ein- b
wohnt — daß diese letztere bei uns zwar, die Seele bildend und die
Leibesstärke hervorbringend und des kränkelnden Leibes Heilkunst
und anderwärts anderes zusammensetzend und herstellend, deshalb
die gesamte und vielfältige Weisheit genannt wird, daß aber, wiewohl
eben dasselbe alles im ganzen Himmel sich findet in großen Massen
und noch dazu schön und rein, es dort nicht sollte Rat gewußt haben
für die Hervorbringung des Schönsten und Vortrefflichsten?
Protarchos: Das ließe sich ja keineswegs denken. c
Sokrates: Also, wenn das nicht ist, würden wir wohl jener Rede
folgend richtiger sagen, daß, wovon wir nun schon so oft gespro-
chen haben, Unbegrenztes in dem Ganzen gar viel ist, und auch
Grenze genug, und außer diesen eine nicht schlechte Ursache, welche
Jahre und Jahreszeiten und Monate ordnet und bestimmt und mit
vollem Rechte Weisheit und Vernunft genannt werden kann.
Protarchos: Mit vollem Rechte freilich.
Sokrates: Weisheit und Vernunft aber können doch ohne Seele
unmöglich sein?
Protarchos: Freilich nicht.
Sokrates: Also in der Natur des Zeus, wirst du sagen, wohne eine d
königliche Seele und königliche Vernunft von wegen der Kraft der
Ursache, und anderes Schöne in anderen, nenne man es, wie es jeg-
lichem lieb ist.
Protarchos: Gewiß.
Sokrates: Und von dieser Rede, o Protarchos, glaube ja nicht, daß
wir sie etwa umsonst herbeigeführt haben, sondern sie ist zuerst
jenen schon längst ausgesprochenen, daß immer über das Ganze
Vernunft herrscht, genau verbündet.
Protarchos: Das ist sie gewiß.
Sokrates: Und dann hat sie auch die Antwort hergegeben auf mei-
ne Frage, daß nämlich die Vernunft zu der als das Ursächliche in al- e
lem beschriebenen Gattung gehört. Unter den vieren war uns aber
eine auch diese. Denn nun hast du ja schon unsere Antwort.
Protarchos: Und ganz befriedigend, wiewohl ich nicht gemerkt
hatte, daß du antwortetest.
Sokrates: Es gewährt ja eine Erholung von dem Ernst, o Protar-
chos, bisweilen zu scherzen.
Protarchos: Wohl gesprochen.
Sokrates: Zu welcher Gattung also die Vernunft gehört und wel- 31 a
che Kraft sie besitzt, das ist uns nun ja wohl gehörig erklärt.

Protarchos: Allerdings.
Sokrates: Und die Gattung der Lust hat sich uns ja auch schon längst gezeigt.
Protarchos: Ja freilich.
Sokrates: Laß uns aber auch dieses von beiden wohl im Sinne behalten, daß die Vernunft der Ursache verwandt war und aus dieser Gattung, die Lust aber selbst unbegrenzt und aus der weder Anfang noch Mitte, noch Ende von selbst in sich habenden, noch je haben werdenden Gattung.
b Protarchos: Das wollen wir behalten. Wie sollten wir auch nicht!

[17. Das Entstehen von Lust und Unlust in den Lebendigen: Unlust als Auflösung, Lust als Wiederherstellung]

Sokrates: Nächstdem müssen wir, worin jedes von beiden ist und durch welches Ereignis es wird, wenn es wird, wohl erwägen. Zuerst von der Lust: wie wir ihre Gattung zuerst erforscht haben, so auch dieses zuerst. Abgesondert jedoch von der Unlust möchten wir die Lust wohl schwerlich jemals gehörig erforschen können.
Protarchos: Also wenn wir diesen Weg gehen müssen, laß ihn uns gehen.
Sokrates: Dünkt dich nun wohl von ihrer Entstehung dasselbe wie mich?
c Protarchos: Was doch?
Sokrates: In der Gattung des Gemeinsamen scheinen mir ihrer Natur gemäß Lust und Unlust zugleich zu entstehen.
Protarchos: Das Gemeinsame, lieber Sokrates, bringe uns nochmals in Erinnerung, welches von den vorher beschriebenen du dadurch bezeichnen willst.
Sokrates: Das soll nach Vermögen geschehen, du Wunderbarer.
Protarchos: Wohl gesprochen.
Sokrates: Unter dem Gemeinsamen also wollen wir das verstehen, was wir unter den vieren als das dritte aufgeführt haben.
Protarchos: Was du nach dem Unbegrenzten und der Grenze aufstelltest, wohin du auch die Gesundheit, glaube ich, und die Zusammenstimmung rechnetest?
d Sokrates: Sehr schön gesagt. Nun aber merke möglichst auf.
Protarchos: Rede nur.
Sokrates: Ich sage also, daß, wenn die Zusammenstimmung in den Lebendigen aufgelöst wird, zugleich auch eine Auflösung der Natur und eine Erzeugung von Schmerz alsdann erfolge.
Protarchos: Das läßt sich hören.
Sokrates: Wird sie aber wiederum gestimmt und geht in ihre eigentümliche Natur zurück, dann, müssen wir sagen, entsteht Lust, wenn wir über Größtes in wenigen Worten aufs schleunigste uns erklären sollen.
e Protarchos: Ich glaube wohl, daß du richtig erklärst, o Sokrates. Laß uns aber doch versuchen, dasselbe noch einleuchtender zu sagen.

Sokrates: Also, das Alltägliche und Augenscheinliche ist doch am leichtesten zu erkennen?

Protarchos: Welches?

Sokrates: Der Hunger ist doch eine Auflösung und Unlust.

Protarchos: Ja.

Sokrates: Das Essen aber, das wieder eine Erfüllung darstellt, ist Lust.

Protarchos: Ja.

Sokrates: Der Durst wiederum ist Verderben und Unlust; und die
das Ausgetrocknete wieder mit Feuchtigkeit anfüllende Tätigkeit ist 32 a
Lust. Wiederum die Zergehung und widernatürliche Auflösung, welche in der Hitze bewirkt wird, ist Unlust, die naturgemäße Wiederherstellung aber und Erfrischung ist Lust.

Protarchos: Allerdings.

Sokrates: Auch im Frost ist die dem Lebendigen widernatürliche Erstarrung der Feuchtigkeiten Unlust; treten sie aber wieder in den vorigen Zustand zurück und zergehen, so ist diese naturgemäße Veränderung Lust. Und mit einem Wort, sieh zu, ob dir die Erklärung gerecht ist, welche aussagt, daß, wenn die aus dem Unbegrenz-
ten und der Grenze gemäß der Natur entstandene beseelte Art, wie b
ich in dem Vorigen schon erklärt habe, verdirbt, ihre Verderbnis Unlust sei, der Weg aber in ihr Sein und Bestehen, diese Rückkehr wiederum sei in allem Lust.

Protarchos: So sei es; denn das scheint mir doch ein Gepräge zu haben.

Sokrates: Dies also wollen wir setzen als *eine* Art von Lust und Unlust in diesen beiderlei Zuständen.

Protarchos: Es stehe fest.

[18. Die zweite Art von Lust und Unlust: das aus Erwartung des Angenehmen und Unangenehmen entstehende Gefühl der Seele selbst. Der von Lust und Unlust freie Zustand der Seele]

Sokrates: Denke dir nun aber auch in bezug auf die Erwartung
dieser Zustände das Vorgefühl der Seele selbst vor dem Angeneh- c
men angenehm und ermutigend, das vor dem Unlustigen aber fürchtend und schmerzlich.

Protarchos: Dies ist also eine andere Art von Lust und Unlust, welche ganz abgesondert von dem Leibe der Seele allein durch die Erwartung entsteht.

Sokrates: Richtig aufgefaßt. Und an diesen Erwartungen glaube ich, nach meiner Meinung wenigstens, da beide rein entstehen, wie es scheint, und unvermischt Lust mit Unlust, wird offenbar werden,
wie es um die Lust steht, ob die ganze Gattung begehrungswert ist, d
oder ob dieses wohl nur einer andern von unsern vorher beschriebenen Gattungen beizulegen ist, der Lust und Unlust aber nur, wie dem Warmen und Kalten und allem dergleichen, daß sie bisweilen wohl begehrungswert sind, bisweilen aber auch wieder nicht, weil

sie nämlich Güter wohl nicht sind, bisweilen aber doch und einige von ihnen die Natur des Guten annehmen können.

Protarchos: Ganz richtig sagst du, daß auf diesem Wege irgendwie das herauskommen muß, worauf wir Jagd machen.

Sokrates: Zuerst nun laß uns dieses bedenken, daß, wenn wirk-
e lich, wie wir sagten, Schmerz ist, wenn das Lebende verdirbt, und wenn es sich wieder herstellt, Lust, wir doch in bezug auf die, welche eben jetzt weder verderben noch sich wiederherstellen, überlegen müssen, was für eine Beschaffenheit wohl jedes Lebendige dann an sich haben muß, wenn es ihm auf diese Art ergeht. Gib aber sehr wohl acht und sage: Ist es nicht ganz notwendig, daß in dieser Zeit jegliches Lebendige ebensowenig Lust haben kann als Unlust, weder viel noch wenig?

Protarchos: Notwendig freilich.

Sokrates: Also gibt es für uns noch einen dritten solchen Zustand,
33 a außer dem des Vergnügtseins und dem des Betrübtseins.

Protarchos: Wie sollte es nicht!

Sokrates: Wohlan, also diesen suche nur im Sinn zu behalten. Denn es kommt nicht wenig darauf an bei der Beurteilung der Lust, ob wir diesen im Sinne haben oder nicht. Ein weniges aber laß uns, wenn du willst, von ihm durchgehen.

Protarchos: Sage nur was.

Sokrates: Den, der die Lebensweise der Einsicht gewählt hat, weißt du wohl, daß nichts hindert auf diese Weise zu leben.

b Protarchos: Du meinst so, daß er weder vergnügt sei noch unlustig?

Sokrates: Denn es wurde damals gesagt bei der Vergleichung der Lebensweisen, daß, wer die der Vernunft und der Einsicht gewählt habe, der Lust weder viel noch wenig haben müsse.

Protarchos: So ist freilich gesagt worden.

Sokrates: So könnte es demnach um jenen stehen, und vielleicht ist es nichts Wunderbares, wenn unter allen Lebensweisen diese die göttlichste ist.

Protarchos: Wahrscheinlich ist es wenigstens nicht, daß die Götter Lust haben oder das Gegenteil.

Sokrates: Gar nicht wahrscheinlich. Unziemlich für sie wäre wenigstens beides. Allein dies wollen wir hernach noch bedenken, wenn
c es zur Sache gehört, und wollen es der Vernunft zum zweiten Preise, wo wir doch zum ersten nicht können, zulegen.

Protarchos: Sehr richtig gesagt.

[19. Erklärung der Wahrnehmung, des Gedächtnisses und der Erinnerung]

Sokrates: Nun aber, jene andere Art der Lust, welche wir der Seele allein zuschrieben, entsteht doch ganz durch das Gedächtnis.

d Protarchos: Wie das?

Sokrates: Es scheint, wir werden wohl zuerst vornehmen müssen, was Gedächtnis ist, und noch früher als Gedächtnis wohl die Wahrnehmung, wenn uns diese Dinge irgend deutlich werden sollen.

PROTARCHOS: Wie meinst du das?

SOKRATES: Nimm an, daß von den jedesmaligen Vorkommenheiten an unserm Leibe einige in dem Leibe selbst sich verlieren, ehe sie zur Seele hindurch gelangen, so daß sie jene unteilnehmend lassen, andere aber, durch beide hindurchgehend, gleichsam eine eigentümliche und beiden gemeinschaftliche Erschütterung zurücklassen.

PROTARCHOS: Das stehe fest.

SOKRATES: Wenn wir nun sagen, daß die nicht durch beide hindurch sich erstreckenden unserer Seele entgehen, die aber durch beide ihr nicht entgehen, würden wir dann wohl ganz richtig sprechen?

PROTARCHOS: Warum nicht? e

SOKRATES: Denn verstehe nur das Entgehen nicht so, als meinte ich hier das Entstehen eines Vergessens; denn das Vergessen ist das Aufhören der Erinnerung, und diese ist da, wovon jetzt die Rede ist, noch nicht entstanden. Und von einem Verlust dessen zu reden, was weder ist noch schon geworden ist, wäre ungereimt. Nicht wahr?

PROTARCHOS: Allerdings.

SOKRATES: Also vertausche nur die Namen.

PROTARCHOS: Wie?

SOKRATES: Anstatt zu sagen, daß etwas der Seele entgehe, wenn sie unteilnehmend bleibt an den Erschütterungen des Leibes, so nenne dies, was du jetzt Entgehen nanntest, Wahrnehmungslosigkeit. 34 a

PROTARCHOS: Ich verstehe.

SOKRATES: Wenn aber in *einer* Erregung Seele und Leib gemeinschaftlich begriffen sind und so auch gemeinschaftlich bewegt werden, wenn du dann diese Bewegung Wahrnehmung nennen wolltest, würdest du nicht aus der Weise reden.

PROTARCHOS: Vollkommen richtig.

SOKRATES: Also nun verstehen wir schon, was wir Wahrnehmung nennen wollen?

PROTARCHOS: Wie sollten wir nicht.

SOKRATES: Und wenn nun einer das Bewahren der Wahrnehmung Gedächtnis nennte, würde er nach meiner Meinung wohl richtig reden.

PROTARCHOS: Freilich richtig. b

SOKRATES: Sagen wir aber nicht, daß vom Gedächtnis die Erinnerung verschieden sei?

PROTARCHOS: Vielleicht.

SOKRATES: Nicht etwa so?

PROTARCHOS: Wie denn?

SOKRATES: Wenn, was der Seele mit dem Leibe zugleich begegnet ist, sie dieses ohne den Leib für sich allein soweit möglich zurückholt, dann sagen wir doch, daß sie sich erinnert. Nicht wahr?

PROTARCHOS: Allerdings.

SOKRATES: Aber auch wenn sie, nachdem das Andenken, sei es nun

einer Wahrnehmung oder einer Kenntnis, verlorengegangen war,
c sie dies wiederum selbst bei sich selbst wiederholt, auch dies insgesamt nennen wir doch Erinnerung.

Protarchos: Richtig.

Sokrates: Weshalb aber dieses alles gesagt worden, das ist dies.

Protarchos: Welches doch?

Sokrates: Damit wir die Lust der Seele, abgesondert von dem Leibe, so richtig und deutlich als möglich auffassen könnten, und zugleich auch die Begierde. Denn um deswillen gewiß ist dieses beides erklärt worden.

[20. Wesen und Entstehung der Begierde]

Protarchos: So laß uns also, o Sokrates, das nächste nun vornehmen.

Sokrates: Vieles von der Entstehung der Lust und ihrer ganzen
d Gestalt müssen wir, wie es scheint, notwendig besprechen. Und jetzt müssen wir offenbar zuerst vornehmen, was wohl die Begierde ist und wo sie entsteht.

Protarchos: So laß es uns überlegen. Wir verlieren ja nichts dabei.

Sokrates: Allerdings verlieren wir, o Protarchos, wenn wir gefunden haben, was wir jetzt suchen, die Ratlosigkeit über alle diese Dinge.

Protarchos: Gut abgewehrt. Versuchen wir nun aber das folgende zu sagen.

Sokrates: Sagten wir also nicht eben, Hunger und Durst und vie-
e lerlei anderes dergleichen wären Begierden?

Protarchos: Gar sehr.

Sokrates: Was ist also dieses selbige in ihnen, worauf wir sehen, indem wir so sehr verschiedene Dinge mit *einem* Namen benannten?

Protarchos: Beim Zeus, das ist wohl nicht leicht zu sagen, o Sokrates, doch aber muß es versucht werden.

Sokrates: Holen wir es nur wieder eben von dort her.

Protarchos: Von wo?

Sokrates: Wir sagen doch immer, daß etwas durstet?

Protarchos: Freilich.

Sokrates: Und das heißt doch, daß es sich leer befindet.

Protarchos: Was denn sonst?

Sokrates: Ist nun der Durst eine Begierde?

Protarchos: Ja, nach Getränk doch.

35 a Sokrates: Nach Getränk oder nach Anfüllung mit Getränk?

Protarchos: Ich glaube wohl nach Anfüllung.

Sokrates: Wer also von uns leer geworden ist, wie es scheint, der begehrt das Gegenteil von dem, das ihm begegnet. Denn ausgeleert wünscht er angefüllt zu werden.

Protarchos: Ganz offenbar.

Sokrates: Wie nun aber? Kann wohl, wer zum erstenmal ausgeleert ist, sei es nun mit der Wahrnehmung oder sei es mit dem Gedächtnis, auf die Anfüllung treffen, auf etwas, was ihm weder in der gegenwärtigen Zeit begegnet noch ihm jemals vorher begegnet ist?

PROTARCHOS: Wie sollte das doch?

SOKRATES: Aber der Begehrende begehrt ja doch etwas, sagen wir? b

PROTARCHOS: Wie sollte er nicht!

SOKRATES: Also auch nicht dasselbe, was ihm begegnet, begehrt er. Denn er hat Durst, und das ist Ausleerung, er aber begehrt nach Anfüllung.

PROTARCHOS: Ja.

SOKRATES: Irgend etwas also an dem Durstenden muß doch irgendwie auf die Anfüllung treffen.

PROTARCHOS: Notwendig.

SOKRATES: Der Leib aber unmöglich, denn der ist ja ausgeleert.

PROTARCHOS: Ja.

SOKRATES: Also bleibt nur übrig, daß die Seele die Anfüllung trifft, vermittels des Gedächtnisses offenbar. Denn womit anders c sollte sie sie treffen?

PROTARCHOS: Es gibt wohl kaum etwas.

[21. Trieb und Begierde als allein der Seele zukommend. Möglichkeit, zu gleicher Zeit Lust und Unlust zu empfinden]

SOKRATES: Merken wir nun wohl, was uns aus diesen Reden folgt?

PROTARCHOS: Was doch?

SOKRATES: Diese Rede behauptet, daß es eine Begierde des Leibes nicht gibt.

PROTARCHOS: Wieso?

SOKRATES: Weil sie immer ein den Zuständen jenes entgegengesetztes Streben andeutet.

PROTARCHOS: Allerdings.

SOKRATES: Und der Trieb, weil er auf das Gegenteil des jedesmaligen Zustandes führt, offenbart doch, daß ein Gedächtnis da ist von dem Gegenteil dieses Zustandes.

PROTARCHOS: Freilich.

SOKRATES: Indem also unsere Rede die zu dem Begehrten hinführende Erinnerung aufgewiesen hat, hat sie zugleich gezeigt, daß Trieb d und Begierde sowohl als die gesamte Regierung eines jeglichen Lebendigen der Seele angehören.

PROTARCHOS: Ganz richtig.

SOKRATES: Daß also unser Leib hungere oder durste oder dergleichen etwas erleide, das nimmt unsere Rede keineswegs an.

PROTARCHOS: Völlig der Wahrheit gemäß.

SOKRATES: Auch dieses aber laß uns noch über dasselbe bemerken. Diese Rede nämlich scheint uns einen eigenen Lebenszustand eben hierin offenbaren zu wollen.

PROTARCHOS: Worin, und von was für einem Leben redest du? e

SOKRATES: In dem Angefülltwerden und Ausgeleertsein und allem, was sich so auf die Erhaltung und das Verderben der Lebendigen bezieht, und wenn jemand von uns, in einem von beiden begriffen, Unlust hat und dann wieder Lust, je nachdem es wechselt.

PROTARCHOS: So ist es.

SOKRATES: Wie aber nun, wenn einer sich in der Mitte von beiden befindet?

PROTARCHOS: Wieso in der Mitte?

SOKRATES: Vermöge seines gegenwärtigen Zustandes hat er zwar Unlust, erinnert sich aber des Angenehmen, durch dessen Entstehung er vom Schmerz Ruhe haben könnte, er wird aber noch nicht ange-
36 a füllt. Wie dann? Sollen wir behaupten oder leugnen, daß er sich in der Mitte zwischen beiden Zuständen befindet?

PROTARCHOS: Behaupten wollen wir es freilich.

SOKRATES: Als lauter Unlust habend, oder Lust?

PROTARCHOS: Beim Zeus nein, sondern als von doppelter Unlust gequält, dem Leibe nach durch den unmittelbaren Zustand, der Seele nach durch das Sehnsüchtige der Erwartung.

SOKRATES: Wie doch, o Protarchos, hast du das gemeint mit der doppelten Unlust? Kann nicht bisweilen einer von uns, der ausge-
b leert ist, in der sicheren Erwartung stehen angefüllt zu werden, ein anderes Mal aber im Gegenteil sich hoffnungslos befinden?

PROTARCHOS: Freilich wohl.

SOKRATES: Und dünkt dich nun nicht, daß er als hoffend, angefüllt zu werden, sich freut wegen der Erinnerung, zugleich aber, weil ausgeleert, in derselben Zeit auch Unlust empfindet?

PROTARCHOS: Notwendig.

SOKRATES: Dann also wird der Mensch und die anderen Tiere zu gleicher Zeit Unlust haben und Lust.

PROTARCHOS: So kommt es heraus.

SOKRATES: Wie nun aber, wenn der Ausgeleerte ohne alle Hoffnung ist, zur Anfüllung zu gelangen, wird nicht dann erst jener zwiefache Zustand der Unlust eintreten, welchen du eben vorhin wahrnehmend
c in der Meinung standest, er finde schlechthin statt?

PROTARCHOS: Vollkommen richtig, o Sokrates.

SOKRATES: Diese Untersuchung also über diese Zustände wollen wir hierzu anwenden.

PROTARCHOS: Wozu?

SOKRATES: Wollen wir sagen, diese Empfindungen der Lust und Unlust wären wahr oder falsch? Oder einige wahr, andere nicht?

PROTARCHOS: Wie aber, o Sokrates, könnte wohl Lust oder Unlust falsch sein?

SOKRATES: Wie aber, o Protarchos, wäre dann Furcht wahr oder falsch, und Erwartungen wahr oder nicht, und Vorstellungen wahr oder falsch?

d PROTARCHOS: Vorstellungen möchte ich wohl zugeben, das andere aber nicht.

SOKRATES: Wie sagst du? Da werden wir wieder eine gar nicht kurze Rede aufregen müssen.

PROTARCHOS: Darin kannst du Recht haben.

SOKRATES: Aber ob sie auch zu dem vorigen sich schickt, o Sohn jenes Mannes, das müssen wir doch überlegen.

PROTARCHOS: Das wohl gewiß.

SOKRATES: Allen übrigen Weitläufigkeiten also wollen wir absagen und allem und jedem über das Gebührliche Hinausgehenden in der Rede.

PROTARCHOS: Richtig.

SOKRATES: Sage mir also, denn ich wundere mich immerfort über e
diese Schwierigkeiten, die wir jetzt vorgelegt haben.

PROTARCHOS: Wie meinst du?

SOKRATES: Also Lust könnte nicht einige wahr sein und andere falsch?

PROTARCHOS: Wie ginge das wohl?

SOKRATES: Also weder wachend noch im Traum gibt es nach deiner Behauptung noch im Wahnsinn oder sonst einem Zustand von Unvernunft irgendeinen, der wohl einmal glaubt, sich wohl zu befinden, befindet sich aber gar nicht wohl, noch auch wiederum glaubt, Unlust zu haben, hat aber gar keine.

PROTARCHOS: Alle nehmen wir immer an, o Sokrates, daß sich dies alles so verhalte.

SOKRATES: Aber auch mit Recht? Oder müssen wir erst untersuchen, ob dies richtig so gesagt wird oder nicht?

[22. Gibt es wahre und falsche Lust und Unlust?]

PROTARCHOS: Untersuchen muß man es wohl, würde ich wenigstens behaupten.

SOKRATES: Bestimmen wir aber noch genauer das eben Gesagte von 37 a
Lust und Vorstellung. Wir nennen doch etwas vorstellen?

PROTARCHOS: Ja.

SOKRATES: Und etwas Lust empfinden?

PROTARCHOS: Ja.

SOKRATES: Und das Vorgestellte ist doch auch etwas?

PROTARCHOS: Wie sollte es nicht!

SOKRATES: Und doch auch das, worüber das Lustempfindende Lust empfindet?

PROTARCHOS: Ei freilich.

SOKRATES: Und dem Vorstellenden, mag es nun richtig oder auch nicht richtig vorstellen, geht doch das niemals verloren, daß es in der Tat vorstellt?

PROTARCHOS: Wie wäre das auch möglich! b

SOKRATES: So auch dem Lustempfindenden, mag es nun richtig oder auch nicht richtig empfinden, wird doch, daß es in der Tat Lust empfinde, niemals verlorengehen?

PROTARCHOS: Richtig, auch dies verhält sich so.

SOKRATES: Auf welche Weise nun uns die Vorstellung zwar wohl falsch werden kann oder wahr, die Lust aber allein wahr, in der Tat

vorstellen jedoch und Lust haben beiden gleichermaßen zukommt,
das müssen wir bedenken.

Protarchos: Etwa daß zur Vorstellung immer Wahrheit und
c Falschheit hinzukommt und sie dadurch nicht nur Vorstellung, son-
dern auch jede eine von einer gewissen Beschaffenheit wird, meinst
du, wir müssen dies bedenken?

Sokrates: Ja. Nächstdem aber müssen wir auch, ob denn diese zwar
von gewisser Beschaffenheit sind, Lust aber und Unlust nur, was sie
sind, nicht aber von einer gewissen Beschaffenheit werden, auch dar-
über uns einigen.

Protarchos: Offenbar.

Sokrates: Allein, das ist ja gar nicht schwer zu sehen, daß auch
sie von gewisser Beschaffenheit sind. Denn schon lange sagen wir
ja, daß Lust und Unlust beide auch groß und klein und heftig werden.

d Protarchos: Allerdings wohl.

Sokrates: Wenn nun, o Protarchos, einer von ihnen Schlechtigkeit
zukommt, so werden wir doch sagen, daß so die Vorstellung schlecht
wird und auch die Lust schlecht.

Protarchos: Wie könnten wir wohl anders, o Sokrates.

Sokrates: Wie nun, wenn Richtigkeit oder das Gegenteil der Rich-
tigkeit einer von ihnen zukommt? Werden wir etwa nicht die Vor-
stellung, wenn sie Richtigkeit hat, eine richtige nennen, und die Lust
ebenso?

Protarchos: Notwendig.

e Sokrates: Wenn aber das Vorgestellte verfehlt ist, dann müssen
wir doch die verfehlende Vorstellung nicht als richtig anerkennen,
noch für richtig vorstellend?

Protarchos: Wie könnten wir auch!

Sokrates: Und wie, wenn wir ebenso eine Lust oder Unlust in Hin-
sicht auf das, woran Unlust empfunden wird oder das Gegenteil, feh-
len sehen, sollen wir sie dann richtig oder gut oder mit sonst einem
schönen Namen nennen?

Protarchos: Das ist freilich nicht möglich, wenn nur die Lust wird
fehlen können.

Sokrates: Aber es ist doch klar, daß die Lust uns oft nicht mit
einer richtigen, sondern mit einer falschen Vorstellung entsteht.

Protarchos: Wie sollte sie nicht? Und die Vorstellung, o Sokrates,
38 a nennen wir ja in einem solchen Falle dann falsch; nur die Lust selbst
wird doch wohl nie jemand als falsch beschreiben.

Sokrates: Du verteidigst ja jetzt die Sache der Lust gar eifrig.

Protarchos: Gar nicht; ich sage nur, was ich gehört habe.

Sokrates: Soll uns denn gar kein Unterschied sein, o Freund,
zwischen der Lust, die mit richtiger Vorstellung und mit Erkennt-
nis, und der, welche mit falscher und mit Unwissenheit oftmals je-
dem von uns einwohnt?

b Protarchos: Sie müssen ja wohl nicht wenig verschieden sein.

[23. Die Entstehung der wahren und falschen Vorstellungen und Bilder: der Schreiber und Maler in unserer Seele]

SOKRATES: So laß uns denn zur Betrachtung ihrer Verschiedenheit schreiten.

PROTARCHOS: Führe, wie es dir gut dünkt.

SOKRATES: So will ich denn so führen.

PROTARCHOS: Wie?

SOKRATES: Vorstellung, sagen wir doch, gibt es falsche und gibt auch wahre.

PROTARCHOS: Die gibt es.

SOKRATES: Und diesen, wie wir auch eben sagten, folgen Lust und Unlust gar oftmals, der wahren Vorstellung meine ich und der falschen.

PROTARCHOS: Allerdings.

SOKRATES: Und nicht wahr, aus dem Gedächtnis und der Wahrnehmung entsteht uns jedesmal die Vorstellung und das Bestreben, durch Vorstellung zu unterscheiden.

PROTARCHOS: Ganz gewiß. c

SOKRATES: Dünkt es uns nun nicht notwendig, daß wir uns hierbei so verhalten?

PROTARCHOS: Wie?

SOKRATES: Manchmal, wenn einer etwas von weitem Erblicktes nicht recht genau sieht, kommt es doch wohl vor, sagst du das nicht auch, daß er beurteilen will, was er sieht?

PROTARCHOS: Das sage ich auch.

SOKRATES: Und dann möchte wohl ein solcher sich selbst so anreden.

PROTARCHOS: Wie?

SOKRATES: Was ist doch wohl das, was mir da bei dem Felsen zu
stehen scheint unter einem Baume. Meinst du nicht, daß einer so zu d
sich selbst redet, dem irgend einmal dergleichen zu Gesicht kommt?

PROTARCHOS: Wie sollte er nicht?

SOKRATES: Und demnächst könnte er wohl gleichsam sich selbst antwortend bei sich sagen: Es ist ein Mensch, womit er das Wahre trifft.

PROTARCHOS: Sehr leicht.

SOKRATES: Verfehlt er aber die Sache, dann möchte er vielleicht sagen, was er gesehen, sei ein Schnitzwerk, das einige Hirten gemacht.

PROTARCHOS: Ganz wohl.

SOKRATES: Und wenn jemand mit ihm wäre, dann würde er das e
bei sich selbst Gesagte dem Anwesenden durch die Stimme darstellen, und so würde er wiederum ganz dasselbe wirklich aussprechen, und was wir vorher eine Meinung nannten, wäre dann eine Rede geworden.

PROTARCHOS: Wie könnte es anders sein?

SOKRATES: Ist er aber allein und denkt dieses nur für sich selbst, so geht er vielleicht längere Zeit hin und behält es bei sich.

PROTARCHOS: Allerdings.

SOKRATES: Wie nun? Kommt dir dieses wohl ebenso vor wie mir?

PROTARCHOS: Wie doch?

SOKRATES: Unsere Seele scheint mir dann einem Buche zu gleichen.

PROTARCHOS: Wie das?

39 a SOKRATES: Das mit den Wahrnehmungen übereinkommende Gedächtnis und jene Begegnisse, die mit diesen verbunden sind, scheinen mir dann in unsere Seelen gleichsam Reden einzuschreiben; und wenn dieses Vorkommnis Wahres schreibt, dann ist die Vorstellung wahr und es gehen aus ihm wahre Reden in uns hervor, wenn aber dieser Schreiber bei uns Falsches schreibt, so entsteht das Gegenteil von dem Richtigen.

b PROTARCHOS: Allerdings scheint mir das auch, und ich nehme das so Gesagte an.

SOKRATES: So nimm dann auch an, daß noch ein anderer Meister sich zu derselben Zeit in unseren Seelen befindet.

PROTARCHOS: Was für einer?

SOKRATES: Ein Maler, der nächst dem Schreiber des Gesprochenen die Bilder davon in der Seele zeichnet.

PROTARCHOS: Wie tut das der nun wieder und wann?

SOKRATES: Wenn einer, von dem Gesicht, oder welcher Sinn es
sonst sei, das damals Vorgestellte und Ausgesprochene losmachend,
c die Bilder des Vorgestellten und Gesprochenen irgendwie in sich
selbst sieht. Oder geschieht das etwa nicht bei uns?

PROTARCHOS: Gar sehr freilich.

SOKRATES: Sind nun nicht der richtigen Vorstellungen und Reden Bilder auch richtige, die der falschen aber falsche?

PROTARCHOS: Auf alle Weise.

SOKRATES: Wenn wir nun dies richtig bestimmt haben, so laß uns auch noch dieses dazu untersuchen.

PROTARCHOS: Welches doch?

SOKRATES: Ob uns mit dem Gegenwärtigen und Vergangenen dieses zwar notwendig so begegnet, mit dem Künftigen aber nicht.

PROTARCHOS: Mit allem aus allen Zeiten gewiß auf gleiche Weise.

d SOKRATES: Nun ist doch von der Lust und Unlust der Seele in dem Vorigen gesagt worden, daß sie vor der Lust und Unlust des Leibes vorher entstehen könnten, so daß uns also eine Vorlust und eine Vorunlust in bezug auf die künftige Zeit entsteht.

PROTARCHOS: Sehr wahr.

SOKRATES: Gibt es nun solche Schriften und Bilder, wie wir kurz
zuvor in uns entstehen ließen, zwar von der vergangenen und ge-
e genwärtigen Zeit, von der künftigen aber nicht?

PROTARCHOS: Ganz gewiß doch.

SOKRATES: Sagst du etwa ganz gewiß, weil sie ja alle, auf die künftige Zeit bezogen, Hoffnungen sind und wir unser ganzes Leben hindurch immer voll sind von Hoffnungen?

PROTARCHOS: Auf alle Weise freilich.

[24. An den Hoffnungen geführter Beweis, daß es falsche Lust gibt. Ist die Falschheit auch Grund der Schlechtigkeit?]

Sokrates: Wohlan denn, zu dem jetzt Erklärten beantworte mir auch noch dieses.

Protarchos: Was doch?

Sokrates: Ein gerechter und frommer und durchaus guter Mann, ist der nicht gottgeliebt?

Protarchos: Wie sollte er nicht!

Sokrates: Und der ungerechte und ganz und gar schlechte, ist der nicht ganz das Gegenteil von jenem? 40 a

Protarchos: Wie sollte er nicht!

Sokrates: Und vieler Hoffnungen, wie wir eben sagten, ist jeder Mensch voll?

Protarchos: Wie könnte einer anders!

Sokrates: In jedem von uns also sind solche Reden, welche wir Hoffnungen nannten.

Protarchos: Ja.

Sokrates: Und doch auch die gemalten Bilder. Und so kann einer oftmals sehen, daß er ungeheuer viel Gold hat und dabei große Lust, und auch sich selbst kann er in sich abgemalt sehen als gar höchlich erfreut.

Protarchos: Gar leicht. b

Sokrates: Sollen wir nun hiervon sagen, daß, was die guten Menschen so geschrieben in sich tragen, größtenteils wahr ist, weil sie gottgeliebt sind, was aber die schlechten, ganz im Gegenteil. Oder wollen wir das nicht sagen?

Protarchos: Gar sehr wollen wir es sagen.

Sokrates: Und auch die Schlechten haben ebensogut Lust bei sich abgemalt, nur ist es falsche.

Protarchos: Freilich wohl.

Sokrates: An falscher Lust also ergötzen sich meistenteils die c
Schlechten, die guten unter den Menschen aber an wahrer.

Protarchos: Ganz notwendig ist es so, wie du sagst.

Sokrates: Es gibt also nach dieser unserer jetzigen Rede allerdings in den Seelen der Menschen falsche Lust, welche der wahren nur ins Lächerliche sich nachbildet, und ebenso auch Unlust.

Protarchos: Es gibt.

Sokrates: Mußte nun nicht, wer nur überhaupt vorstellt, allerdings immer in der Tat vorstellen, aber doch bisweilen, was nicht ist noch war noch auch sein wird?

Protarchos: Freilich.

Sokrates: Und dies war es eben, glaube ich, woraus uns dann die d
unrichtige Vorstellung und das unrichtig Vorstellen entstand; nicht wahr?

Protarchos: Ja.

Sokrates: Und wie? Müssen wir nicht der Lust und Unlust eine diesen ganz ähnliche Beschaffenheit unter jenen Umständen beilegen?

PROTARCHOS: Wie das?

SOKRATES: Daß allerdings, wer nur überhaupt, sei es auch noch so eitler Weise, Lust hat, in der Tat jedesmal wirklich Lust hat, bisweilen jedoch an dem, was nicht ist und nicht gewesen ist, und oft, ja vielleicht meistenteils an dem, was auch niemals sein wird.

e PROTARCHOS: Auch das, o Sokrates, verhält sich notwendig so.

SOKRATES: Und dasselbe würde wohl auch gelten von Furcht und Ereiferung und allem ähnlichen, daß alles dergleichen auch bisweilen falsch ist.

PROTARCHOS: Allerdings.

SOKRATES: Und wie? Können wir wohl anders Vorstellungen schlecht und gut nennen, als weil sie wahr sind oder falsch?

PROTARCHOS: Nicht anders.

SOKRATES: Und auch Lust, meine ich, können wir nicht merken, daß sie auf andere Weise schlecht ist als dadurch, daß sie falsch ist.

41 a PROTARCHOS: Wohl ganz das Gegenteil von dem, was du sagst, Sokrates. Denn des Falschen wegen würde einer Lust und Unlust wohl gar nicht für schlecht halten, wohl aber, wenn sie in viele andere große Schlechtigkeit hineingeraten.

SOKRATES: Von der schlechten Lust also, welche durch Schlechtigkeit eine solche ist, wollen wir hernach bald reden, wenn es uns noch so bedünkt; wie aber die falschen auch noch auf andere
b Weise viel und oft uns beschleichen und einwohnen, muß erwähnt werden; denn dies werden wir vielleicht brauchen zu unserer Beurteilung.

PROTARCHOS: Warum nicht? Wenn es nur welche gibt!

SOKRATES: Aber, Protarchos, es gibt deren wohl nach meiner Meinung; und solange diese Annahme uns vorliegt, kann sie unmöglich ununtersucht bleiben.

PROTARCHOS: Schön.

[25. Entstehung des Falschen von Lust und Unlust beim Nebeneinanderstellen beider]

SOKRATES: So laß uns denn wie Kämpfer auch gegen diesen Satz uns wieder stellen.

PROTARCHOS: Komm.

SOKRATES: Wir haben doch vor kurzem in dem vorigen, wenn wir
c uns dessen erinnern, gesagt, daß wenn, was wir Begierden nennen, in uns sind, der Leib ganz getrennt und gesondert von der Seele in seinen Zuständen abgeteilt ist.

PROTARCHOS: Dessen erinnere ich mich, und es ist vorher gesagt worden.

SOKRATES: Und nicht wahr, das, was begehrt, nämlich die den Beschaffenheiten des Leibes entgegengesetzten Beschaffenheiten, war die Seele, das aber, was den Schmerz oder irgendeine aus einer Erregung hervorgehende Lust darbietet, war der Leib.

PROTARCHOS: So war es freilich.

SOKRATES: So rechne denn zusammen, was dabei geschieht.

PROTARCHOS: Sprich.

SOKRATES: Es geschieht dabei, daß, wenn sich dies so verhält, als- d dann Lust und Unlust zugleich in uns liegen, und daß das Bewußtsein beider, die doch entgegengesetzt sind, uns miteinander entsteht, was sich uns auch eben gezeigt hat.

PROTARCHOS: Das scheint freilich wohl.

SOKRATES: War nun nicht auch dieses gesagt worden und steht uns fest als vorher eingestanden?

PROTARCHOS: Welches doch?

SOKRATES: Daß Lust und Unlust beide das Mehr und Minder aufnehmen und zum Unbegrenzten gehören.

PROTARCHOS: Das ist gesagt. Warum?

SOKRATES: Was ist nun wohl für Rat, um dieses richtig zu beurteilen?

PROTARCHOS: Was nur und wie? e

SOKRATES: Wenn doch unsere Absicht, dieses zu beurteilen, in dergleichen jedesmal dahin geht zu unterscheiden, welche von ihnen wohl mit den andern verglichen größer ist und kleiner, und welche es in höherem Grade ist und stärker, sowohl Unlust mit Lust verglichen als auch Unlust mit Unlust und Lust mit Lust.

PROTARCHOS: So ist es allerdings, und dies ist die Absicht der Beurteilung.

SOKRATES: Wie also? Beim Gesicht leidet die Wahrheit, wenn man Größen von nahe und von fern sieht, und dies bewirkt falsche Vor- 42 a stellungen, und bei Lust und Unlust sollte nicht dasselbe eintreten?

PROTARCHOS: Noch weit mehr wohl, o Sokrates.

SOKRATES: Ganz entgegengesetzt kommt aber das Jetzige her aus dem kurz Vorherigen.

PROTARCHOS: Welches meinst du?

SOKRATES: Damals nämlich waren es die Vorstellungen, welche, je nachdem sie wahr oder falsch ausfielen, auch die Lust und Unlust mit dem, was ihnen selbst begegnet war, anfüllten.

PROTARCHOS: Vollkommen wahr. b

SOKRATES: Jetzt aber, weil sie selbst abwechselnd bald von weitem, bald von nahem gesehen und zugleich eine neben die andere gestellt wird, erscheint die Lust neben das Unangenehme gestellt größer und stärker, die Unlust aber neben das Angenehme gestellt im Gegenteil.

PROTARCHOS: Dergleichen erfolgt wohl notwendig aus dieser Ursache.

SOKRATES: Wenn du also das, um wieviel jede von ihnen größer oder kleiner erscheint, als sie wirklich ist, dieses Erscheinende aber nicht Seiende von beiden abschneidest: so wirst du weder von ihm c selbst sagen können, daß es richtig erscheine, noch auch wirst du dich jemals, was von Lust und Unlust auf diesen Teil fällt, getrauen richtig und wahr zu nennen.

Protarchos: Freilich nicht.

Sokrates: Gleich nach diesem laß uns nun sehen, ob wir nicht darauf treffen, daß noch ärgere falsche Lust und Unlust als diese in den lebendigen Wesen erscheint und ist.

Protarchos: Wie doch, und was für welche meinst du?

[26. Aufstellung von drei verschiedenen Lebenszuständen: das angenehme, das unangenehme und das weder angenehme noch unangenehme Leben]

Sokrates: Es ist doch schon oft gesagt worden, daß, wenn die Natur eines jeden zerstört wird durch Vermischungen und Aussonderun-
d gen, durch Anfüllungen und Ausleerungen oder gewisse Vermehrungen und Abnahmen, alsdann Unlust, Beschwerde, Schmerz und alles, was dergleichen Namen führt, zu entstehen pflege.

Protarchos: Ja, das ist oft schon gesagt.

Sokrates: Wenn es aber wieder zu seiner eigenen Natur zurückkehrt, diese Rückkehr, setzten wir bei uns fest, sei Lust.

Protarchos: Richtig.

Sokrates: Wie nun aber, wenn an unserm Leibe keines von beiden wirklich vorgeht?

Protarchos: Wann könnte das aber wohl sein, o Sokrates?

e Sokrates: Die Frage tut gar nichts zur Sache, die du jetzt vorbringst.

Protarchos: Wieso nicht?

Sokrates: Weil sie mich doch nicht hindert, meine Frage dir noch einmal aufzuwerfen.

Protarchos: Welche?

Sokrates: Wenn nun dergleichen gar nicht stattfände, werde ich immer sagen, was würde uns daraus notwendig folgen?

Protarchos: Du meinst, wenn der Leib auf keine von beiden Seiten bewegt würde?

Sokrates: Eben das.

Protarchos: Offenbar doch wohl dieses, o Sokrates, daß in einem solchen dann weder Lust wäre noch auch irgendeine Unlust.

43 a Sokrates: Sehr richtig gesagt. Nur meinst du, glaube ich, es müsse dergleichen immer etwas in uns sein, wie die Weisen sagen; denn es fließt alles immer nach oben oder unten.

Protarchos: Das sagen sie freilich, und es dünkt mich gar nicht schlecht.

Sokrates: Wie sollte es auch, da sie selbst nicht schlecht sind! Aber ich möchte dieser Rede gern ausweichen, die mir entgegenkommt. Hierher denke ich deshalb zu fliehen, und fliehe du nur mit.

Protarchos: Sage nur wie.

Sokrates: Das soll freilich so sein, wollen wir zu ihnen sprechen.
b Du aber beantworte mir nur dieses, ob denn immer alles, was nur einem beseelten Wesen begegnet, auch von dem wahrgenommen wird, dem es begegnet, und wir auch nicht einmal wachsen, ohne es zu mer-

ken, noch sonst etwas dergleichen so mit uns vorgeht, oder ganz das Gegenteil?

Protarchos: Ganz im Gegenteil freilich. Denn fast alles dieser Art entgeht uns gänzlich.

Sokrates: Also war uns das noch eben Gesagte nicht ganz richtig gesagt, daß die Veränderungen nach oben und unten Lust und Unlust bewirken.

Protarchos: Wieso nicht?

Sokrates: Besser und untadelhafter wäre es so ausgedrückt. c

Protarchos: Wie doch?

Sokrates: Die großen Veränderungen verursachen uns Lust und Unlust, die mittelmäßigen und kleinen aber ganz und gar keines von beiden.

Protarchos: Richtiger als jenes ist dieses allerdings, o Sokrates.

Sokrates: Und ist nun dieses so, so kommt ja der eben angeführte Lebenszustand schon wieder.

Protarchos: Welcher doch?

Sokrates: Von dem wir sagten, er sei schmerzlos und auch ohne Vergnügungen.

Protarchos: Du hast ganz recht.

Sokrates: Wollen wir uns nun hieraus dreierlei Leben bilden, das eine unangenehm, das andere angenehm, das dritte keins von d
beiden? Oder wie wolltest du es anders sagen?

Protarchos: Gar nicht anders, sondern so, daß es diese dreierlei gibt.

Sokrates: Und nicht Unlust haben ist doch niemals dasselbe wie Lust haben?

Protarchos: Wie sollte es auch?

Sokrates: Wenn du also hörst, es sei das angenehmste, schmerzlos sein ganzes Leben hinzubringen, was denkst du dir wohl, daß ein solcher dann sagt?

Protarchos: Mir wenigstens scheint ein solcher das Nicht-Unlusthaben für das Angenehme auszugeben.

Sokrates: Von drei verschiedenen Dingen beliebiger Art nun setze e
mir, damit wir nur schönere Namen dafür haben, das eine als Gold, das andere als Silber, das dritte als keines von beiden.

Protarchos: Das steht nun fest.

Sokrates: Jenes ‹keines von beiden› nun, kann das wohl eines von den beiden andern werden, Gold oder Silber?

Protarchos: Wie wäre es möglich!

Sokrates: Also auch der mittlere Zustand kann niemals mit Recht angenehm oder schmerzlich vorgestellt werden, wenn ihn sich einer vorstellen will, noch genannt werden, wenn ihn einer so nennen wollte, nach richtiger Weise wenigstens nicht.

Protarchos: Wie ginge das auch!

Sokrates: Aber doch, o Freund, merken wir welche, die dieses sa- 44 a
gen und sich so vorstellen.

PROTARCHOS: Gar sehr.

SOKRATES: Glauben sie also dann Lust zu haben, wenn sie ohne Unlust sind?

PROTARCHOS: Sie sagen es wenigstens.

SOKRATES: Also glauben sie doch, dann Lust zu haben. Denn sie würden es ja nicht sagen.

PROTARCHOS: Das scheint wohl.

SOKRATES: Und Falsches denken sie also von der Lust, wenn doch ‹nicht Unlust haben› und ‹Lust haben› jedes etwas Besonderes für sich ist.

PROTARCHOS: Etwas Besonderes sind ja beide ganz gewiß.

SOKRATES: Wollen wir nun bei uns festsetzen, wie eben, daß dieses
b dreierlei ist, oder nur zweierlei, indem die Unlust das Übel für die Menschen und die Befreiung von der Unlust, weil eben dieses das Gute ist, das Angenehme genannt wird?

[27. Die These derjenigen, die leugnen, daß es überhaupt Lust gibt]

PROTARCHOS: Wie denn, o Sokrates, werden wir dies nun von uns selbst gefragt? Denn ich verstehe nicht.

SOKRATES: Du verstehst eben in der Tat die rechten Feinde unseres Philebos nicht, o Protarchos.

PROTARCHOS: Welche, meinst du denn, sind es?

SOKRATES: Gar gewaltige Leute in Sachen der Natur, welche behaupten, es gebe ganz und gar keine Lust.

PROTARCHOS: Wieso doch?

c SOKRATES: Dies insgesamt wären nur Abwesenheiten der Unlust, was Philebos und die Seinigen jetzt Lust nennen.

PROTARCHOS: Rätst du nun, daß wir diesen folgen, o Sokrates, oder wie?

SOKRATES: Gar nicht; aber wir wollen sie gebrauchen wie Wahrsager, die nicht aus Kunst, sondern aus einer gewissen verdrießlichen Strenge ihrer nicht unedlen Natur wahrsagen, gewaltig erbittert gegen die Kraft der Lust und sie für nichts Gesundes haltend, so daß auch eben dieser ihr Reiz ein Zaubermittel sei, nicht Lust. Diese
d kannst du hierzu gut brauchen, wenn du erst auch ihre andern verdrießlichen Reden noch erwogen hast. Nachher aber sollst du, was ich für wahrhafte Lust halte, erfahren, damit wir so nach Maßgabe beider Reden die Kraft der Lust in Betrachtung und zum Spruch ziehen.

PROTARCHOS: Richtig gesprochen.

SOKRATES: Laß uns also diesen wie Bundesgenossen auf den Spuren ihrer Verdrießlichkeit nachgehen. Ich denke mir nämlich, daß sie irgendwoher von oben anfangend ungefähr so sagen: Wenn wir
e irgend eines Begriffes Natur in Betracht ziehen wollten, wie zum Beispiel die des Harten, würden wir, wenn wir auf die härtesten Dinge sähen, sie so am besten auffassen, oder wenn auf die, welche nur ein kleinstes Teilchen Härte haben? Du mußt aber, o Protarchos, wie vorher mir, so auch nun diesen Gestrengen antworten.

PROTARCHOS: Allerdings, und ich sage ihnen also, auf das größte in seiner Art.

SOKRATES: Also auch, wenn wir nun den Begriff der Lust, was für eine Natur sie wohl hat, betrachten wollten, müßten wir nicht auf die kleinsten Lüste sehen, sondern auf die, welche für die schärfsten 45 a
und stärksten gelten.

PROTARCHOS: Das würde dir jetzt wohl jeder zugeben.

SOKRATES: Sind nun nicht, die wir gleich bei der Hand haben, welche auch die größten Lüste sind, wie wir oft sagen, diese, die den Leib angehen?

PROTARCHOS: Wie sollten sie nicht!

SOKRATES: Sind nun diese und werden größer bei den Kranken oder bei den Gesunden? Wir wollen uns aber in acht nehmen, daß wir nicht voreilig antwortend fehltreten. Wir könnten nämlich leicht sagen: bei den Gesunden. b

PROTARCHOS: Wahrscheinlich wohl.

SOKRATES: Wie aber? Ragen nicht diejenigen hervor unter den Lüsten, denen auch die größten Begierden vorangehen?

PROTARCHOS: Das ist wohl wahr.

SOKRATES: Aber haben nicht die Fieberkranken und mit ähnlichen Übeln Behafteten mehr Durst und Frost, und was sie sonst am Leibe zu leiden pflegen, und beständig mehr Bedürfnisse und deshalb auch, wenn diese befriedigt werden, größere Lust? Oder sollen wir nicht sagen, daß das wahr sei?

PROTARCHOS: Allerdings leuchtet das jetzt sehr ein.

SOKRATES: Wie also? Scheinen wir nun wohl richtig zu sagen, daß, c
wenn jemand die größte Lust sehen will, er nicht zur Gesundheit, sondern zur Krankheit gehen muß, um sie da zu betrachten? Sieh aber zu, daß du nicht etwa glaubst, ich meinte mit meiner Frage, daß die Kranken mehr Vergnügen hätten als die Gesunden; sondern denke, ich suche nur die Größe der Lust und das Heftige derselben, wo sich das wohl jedesmal findet. Denn wir müssen einsehen, welche Natur sie hat und was doch die von ihr meinen, welche behaupten, es gebe sie ganz und gar nicht.

PROTARCHOS: Ich folge nun wohl deiner Rede. d

[28. Beispiele der Mischung größter Lust und Unlust in krankhaften Zuständen]

SOKRATES: Bald, o Protarchos, wirst du es nicht weniger an den Tag legen. Antworte nur. Siehst du größere Lust — ich sage nicht mehrere, sondern an Heftigkeit und Stärke hervorragende — im Übermut oder in dem besonnnenen Leben? Nimm dich aber gut zusammen bei der Antwort.

PROTARCHOS: Ich verstehe schon, was du meinst, und sehe einen großen Unterschied. Denn die Besonnenen hält schon das Sprichwort zurück, welches ihnen jedesmal das ‹Nichts zuviel› einschärft, und e
dem sie gehorchen. Die Unsinnigen aber und Übermütigen nimmt

die heftige Lust bis zum Wahnsinn ein und macht sie ganz verrufen.

Sokrates: Schön! Und wenn sich dies so verhält, ist doch offenbar, daß in einer gewissen Verderbtheit des Leibes und der Seele, und nicht in ihrer rechten Tüchtigkeit, die größte Lust und Unlust entsteht.

Protarchos: Allerdings.

Sokrates: Von diesen also müssen wir uns einige vornehmen und betrachten, wie sie sich doch verhalten, daß wir sagen, sie seien die größten.

46 a Protarchos: Notwendig.

Sokrates: So betrachte denn die Lüste in solchem krankhaften Zustande, auf welche Weise sie sich verhalten.

Protarchos: In was für welchem?

Sokrates: Die Lust in ekelhaften Krankheiten, die eben von unsern vorigen Verdrießlichen so ausnehmend gehaßt wird.

Protarchos: Was für welche?

Sokrates: Nun, wie sie sich zum Beispiel die Krätze heilen durch Reiben und mehreres dergleichen, was keines andern Mittels bedarf; denn eben dieses Gefühl, bei den Göttern, was sollen wir denn sagen, daß es in uns ist? Lust oder Unlust?

Protarchos: Ein gemischtes Übel, o Sokrates, scheint dies zu sein.

b Sokrates: Gar nicht des Philebos wegen habe ich diese Rede vorgebracht, o Protarchos; allein ohne diese Lust und die damit zusammenhängenden, wenn man sie nicht beachtet, würden wir fast nicht imstande sein, das zu entscheiden, wonach jetzt gefragt wird.

Protarchos: So laß uns denn weitergehen zu den mit diesen verwandten.

Sokrates: Welche an der Mischung teilhaben, meinst du.

Protarchos: Eben die.

Sokrates: Es gibt also einige Mischungen, die nur den Leib betref-
c fen, in den Leibern selbst, andere der Seele allein in der Seele; die aber, worin des Leibes und der Seele Lust und Unlust untereinander gemischt vorkommen, werden wir finden, daß sie zusammengenommen bald Lust, bald Unlust genannt werden.

Protarchos: Wieso?

Sokrates: Wenn einer in der Wiederherstellung oder in der Störung Entgegengesetztes zugleich erleidet, als ein Frierender sich wärmt oder als ein Erhitzter sich abkühlt, indem er eigentlich sucht, so denke ich, das eine zu haben und das andere loszuwerden: so verursacht dieses gemischte sogenannte Bittersüße, wenn es anhält, weil
d das eine nicht verschwinden will, Unwillen und hernach eine heftige Spannung.

Protarchos: Sehr richtig trifft das eben Erklärte.

Sokrates: Sind nun nicht diese Mischungen teils aus gleicher Lust und Unlust, teils aus einer von beiden überwiegend?

Protarchos: Wie sollten sie nicht.

Sokrates: So sage denn, die, in welchen mehr Unlust als Lust sich

findet, seien eben diese jetzt angeführten von der Krätze und dem Gurgeln: wenn das Brennende und Entzündete inwendig ist und einer mit Reiben und Kratzen nicht dazu kommt, sondern nur die äußere Oberfläche reizt, dann, indem man sie in das Feuer bringt e
und in das Gegenteil, aus Ratlosigkeit wechselnd, erregt man bisweilen überschwengliche Lust, bald aber im Gegenteil den inneren Teilen im Verhältnis zu den äußeren mit Lust vermischte Unlust, wohin es nun auch ausschlage, wobei man bald Verbundenes mit Gewalt trennt, bald Gesondertes mischt und somit der Unlust Lust 47 a
beigesellt.

Protarchos: Vollkommen richtig.

Sokrates: Und nicht wahr, wenn bei allem diesem ein größerer Anteil Lust eingemischt wird, so verursacht die beigemischte Unlust nur gelinden Reiz und Unruhe, die weit reichlicher eingeflößte Lust aber spannt an und macht bisweilen springen, und indem sie allerlei vielfach wechselnde Farben und Gebärden und Atemzüge herausbringt, bringt sie unsinniges Entzücken und Geschrei hervor?

Protarchos: So ist es freilich. b

Sokrates: Und macht, daß einer von sich selbst sagt und auch andere, es sei fast zum Sterben, wie diese Lüste ergötzen. Und diesen geht nun jeder um so mehr nach, je unbändiger und unvernünftiger er ist, und nennt diese die größten, und wer in diesen am meisten lebt, den schätzt er für den glückseligsten.

Protarchos: Alles, o Sokrates, was sich bei den Menschen aus der Menge als Meinung ergibt, hast du ausgeführt.

Sokrates: Von den Lüsten jedenfalls, o Protarchos, bei denen in c
den gemeinsamen Erregungen des Leibes allein die inneren und äußeren vermischt werden. Von denen aber, wobei die Seele dem Leibe Entgegengesetztes beiträgt, Unlust sowohl zur Lust als Lust zur Unlust, so daß beides in eine Mischung eingeht, haben wir dieses zwar vorher schon ausgeführt, daß, wenn einer ausgeleert ist, er nach Anfüllung strebt und, sofern er hofft, sich zwar freut, sofern er aber ausgeleert ist, Schmerz hat; dieses aber haben wir damals nicht erklärt, sagen es aber jetzt, daß, wo die Seele von dem Leibe abweicht, d
in allen diesen unzähligen Fällen, alles in *eine* Mischung von Lust und Unlust zusammenfällt.

Protarchos: Du scheinst vollkommen richtig zu reden.

[29. Die Mischung von Lust und Unlust in der Seele selbst. Erklärung des Lächerlichen und des Neides]

Sokrates: Von allen Mischungen der Lust und Unlust ist uns also nur noch eine übrig.

Protarchos: Welche meinst du?

Sokrates: Welche wir sagten, daß die Seele selbst für sich oftmals annimmt.

Protarchos: Wie aber meinen wir dies eigentlich?

Sokrates: Zorn und Furcht und Verlangen und Wehmut und Lie- e bespein und Eifersucht und Neid und was dergleichen ist, setzt du das nicht als Unlust der Seele selbst?

PROTARCHOS: Ich allerdings.

SOKRATES: Und werden wir dies alles nicht unsäglicher Lust voll finden? Oder ist erst Not uns zu erinnern an das ‹der selbst auch den Weiseren pflegt zu erbittern, der weit süßer zuerst denn sanft eingleitender Honig›, und an die Lust, welche bei Wehmut und Sehnsucht mit der Unlust gemischt ist?

48 a

PROTARCHOS: Nein, sondern nur so und anders nicht kann dieses sich verhalten.

SOKRATES: Und wenn sie die Tragödien sehen, erinnerst du dich wohl, wie sie zugleich sich ergötzend doch weinen?

PROTARCHOS: Wie sollte ich nicht!

SOKRATES: Wie aber unsere Seele bei den Komödien bewegt ist, weißt du wohl, daß auch darin eine Mischung von Lust und Unlust liegt?

PROTARCHOS: Das verstehe ich nicht recht.

b SOKRATES: Ganz gewiß ist es auch gar nicht leicht, o Protarchos, hierin den jedesmaligen Zustand dieser Art zu erkennen.

PROTARCHOS: Freilich nicht, wie mir wenigstens scheint.

SOKRATES: Nehmen wir indes dies um so lieber vor, je dunkler es ist, damit einer auch in anderen Fällen desto leichter eine Mischung von Lust und Unlust erkennen könne.

PROTARCHOS: So erkläre es denn.

SOKRATES: Was wir eben vorher auch nannten, Neid, verstehst du unter diesem Worte eine Unlust der Seele, oder wie?

PROTARCHOS: So.

SOKRATES: Wer aber neidet, der wird sich wohl immer über die Übel des Nächsten erfreut zeigen.

c PROTARCHOS: Gar sehr allerdings.

SOKRATES: Und ein Übel ist doch Unwissenheit, und was wir sonst Unfähigkeit nennen?

PROTARCHOS: Wie sollte sie nicht!

SOKRATES: Hieraus nun sieh, welches eigentlich die Natur des Lächerlichen ist.

PROTARCHOS: Sprich nur.

SOKRATES: Es ist also eine Schlechtigkeit, die von einer gewissen Beschaffenheit den Beinamen hat, und zwar von der gesamten Schlechtigkeit der Teil, welcher den entgegengesetzten Zustand enthält des von dem delphischen Spruch ausgedrückten.

PROTARCHOS: Meinst du das ‹Kenne dich selbst›, o Sokrates?

d SOKRATES: Allerdings. Und offenbar wäre doch sich selbst nie zu kennen das Gegenteil von jenem.

PROTARCHOS: Wie sollte es nicht?

SOKRATES: O Protarchos, versuche also eben dieses dreifach zu teilen.

PROTARCHOS: Auf welche Weise meinst du? Ich werde es wohl nicht können.

Sokrates: Du meinst also wohl, für diesmal soll ich es nur abteilen?

Protarchos: Und bitte dich darum außer dem, daß ich es meine.

Sokrates: Muß nun nicht denen, welche sich selbst verkennen, dies in Hinsicht auf drei Stücke begegnen?

Protarchos: Wieso?

Sokrates: Zuerst in Hinsicht auf Geld und Gut, daß sich einer e
für reicher hält als sein Vermögen beträgt.

Protarchos: Sehr vielen begegnet dieses.

Sokrates: Und noch mehreren wohl, daß sie sich für größer und schöner und, was sonst den Leib betrifft, für ausgezeichneter halten, als ihnen der Wahrheit nach zukommt.

Protarchos: Freilich.

Sokrates: Bei weitem die meisten aber, glaube ich, verfehlen es in Hinsicht des dritten Stückes, nämlich dessen, was in der Seele ist, indem sie sich selbst für besser halten in der Tugend, ohne es zu sein.

Protarchos: Bei weitem allerdings.

Sokrates: Und unter allen Tugenden ist es nicht vorzüglich auf 49 a
die Weisheit, daß die Menge auf alle Weise Anspruch macht und deshalb voll Streites ist und falscher Dünkelweisheit?

Protarchos: Wie könnte es anders sein.

Sokrates: Und wer nun jeden solchen Zustand ein Übel nennte, würde ihn wohl ganz recht benennen.

Protarchos: Gar sehr gewiß.

Sokrates: Dieser nun muß noch halbiert werden, o Protarchos, wenn wir den scherzhaften Neid sehen und darin eine wunderbare
Mischung von Lust und Unlust erkennen sollen. Wie nun halbieren b
wir, sagst du? Alle, welche diese falsche Meinung von sich selbst unsinnigerweise hegen, von denen muß doch, wie von allen anderen Menschen, so auch ganz notwendigerweise von ihnen, einigen Stärke und Macht zukommen und andern, denke ich, das Gegenteil.

Protarchos: Notwendig.

Sokrates: Hiernach also teile, und so viele von ihnen aus Schwachheit solche sind und unvermögend, wenn sie ausgelacht werden, sich zu rächen, wenn du von diesen sagst, daß sie lächerlich sind, wirst du wohl ganz richtig reden; die sich aber rächen können, wenn du die als furchtbar und schändlich und feindselig bezeichnest, wirst
du dir selbst die richtigste Erklärung über sie geben. Denn die Un- c
wissenheit der Mächtigen ist feindselig und schändlich, denn sie ist auch den Nächsten verderblich, sie selbst und ihre Abbilder; die schwache aber fällt uns in die Natur und das Gebiet des Lächerlichen.

Protarchos: Vollkommen richtig. Allein die Mischung der Lust und Unlust darin ist mir noch nicht deutlich.

Sokrates: Nimm also zuerst das Wesen des Neides vor.

Protarchos: Erkläre es nur.

Sokrates: Er ist doch eine ungerechte Unlust und Lust? d

PROTARCHOS: Das wohl notwendig.

SOKRATES: Nun ist doch über der Feinde Übel weder ungerecht noch neidisch sich zu freuen?

PROTARCHOS: Wie sollte es!

SOKRATES: Wenn man aber Übel der Freunde sieht, dann bisweilen sich nicht zu betrüben, sondern zu freuen, ist das nicht ungerecht?

PROTARCHOS: Wie sollte es nicht?

SOKRATES: Und die Unwissenheit, sagen wir doch, ist ein Übel für alle?

PROTARCHOS: Richtig.

SOKRATES: Der Freunde Dünkelweisheit nun und Dünkelschönheit,
e und was wir eben anführten als unter drei Arten verteilt, ist doch lächerlich, soviel davon schwach ist, verhaßt aber, soviel davon stark ist? Oder wollen wir nicht mehr zugeben, was ich vorhin sagte, daß diese Beschaffenheit, wenn einer der Freunde sie auf eine für andere unschädliche Art an sich hat, lächerlich ist?

PROTARCHOS: Allerdings wollen wir.

SOKRATES: Und erkennen wir sie nicht als ein Übel an, da sie doch Unwissenheit ist?

PROTARCHOS: Gar sehr.

SOKRATES: Freuen wir uns nun oder sind wir betrübt, wenn wir über sie lachen?

50 a PROTARCHOS: Offenbar freuen wir uns.

SOKRATES: Und Lust an der Freunde Übel, sagten wir nicht, daß der Neid es sei, der diese bewirke?

PROTARCHOS: Notwendig.

SOKRATES: Wenn wir also über unserer Freunde Lächerlichkeiten lachen, sagt die Rede, daß wir Lust dem Neide beimischend die Lust der Unlust beimischen; denn der Neid sei uns schon lange bestimmt als eine Unlust der Seele, das Lachen aber als Lust, und beides sei hierbei zu gleicher Zeit vorhanden.

PROTARCHOS: Richtig.

b SOKRATES: Und so deutet uns die Rede an, daß auch in Klagedichten und Trauerspielen, nicht denen auf der Bühne nur, sondern auch in dem gesamten Trauerspiel und Lustspiel des Lebens, Unlust mit Lust zugleich gemischt sei und so in tausend anderen Dingen.

PROTARCHOS: Es ist unmöglich, dies nicht einzugestehen, o Sokrates, wenn einer auch ganz hartnäckig auf dem Gegenteil bestehen wollte.

[30. Allgemeines Vorkommen der mit Unlust gemischten Lust]

SOKRATES: Und Zorn und Sehnsucht und Wehmut und Furcht und
c Liebe und Eifersucht und Neid hatten wir uns doch vorgehalten, daß darin, wie wir behaupteten, das nun schon so oft Genannte sich müßte vermischt finden. Nicht wahr?

PROTARCHOS: Ja.

Sokrates: Und wir sehen doch ein, daß von Wehmut und Neid und Zorn das jetzt Durchgeführte alles wirklich handelt.

Protarchos: Wie sollten wir das nicht einsehen?

Sokrates: Viel anderes aber ist doch noch übrig?

Protarchos: Gar sehr.

Sokrates: Weshalb nun denkst du wohl, daß ich dir vorzüglich
die Mischung in der Komödie gezeigt habe? Nicht um glaublich zu
machen, daß in Furcht und Liebe und dem Übrigen noch leichter ist d
die Mischung aufzuweisen, und damit, wenn du dies bei dir selbst
festgestellt hättest, du mir erlassen möchtest, erst zu jenen auch zu
gehen und die Rede dadurch in die Länge zu ziehen, sondern dieses
schlechthin annehmen, daß sowohl der Leib ohne die Seele als die
Seele ohne den Leib und beide miteinander in ihren Zuständen voll
sind der mit Unlust gemischten Lust? Nun sage also, ob du es mir
erläßt, oder ob du Mitternacht heranbringen willst. Ich denke aber,
wenn ich nur noch weniges gesagt habe, von dir zu erlangen, daß
du mich gehen läßt. Denn von diesem allen insgesamt will ich dir
morgen Rechenschaft ablegen; jetzt aber möchte ich auf das übrige e
lossteuern zu dem Urteile, welches Philebos fordert.

Protarchos: Wohl gesprochen, o Sokrates. Also nimm nur durch, was wir noch vor uns haben, wie es dir lieb ist.

[31. Die reine Lust an Gestalt, Farben, Tönen, Gerüchen und Kenntnissen]

Sokrates: Der Natur gemäß sollten wir nun nach den gemischten Vergnügungen vermöge einer Art von Notwendigkeit zu den ungemischten an ihrem Teil übergehen.

Protarchos: Wohl gesprochen. 51 a

Sokrates: Ich will also versuchen, umwendend sie uns zu bezeichnen. Denn denen, welche sagen, daß alle Lust nur Aufhören der Unlust sei, kann ich nicht recht glauben; sondern wie ich schon sagte, ich brauche sie nur zu Zeugen dafür, daß es allerlei scheinbare Lust gibt, welche wirklich keine ist, und daß noch vielerlei andere gar groß erscheint, welche aber zugleich gemischt ist mit Unlust und mit Erholungen von den größten Schmerzen in Ratlosigkeit Leibes und der Seelen.

Protarchos: Aber welche, o Sokrates, könnte wohl einer als wahr b
annehmen, der richtig darüber denken wollte?

Sokrates: Die an den schönen Farben und Gestalten und die meisten, die von Gerüchen herrühren und Tönen, und alles, was nach einem unmerklichen und schmerzlosen Bedürfnis uns eine merkliche und angenehme Befriedigung rein von Unlust gewährt.

Protarchos: Wie ist das nun wieder eigentlich gemeint, o Sokrates?

Sokrates: Freilich ist wohl nicht sogleich deutlich, was ich meine,
man muß aber versuchen, es deutlich zu machen. Ich versuche also c
als Schönheit der Gestalten dir nicht, was wohl die meisten glauben

möchten, zu erklären, etwa die der lebenden Körper oder die gewisser Gemälde; sondern ich nenne etwas gerade, sagt meine Erklärung, und etwas rund, und aus diesen wiederum die Flächen und Körper, welche gedreht werden oder durch Richtschnur und Winkelmaß bestimmt, wenn du mich verstehst. Denn diese, sage ich, sind nicht in Beziehung auf etwas schön wie anderes, sondern immer an und für sich sind sie ihrer Natur nach schön und haben eine eigen-
d tümliche Lust, die nichts mit der des Kitzels zu schaffen hat; und so auch Farben sind nach dieser selben Weise schön und haben ihre Lust. Aber verstehen wir es auch, oder wie?

PROTARCHOS: Ich bemühe mich wohl, o Sokrates; bemühe nur auch du dich, es noch deutlicher zu erklären.

SOKRATES: Ich sage also, daß auch von den Tönen jene sanften und hellen Klänge, welche *einen* bestimmten reinen Gesang von sich geben, nicht in bezug auf etwas schön sind, sondern an und für sich, und daß ihnen mitgeborene Lust sie begleitet.

PROTARCHOS: Auch das ist allerdings so.

e SOKRATES: Die an den Gerüchen ist nun freilich eine weniger göttliche Art von Lust als diese; aber daß ihnen doch keine notwendige Unlust beigemischt ist, wo immer und woran uns dieses sich zeigt, das setze ich insgesamt jenen entgegen. Also, wenn du es verstehst, nennen wir dieses die zwei Arten der Lust.

PROTARCHOS: Ich verstehe.

SOKRATES: Laß uns nun diesen noch beifügen die Lust an Kenntnis-
52 a sen, wenn doch auch diese uns bedünken, nicht einen Hunger nach dem Erkennen bei sich zu haben noch ursprüngliche, aus dem Hunger nach Kenntnissen entstehende Schmerzen.

PROTARCHOS: So dünkt es mich freilich auch.

SOKRATES: Und wie? Wenn nun denen, die mit Erkenntnissen angefüllt sind, hernach Verlust derselben eintritt durch Vergessen, siehst du darin einigen Schmerz?

PROTARCHOS: Nicht von Natur wenigstens, sondern nur in den Be-
b trachtungen des Zustandes, wenn einer, dem sie verlorengegangen, sich betrübt, weil sie ihm fehlen.

SOKRATES: Aber, o Bester, wir haben es jetzt nur mit dem Zustande selbst zu tun, wie er seiner Natur nach ist, abgesehen von der Betrachtung darüber.

PROTARCHOS: Dann hast du also ganz recht, daß jedesmal bei unseren Kenntnissen das Vergessen uns ohne alle Unlust kommt.

SOKRATES: Diese Lust also an den Kenntnissen sei unvermischt mit Unlust, müssen wir sagen, und keineswegs für die Menge der Menschen, sondern nur für gar wenige.

PROTARCHOS: Wie sollten wir das nicht sagen.

[32. Die Reinheit einer Lust als Maßstab für ihre Wahrheit, Schönheit und Annehmlichkeit]

c SOKRATES: Nun wir also schon ziemlich abgesondert haben die

reine Lust und die, welche man mit Recht unrein nennen kann: so
laß uns nun in der Erklärung noch hinzufügen für die heftigen
Lüste Ungemessenheit, für die, welche es nicht sind, im Gegenteil
Abgemessenheit; und welche das Groß und Heftig annehmen, mö-
gen sie nun oft oder selten solche werden, denen wollen wir hinzu-
fügen, daß sie von jener unbegrenzten, bald mehr, bald weniger
durch Leib und Seele sich bewegenden Art sind, die aber nicht, daß d
sie zu den abgemessenen gehören.

Protarchos: Vollkommen richtig, o Sokrates.

Sokrates: Nun ist also nächst diesem noch dies von ihnen genau
zu betrachten.

Protarchos: Welches?

Sokrates: Was man wohl als im Verhältnis zur Wahrheit stehend
bezeichnen muß? Das Reine und Lautere oder das Starke und
Viele und Große und Überflüssige?

Protarchos: Was willst du eigentlich, o Sokrates, mit dieser Frage?

Sokrates: Ich will nur, o Protarchos, nichts versäumen in der
Prüfung der Lust und der Erkenntnis, wenn etwa an jeder von bei- e
den etwas rein ist und etwas unrein, damit dann jede rein vor Ge-
richt komme und also mir und dir und allen diesen das Urteil er-
leichtere.

Protarchos: Ganz richtig.

Sokrates: Wohlan, über alles, was wir reine Arten nennen, laß
uns so nachdenken, daß wir zuerst irgendeine von ihnen vor uns
nehmen und betrachten.

Protarchos: Welche also wollen wir vor uns nehmen? 53 a

Sokrates: Ich denke, wir wollen das Weiße zuerst uns ansehen.

Protarchos: Ganz wohl.

Sokrates: Wie nun und welches wäre uns die Reinheit des Weißen?
Etwa das recht Viele und Große, oder das Unvermischteste, worin
auch nicht der mindeste Teil irgendeiner anderen Farbe sich fände?

Protarchos: Offenbar das, welches das unvermischteste ist.

Sokrates: Richtig. Wollen wir also, o Protarchos, nicht dieses als
das wahrste und zugleich als das schönste unter allem Weißen set- b
zen, nicht aber das größte noch das meiste?

Protarchos: Vollkommen richtig.

Sokrates: Wenn wir also sagen, ein weniges reines Weiß sei wei-
ßer und zugleich schöner und wahrer als vieles gemischte Weiß, so
werden wir auf alle Weise richtig reden.

Protarchos: Vollkommen richtig ganz gewiß.

Sokrates: Wie nun? Es wird wohl nicht erst noch vieler solcher
Beispiele bedürfen für unsere Erklärung über die Lust, sondern es
genügt uns schon hieraus einzusehen, daß auch insgesamt jede klei-
ne und geringe, aber von Unlust reine Lust angenehmer und wahrer c
und schöner sein muß als viele und große gemischte.

Protarchos: Gar sehr, und das Beispiel reicht hin.

Sokrates: Wie aber nun dieses? Haben wir von der Lust nicht gehört, daß sie immer nur ein Werden ist und daß es ein Sein der Lust ganz und gar nicht gibt? Denn einige treffliche Leute wagen uns diesen Satz darzustellen, denen man Dank wissen muß.

Protarchos: Wie das?

Sokrates: Dieses eben will ich fragend mit dir durchgehen, o lie-
d ber Protarchos.

Protarchos: Sprich nur und frage.

[33. Die Lust als ein Werden befindet sich nicht in der Ordnung des Guten]

Sokrates: Nimm also zweierlei an, das eine an und für sich, das andere immer eines anderen begehrend.

Protarchos: Wie und von welcherlei meinst du das?

Sokrates: Das eine ist stets das Herrlichere seiner Natur nach, das andere hinter jenem zurückbleibend.

Protarchos: Erkläre es noch deutlicher.

Sokrates: Wir haben doch wohl schöne und vortreffliche Lieblinge gesehen und zugleich tapfere Liebhaber derselben?

Protarchos: Gar viel.

Sokrates: Diesen zweien ähnlich nun suche zweierlei anderes in
e allem, wovon wir sagen, es sei.

Protarchos: Soll ich es noch zum drittenmal sagen? Erkläre deutlicher, o Sokrates, was du meinst.

Sokrates: Gar nichts Krauses, o Protarchos, sondern die Rede scherzt nur mit uns beiden und meint nur, daß einiges immer um eines Seienden willen ist, anderes aber eben dasjenige, wegen dessen jedesmal das um eines andern willen Werdende wird.

Protarchos: Ich habe es kaum verstanden, weil es so oft gesagt worden.

Sokrates: Vielleicht, Kind, werden wir es noch besser verstehen,
54 a wenn unsere Rede fortschreitet.

Protarchos: Warum auch nicht!

Sokrates: Nun laß uns auch diese andern zwei nehmen.

Protarchos: Was für welche?

Sokrates: Eines das Werden von allem, und das Sein das andere.

Protarchos: Diese beiden nehme ich an, das Sein und das Werden.

Sokrates: Ganz richtig. Welches nun von diesen beiden ist um welches willen? Sollen wir sagen, das Werden sei wegen des Seins, oder das Sein sei wegen des Werdens?

Protarchos: Das, was das Sein genannt wird, ob das wegen des Werdens das ist, was es ist, danach fragst du jetzt?

Sokrates: Offenbar.

b Protarchos: Bei den Göttern, fragst du mich etwa dergleichen: Sage mir, o Protarchos, ob du wohl behauptest, daß der Schiffsbau mehr der Schiffe wegen da ist oder die Schiffe wegen des Schiffsbaues, und was sonst alles dem ähnlich ist?

Sokrates: Eben dieses meine ich, o Protarchos.

Protarchos: Warum antwortest du dir darauf nicht selbst, o Sokrates?

Sokrates: Daran hindert freilich nichts; nimm du nur teil an der Rede.

Protarchos: Allerdings.

Sokrates: Ich behaupte also, daß um des Werdens willen alle Hilfs- c
mittel, Werkzeuge und alles, was man Stoff nennt, überall angewendet werde, daß aber jegliches Werden wegen eines Seins, jedes wegen eines anderen, geschehe, und das gesamte Werden wegen des gesamten Seins.

Protarchos: Ganz offenbar freilich.

Sokrates: Also auch die Lust, wenn sie ein Werden ist, muß notwendig irgendeines Seins wegen werden.

Protarchos: Wie sollte sie nicht!

Sokrates: Nun aber muß doch dasjenige, wegen dessen jedesmal das um eines andern willen Werdende wird, in der Ordnung des Guten befindlich sein: das eines andern wegen Werdende aber, o Bester, müssen wir in eine andere Ordnung setzen.

Protarchos: Ganz notwendig.

Sokrates: Also auch die Lust, wenn sie doch ein Werden ist, stel- d
len wir ganz richtig, wenn wir sie in eine andere als die Ordnung des Guten stellen?

Protarchos: Vollkommen richtig freilich.

Sokrates: Also, was ich schon am Anfang dieser Rede sagte, dem, der uns von der Lust dieses angedeutet hat, daß es nur ein Werden, aber auch nicht im mindesten ein Sein derselben gäbe, müssen wir es Dank wissen. Denn offenbar lacht dieser diejenigen aus, welche behaupten, die Lust sei das Gute.

Protarchos: Gar sehr.

Sokrates: Und so auch die, welche sich jedesmal nur in dem Wer- e
den befriedigt fühlen, wird er ebenfalls auslachen.

Protarchos: Wieso? Und was für welche meinst du?

Sokrates: Die, welche, wenn sie sich Hunger und Durst und Ähnliches ausheilen, was durch ein Werden kann geheilt werden, sich an diesem Werden freuen, weil es eben eine Lust ist, und sagen, sie möchten nicht leben, wenn sie nicht hungerten und dursteten und, was man weiter dem anhängend anführen könnte, empfänden.

Protarchos: So scheinen sie freilich. 55 a

Sokrates: Und das Gegenteil des Werdens, sagen wir doch alle, sei das Vergehen.

Protarchos: Notwendig.

Sokrates: Also das Vergehen und Werden würde wählen, wer jenes wählt, nicht jene dritte Lebensweise, in welcher weder Lust noch Unlust war, sondern ein soviel als möglich reines Vernünftigsein.

Protarchos: Gar viele Unvernunft also, wie es scheint, o Sokrates, folgt daraus, wenn einer die Lust als das Gute setzt.

SOKRATES: Gar viele. Denn laß uns das nämliche auch noch so vortragen.

PROTARCHOS: Wie?

b SOKRATES: Wie sollte es nicht unvernünftig sein, daß es nichts Gutes noch Schönes geben sollte, weder in den Leibern noch in vielen andern Dingen, sondern nur in der Seele, und auch in dieser nur die Lust; Tapferkeit aber und Besonnenheit und Vernunft, und was sonst Gutes der Seele zuteil geworden ist, sollte gar nichts solches sein? Und außerdem noch, wer nicht Lust hat, sondern Schmerz, daß der genötigt wäre zu sagen, er sei schlecht dann, wenn er Schmerz hat, und wenn er auch der Beste von allen wäre, und wiederum, wer Lust hat, sei, je mehr er Lust hat, dann, wenn er Lust hat, um
c desto vortrefflicher und tugendhafter?

PROTARCHOS: Dies alles, o Sokrates, ist aufs möglichste ungereimt.

[34. Einteilung der Erkenntnisse nach ihrer Reinheit]

SOKRATES: Aber daß wir nun auch nicht die Lust zwar so genau als möglich durchzuprüfen versuchen, dagegen aber scheinen der Vernunft und der Erkenntnis gleichsam gar sehr zu schonen! Sondern ungescheut laß uns auch hier überall anklopfen, ob vielleicht etwas Schlechtes daran ist, bis wir, was davon das reinste ist seiner Natur nach, dies erkennen und uns dann dessen und der wahrhaftesten Teile der Lust bei der gemeinsamen Entscheidung bedienen.

PROTARCHOS: Richtig.

d SOKRATES: Nun ist uns doch ein Teil der auf bestimmte Gegenstände gerichteten Erkenntnis werkbildend, ein anderer gehört zur Ausbildung und Erziehung. Oder wie?

PROTARCHOS: So ist es.

SOKRATES: Erwägen wir nun erst an den ausübenden Künsten dieses, ob ein Teil von ihnen mehr an der Erkenntnis hängt, ein anderer weniger, und wir also einige für die reineren erklären müssen, andere für die unreineren.

PROTARCHOS: Das wollen wir.

SOKRATES: Diejenigen nun, welche den einzelnen zur Regel dienen, haben wir wohl abzusondern.

PROTARCHOS: Welche doch und wie?

e SOKRATES: Zum Beispiel, wenn jemand aus allen Künsten die Rechenkunst und die Meßkunst und die Waagekunst ausscheidet, so ist es, geradeheraus zu sagen, nur etwas Geringfügiges, was von einer jeden dann noch übrigbleibt.

PROTARCHOS: Geringfügiges freilich.

SOKRATES: Es bleibt wenigstens nach diesem nichts übrig als Abschätzen nach Gutdünken und Einübung der Sinne durch Erfahrung und Gewöhnung, indem man dazu nimmt, was nur die glückliche Mutmaßung vermag, welche viele auch eine Kunst nennen, die durch
56 a Anstrengung und Sorgfalt ihre Stärke erreicht.

PROTARCHOS: Ganz notwendig ist es so, wie du sagst.

SOKRATES: Ist nun nicht hiervon voll zuerst die Tonkunst, indem sie das Wohlklingende nicht nach Maß zusammenfügt, sondern nur, wie man es durch Übung geschickt zu treffen weiß, und so auch der gesamte Teil von ihr, welcher die Kunst, die Instrumente zu schlagen, begreift, sucht das Maß, wie jegliche Saite bewegt werden soll, nur durch solche Versuche zu treffen; so daß viel Unsicheres in ihr eingemengt ist und wenig Festes.

PROTARCHOS: Sehr richtig.

SOKRATES: Und mit der Heilkunst und dem Ackerbau und der b
Kunst des Seefahrers und des Heerführers werden wir finden, daß es sich ebenso verhält.

PROTARCHOS: Allerdings.

SOKRATES: Die Baukunst aber, glaube ich, welche sich der meisten Maße und Werkzeuge bedient, wird durch das, was ihr so viele Genauigkeit sichert, auch kunstreicher als die meisten andern.

PROTARCHOS: Wie das?

SOKRATES: Sowohl wenn sie Schiffe baut als wenn sie Häuser aufführt und auch in vielen andern Zweigen, welche in Holz arbeiten. Denn sie bedient sich da des Richtscheites, denke ich, und des Rundhobels und des Zirkels und der Schnur und noch eines anderen preis- c
würdigen Werkzeuges.

PROTARCHOS: Das ist vollkommen richtig, o Sokrates, was du sagst.

SOKRATES: Teilen wir also die genannten Künste zwiefach, in solche, welche der Tonkunst folgend in ihren Werken nur geringerer Genauigkeit fähig sind, und in solche, die der Baukunst folgend größerer.

PROTARCHOS: So sei es.

SOKRATES: Sagen aber, daß genauere als diese Künste diejenigen sind, welche wir vorher zuerst genannt haben.

PROTARCHOS: Du scheinst mir die Rechenkunst zu meinen, und die du vorher mit dieser zugleich ausgesprochen hast.

SOKRATES: Allerdings; aber, o Protarchos, müssen wir nicht sagen, d
daß auch diese wiederum zweifach sind, oder wie?

PROTARCHOS: Auf welche Weise meinst du?

SOKRATES: Die Rechenkunst zuerst, muß man nicht gestehen, daß eine ganz andere ist die der Vielen und eine ganz andere wiederum die der Wissenschaftlichen?

PROTARCHOS: Wodurch aber soll man sie unterscheiden und die eine als eine solche setzen, die andere aber wiederum als eine solche?

SOKRATES: Die Unterscheidung ist nicht klein, o Protarchos. Die einen nämlich zählen immer ungleiche Einheiten dessen, was Zahl hat, zusammen, wie zwei Lager oder zwei Ochsen und zwei Allerkleinste oder auch zwei Allergrößte, die andern aber gehen gar nicht e
mit, wenn einer nicht eine Einheit setzt, welche von jeder anderen Einheit der zahllosen Einheiten durchaus nicht verschieden ist.

PROTARCHOS: Da hast du sehr recht, daß dies kein geringer Unterschied ist zwischen denen, die mit der Zahl zu tun haben, so daß es Grund genug hat, sie als zwiefach zu setzen.

Sokrates: Und wie? Die Berechnungskunst und die Meßkunst, wie sie von den Baukünstlern und Handelsleuten gebraucht wird, und wie von denen, die auf eine wissenschaftliche Weise Messung
57 a und Berechnungen treiben, sollen wir diese jede nur für eine erklären oder als zwei setzen?

Protarchos: Dem Vorigen folgend würde ich wenigstens meine Stimme dazu geben, sie als zwei zu setzen.

Sokrates: Richtig. Weshalb wir dies aber hier beigebracht haben, hast du auch das inne?

Protarchos: Vielleicht. Aber ich will doch lieber, daß du das jetzt Gefragte bestimmt erklärst.

Sokrates: Mich dünkt nämlich diese Rede noch immer, nicht minder als da wir sie anfingen, ein Gegenstück zu der Lust suchend hierhergekommen zu sein; sie ist nämlich in der Untersuchung be-
b griffen, ob auch eine Erkenntnis wohl reiner ist als die andere, eben wie einige Lust als die andere.

Protarchos: Das ist freilich ganz deutlich, daß sie deswegen dies unternommen hat.

[35. Die dialektische Wissenschaft als reinste, wahrste und genaueste Erkenntnis]

Sokrates: Wie nun? Fand sie nicht in dem Vorigen für verschiedene Dinge verschiedene Künste, und zwar die eine als gewisser und ungewisser als die andere?

Protarchos: Allerdings.

Sokrates: Und hatte sie nicht von diesen eine Kunst als gleichnamig ausgesprochen und also auch die Meinung aufgestellt, als ob
c sie eine wäre, und fragt doch nun weiter, als ob es zwei wären, danach, ob das Gewisse und Reine in diesen Dingen die der Wissenschaftlichen oder die der Nichtwissenschaftlichen genauer enthält?

Protarchos: Freilich scheint sie mir eben dieses auszufragen.

Sokrates: Was für eine Antwort also, o Protarchos, wollen wir ihr geben?

Protarchos: Wir sind ja schon, o Sokrates, zu einem wunderbar großen Unterschied in Hinsicht auf Gewißheit der Erkenntnisse gelangt.

Sokrates: Werden wir also nicht desto leichter antworten können?

Protarchos: Wie sollten wir nicht? Und so sei denn gesagt, daß diese zwar bei weitem sich auszeichnen vor den übrigen Künsten, unter ihnen selbst aber die, welche in dem Geschäft der wahrhaft
d Wissenschaftlichen vorkommen, unbegreiflich weit an Genauigkeit und Wahrheit in Maßen und Zahlen sich auszeichnen.

Sokrates: So sei es, dir zufolge und dir vertrauend wollen wir getrost denen antworten, welche Meister sind im Abwägen der Erklärungen –

PROTARCHOS: Was doch?

SOKRATES: Daß es eine zwiefache Rechenkunst gibt und eine zwiefache Meßkunst, und daß diesen ebenso mehrere andere solche folgen und dieselbe Zwiefältigkeit enthalten, wiewohl nur *eines* Namens teilhaftig.

PROTARCHOS: Geben wir denn mit gutem Glücke diese Antwort e
denen, welche du als solche Meister beschreibst, o Sokrates.

SOKRATES: Diese Wissenschaften also, sollen wir sagen, wären die am meisten genauen?

PROTARCHOS: Allerdings.

SOKRATES: Aber, o Protarchos, würde nicht die dialektische Kunst uns verleugnen, wenn wir irgendeine andere ihr vorzögen?

PROTARCHOS: Wie aber sollen wir diese wiederum beschreiben?

SOKRATES: Offenbar doch dürfte wohl jeder die jetzt genannte 58 a
kennen. Denn die sich mit dem wahrhaft Seienden und immer auf gleiche Weise Gearteten beschäftigt, glaube ich, werden doch auf alle Weise alle insgesamt, denen auch nur ein wenig Vernunft anhängt, bei weitem für die wahrste Erkenntnis halten. Was aber du? Wie würdest du, o Protarchos, den Rang bestimmen?

PROTARCHOS: Ich meinesteils, o Sokrates, habe immer vom Gorgias vielfältig gehört, daß die Kunst zu überreden vor allen andern bei weitem den Vorzug verdiene. Denn sie mache sich alles unterwürfig freiwillig und nicht mit Gewalt und sei also bei weitem die b
trefflichste unter allen Künsten. Nun aber möchte ich mit dir nicht, aber auch mit ihm nicht gern brechen.

SOKRATES: ‹Eine Lanze brechen› schon im Begriff zu sagen, schienst du mir dann beschämt wieder abzulassen.

PROTARCHOS: Es sei also dies so, wie du es meinst.

SOKRATES: Bin ich aber auch etwa schuld, daß du es nicht richtig gefaßt hast?

PROTARCHOS: Was denn?

SOKRATES: Nicht danach, lieber Protarchos, fragte ich, welche Kunst oder Wissenschaft vor allen andern den Vorzug verdiene c
deshalb, weil sie die größte und stärkste und uns am meisten Nutzen bringende ist; sondern welche das Gewisse und Genaue und das Wahrste im Auge hat, wenn sie auch nur gering ist und geringes nutzt: das ist es, wonach wir jetzt fragen. Aber sieh nur zu, du wirst es auch mit dem Gorgias nicht verderben, wenn du seiner Kunst zugibst, daß sie für die Bedürfnisse der Menschen den Rang behauptet, von der Beschäftigung aber, von der ich jetzt rede, laß uns – eben wie ich damals von dem Weißen sagte, wenn es auch nur gering aber rein ist, daß es vor dem vielen aber nicht solchen den Vorzug habe eben dadurch, durch die größere Wahrheit –, so d
auch jetzt nach genauer Überlegung und hinlänglichem Durchdenken, nicht auf irgend Vorteile der Erkenntnisse sehend reden oder auf das Ansehen, worin sie etwa stehen; sondern, wenn in unserer Seele von Natur ein Vermögen ist, das Wahre zu lieben und alles

um seinetwillen zu tun, laß uns von diesem sagen, da wir die Reinheit der Vernunft und der Einsicht untersuchen, ob wohl diese Erkenntnis es wahrscheinlich am meisten besitzen werde, oder ob wir noch eine andere, vortrefflichere werden suchen müssen?

e PROTARCHOS: Das überlege ich, und es dünkt mich hart zu gestehen, daß irgendeine andere Wissenschaft oder Kunst genauer an der Wahrheit halte als diese.

SOKRATES: Hast du etwa auch, als du das eben Gesagte aussprachst, bei dir bedacht, daß die meisten Künste, und soviele Menschen sich
59 a mit diesen Dingen abmühen, zuerst nur Vorstellungen gebrauchen und der Vorstellung Angehöriges mit Eifer untersuchen? Und wenn auch einer glaubt, Untersuchungen über die Natur anzustellen, so weißt du doch, daß er immer nur von dieser Welt hier, wie sie geworden ist und wie sie dies und jenes erleidet und tut, sein Leben lang untersucht? Sollen wir das behaupten, oder wie?

PROTARCHOS: Vollkommen so.

SOKRATES: Also nicht auf das immer Seiende, sondern auf das Werdende und Werdensollende und Gewordene hat ein solcher seine ganze Arbeit verwendet.

PROTARCHOS: Ganz richtig.

SOKRATES: Und hiervon, sollen wir glauben, könne irgend etwas
b nach der vollkommensten Wahrheit deutlich werden, wovon doch niemals irgend etwas auf gleiche Weise sich weder verhalten hat noch verhalten wird, noch auch nur in dem gegenwärtigen Augenblick verhält?

PROTARCHOS: Und wie wäre das möglich?

SOKRATES: Von dem also, was auch nicht die mindeste Beharrlichkeit in sich hat, wie könnte uns da wohl auch nur irgend etwas Beharrliches zukommen?

PROTARCHOS: Ich glaube, auf keine Weise.

SOKRATES: Also gibt es auch keinen Verstand davon noch eine Erkenntnis, die wirklich das Wahrste enthielte.

PROTARCHOS: Nein, wie es wohl scheint.

[36. Rückgang zur ursprünglichen Frage und Wiederholung der beiden Thesen]

SOKRATES: Dich also und mich und den Gorgias und Philebos wollen wir gänzlich gehen lassen, unserer Rede aber dieses nachzeugen.

c PROTARCHOS: Was doch?

SOKRATES: Daß entweder bei jenem es für uns das Beharrliche, das Reine und Wahre und, was wir das Lautere nannten, gibt, bei dem immer Seienden und auf gleiche Weise unvermischtest sich Verhaltenden, oder was wenigstens jenem am meisten verwandt ist, alles übrige aber erst für das zweite und geringere zu erklären ist.

PROTARCHOS: Du sprichst vollkommen wahr.

Sokrates: Und von den Benennungen, die es für dergleichen gibt, ist es nicht am billigsten, die schönste dem Schönsten beizulegen?

Protarchos: Das ist ja einleuchtend.

Sokrates: Und Vernunft und Einsicht sind doch wohl die Be- d
nennungen, die einer am meisten in Ehren halten müßte?

Protarchos: Jawohl.

Sokrates: Wenn diese also dem Wissen um das wahrhaft Seiende angepaßt werden, kann man sagen, daß sie richtig angewandt sind?

Protarchos: Allerdings.

Sokrates: Und was ich damals zur Beurteilung stellte war doch nichts anderes als eben diese Benennungen?

Protarchos: Nichts anderes, o Sokrates.

Sokrates: Wohl. Wenn einer also sagte, daß jetzt, was Vernunft
und Lust betrifft in Hinsicht auf ihre Mischung miteinander, uns e
gleichsam wie Künstlern das, woraus oder worin sie etwas arbeiten sollen, vorliege, so würde er die Sache ganz richtig bezeichnet haben.

Protarchos: Gar sehr.

Sokrates: Sollen wir nun nächstdem nicht versuchen zu mischen?

Protarchos: Warum nicht?

Sokrates: Richtiger aber würde es wohl gehen, wenn wir uns dieses erst vorsagten und in Erinnerung brächten.

Protarchos: Was doch?

Sokrates: Woran wir auch vorher schon erinnert hatten. Das
Sprichwort aber scheint wohl recht zu haben, daß man auch zwei- 60 a
und dreimal das Richtige wieder durchgehen müsse in der Rede.

Protarchos: Warum auch nicht?

Sokrates: Wohlan also, beim Zeus! Ich glaube, das damals Gesagte war so ausgedrückt worden.

Protarchos: Wie doch?

Sokrates: Philebos behauptet, die Lust sei das richtige Ziel für alles Lebendige, und ein jedes müsse dahin zu treffen suchen. Und eben dasselbe sei auch das Gute für alle, und für ein Eins und eine Natur seien die beiden Namen, das Gute und das Angenehme, mit
Recht festgesetzt. Sokrates aber leugnet, daß dieses eins sei, und b
sagt, es sei zweierlei wie auch die Namen, und das Gute und Angenehme habe jedes eine von dem andern verschiedene Natur, mehr teil aber habe an dem Gebiet des Guten die Einsicht als die Lust. Ist nicht und war dies das damals Gesagte, o Protarchos?

Protarchos: Gar sehr allerdings.

Sokrates: Wäre nun nicht auch dieses damals sowohl als jetzt zu bejahen?

Protarchos: Was doch?

Sokrates: Daß die Natur des Guten sich vor allem andern hierdurch unterscheide?

c PROTARCHOS: Wodurch?

SOKRATES: Daß, welchem Lebendigen dieses beständig auf alle Weise und überall beiwohnt, dieses nichts anderes mehr bedürfe, sondern das Hinreichende aufs vollständigste habe. Nicht so?

PROTARCHOS: So allerdings.

SOKRATES: Versuchten wir nun nicht in unserer Rede, jedes von beiden abgesondert vom andern in das Leben eines jeglichen zu stellen, Lust unvermischt mit Einsicht, und ebenso auch Einsicht, ohne daß sie das allermindeste von Lust bei sich hätte?

PROTARCHOS: So war es.

SOKRATES: Schien uns nun wohl damals eines von beiden hinläng-
d lich für jemand?

PROTARCHOS: Wie könnte es auch!

[37. Vorschlag, zur Erlangung des in dem gemischten Leben befindlichen Guten die wahrste Lust und die wahrste Erkenntnis miteinander zu mischen]

SOKRATES: Sollten wir aber auch damals etwas übersehen haben, so nehme jetzt, wer nur will, jenes zurück und trage Richtigeres vor, überlegend, wenn er Erinnerung, Erkenntnis, Vernünftigkeit, richtige Vorstellung in Eins zusammenfaßt, ob wohl jemand ohne alles dieses überhaupt irgend etwas, was es auch sei, haben oder bekommen möchte, geschweige denn Lust, wieviel ihrer und wie stark sie auch wäre, wenn er weder in Wahrheit die Vorstellung hätte, daß er sich ergötzte, noch überhaupt wüßte, in was für einem Zustande er sich eigentlich befände, noch auch wiederum auch nur
e die kleinste Zeit lang eine Erinnerung seines Zustandes hätte. Und dasselbe sage denn auch von der Vernunft, ob jemand diese ohne alle, auch die kleinste Lust lieber haben möchte als mit einiger Lust, oder alle Lüste ohne Vernunft lieber als mit doch einiger Vernunft.

PROTARCHOS: Nicht möglich, o Sokrates, und es ist gar nicht nötig, dies noch wiederholt durchzufragen.

61 a SOKRATES: Also das Vollendete und allen Wünschenswerte und durchaus Gute wäre keines von diesen beiden.

PROTARCHOS: Wie könnte es wohl!

SOKRATES: Wir müssen aber doch das Gute entweder genau oder doch einen Umriß davon uns vorzeichnen, damit wir, wie gesagt, bestimmen können, wem wir den zweiten Preis geben sollen.

PROTARCHOS: Vollkommen richtig.

SOKRATES: Einen Weg nun haben wir doch schon zu dem Guten.

PROTARCHOS: Was doch für einen?

SOKRATES: Wie, wenn einer einen Menschen suchte und zuerst
b nur seine Wohnung, wo er wohnt, richtig erkundete, daran schon etwas Großes hätte zum Auffinden des Gesuchten.

PROTARCHOS: Wie sollte er nicht?

SOKRATES: So hat nun uns auch jetzt die Rede angedeutet, wie schon im Anfang, das Gute nicht in dem ungemischten Leben zu suchen, sondern in dem gemischten.

PROTARCHOS: Allerdings.

SOKRATES: Und so ist doch größere Hoffnung, daß das Gesuchte sich in dem wohl gemischten deutlicher wird finden lassen als in dem nicht so?

PROTARCHOS: Bei weitem.

SOKRATES: So laß uns denn, o Protarchos, die Götter anflehen,
mag es nun Dionysos sein oder Hephaistos oder welchem andern c
das Geschäft des Mischens zugeteilt ist, und so laß uns mischen.

PROTARCHOS: Das wollen wir.

SOKRATES: So haben wir nun wie Weinschenken zwei Quellen vor uns stehen — der Süßigkeit des Honigs könnte man die der Lust vergleichen, die ganz nüchterne und unberauschende der Einsicht aber einem strengen und gesunden Wasser —, welche beide wir nun versuchen müssen, aufs beste untereinander zu mischen.

PROTARCHOS: Das sollen wir freilich.

SOKRATES: So sprich denn zuerst: werden wir wohl, wenn wir jede d
Lust mit jeder Einsicht mischen, das Beste am meisten treffen?

PROTARCHOS: Vielleicht.

SOKRATES: Aber nicht sicher. Wie wir aber gefahrloser mischen können, darüber glaube ich eine Meinung mitteilen zu können.

PROTARCHOS: Sage was für eine.

SOKRATES: Es war doch, wie wir glaubten, eine Lust mehr wahr als die andere, und so auch eine Kunst genauer als die andere.

PROTARCHOS: Wie könnte es anders sein?

SOKRATES: Und auch eine Erkenntnis vorzüglich vor der andern,
die eine auf das Werdende und Vergehende sehend, die andere auf e
das weder Werdende noch Vergehende, sondern einerlei und auf gleiche Weise immer Seiende. Die letzte nun hielten wir, wenn wir auf das Wahre sehen wollen, für wahrer als die erste.

PROTARCHOS: Vollkommen richtig.

SOKRATES: Wenn wir nun zusähen, zuerst die wahrsten Abschnitte von beiden zusammenmischend, ob diese Mischung wohl hinreicht, um das wünschenswürdigste Leben zu bereiten, oder ob wir auch noch von dem übrigen, was nicht so beschaffen ist, etwas mit bedürfen?

PROTARCHOS: Mich wenigstens dünkt, wir sollten es so machen. 62 a

[38. Notwendigkeit, auch unreinere Erkenntnisse zur Mischung zuzulassen]

SOKRATES: Wohl! Es sei uns also ein Mensch richtig denkend in Hinsicht der Gerechtigkeit selbst, was sie ist, und habe auch den seiner Einsicht angemessenen Begriff davon; und auch in Hinsicht auf alles übrige, was ist, habe er eben solche Einsicht.

PROTARCHOS: Wohl, der sei uns.

SOKRATES: Wird der nun wohl Erkenntnis genug haben, wenn er

von der göttlichen Kugel und dem Kreise selbst den Begriff hat, diese menschliche Kugel hier aber und diese Kreise nicht kennt, und
b sich nun in der Baukunst doch der andern Richtmaße und Kreise bedienen soll?

PROTARCHOS: Da käme ja, o Sokrates, ein lächerlicher Zustand heraus, wenn wir nur die göttlichen Erkenntnisse allein innehätten.

SOKRATES: Wie meinst du? Sollen wir etwa des falschen Richtmaßes und Kreises unsichere und unreine Kunst insgesamt mit hineinwerfen und beimischen?

PROTARCHOS: Notwendig doch, wenn einer von uns auch nur jedesmal den Weg nach Hause finden will.

c SOKRATES: Etwa auch die Tonkunst, von der wir vor kurzem noch sagten, daß sie, weil voll Nachahmung und nur durch Mutmaßung treffend, der Reinheit ermangele?

PROTARCHOS: Notwendig scheint das mir wenigstens, wenn unser Leben auch nur irgendwie ein Leben sein soll.

SOKRATES: Willst du also, daß ich wie ein Türsteher, der von anströmender Menge gedrängt und überwältigt wird, bezwungen die Türen öffnen und alle Erkenntnisse einströmen lassen soll, so daß auch die dürftigere sich unter die reinere mische?

d PROTARCHOS: Ich wenigstens weiß nicht, o Sokrates, was für Schaden einer davon haben könnte, wenn er auch die übrigen alle bekäme, sofern er nur die ersten Erkenntnisse hat.

SOKRATES: Also soll ich sie nur sämtlich einlassen, um sich in des Homeros sehr poetischen ‹gemeinsamen Tales› Becken zu ergießen?

PROTARCHOS: Allerdings.

[39. Bestimmung, welche Lust in die Mischung aufzunehmen ist]

SOKRATES: Sie sind hiermit eingelassen. Und nun laß uns wiederum zu der Quelle der Lüste gehen. Denn wie wir gedachten sie zu mischen, zuerst die wahrsten Teile von beiden, so ist es uns nicht geraten; sondern weil uns jede Erkenntnis recht war, haben wir sie
e zusammen eingelassen ohne Unterschied insgesamt vor den Lüsten.

PROTARCHOS: Du hast vollkommen recht.

SOKRATES: Nun ist es also Zeit für uns, auch eine Bestimmung zu fassen über die Lüste, ob wir auch diese alle auf einmal einlassen sollen, oder auch von ihnen zuerst nur die, welche wahr sind?

PROTARCHOS: Bei weitem ist es doch der Sicherheit wegen besser, zuerst die wahren einzulassen.

SOKRATES: So sollen denn diese eingelassen sein. Was aber nun weiter? Werden wir nicht, wenn nun einige notwendig sind wie dort, auch diese mit beimischen müssen?

PROTARCHOS: Wie sollten wir nicht? Die notwendigen doch offenbar.

63 a SOKRATES: Und wenn nun, eben wie dort alle Künste zu verstehen uns im Leben unschädlich war und nützlich, so wir auch jetzt dasselbe sagen von den Lüsten; wenn an allen Lüsten lebenslang uns

zu ergötzen uns allen heilsam und unschädlich ist, dann müssen
wir auch alle mit einmengen.

Protarchos: Was sollen wir nun aber eben von ihnen sagen und
wie es mit ihnen halten?

Sokrates: Nicht von uns, o Protarchos, müssen wir das erfra-
gen, sondern von den Lüsten und Einsichten selbst, indem wir von
ihnen gegenseitig dieses zu erkunden suchen.

Protarchos: Was eigentlich? b

Sokrates: Ihr Lieben! Mag man euch nun Lüste benennen sollen
oder mit irgend welchem andern Namen, solltet ihr es wohl nicht
eher zufrieden sein, mit aller Einsicht zusammenzuwohnen, als ab-
gesondert von aller Vernunft? Und ich glaube, hierauf werden sie
ganz notwendig so antworten müssen.

Protarchos: Wie doch?

Sokrates: Daß, wie schon vorher erklärt ist, es weder recht gut
möglich noch auch nützlich ist, daß ganz lauter irgendeine Gattung
einsam und allein sei; von allen Gattungen aber halten wir es bei c
weitem fürs beste, daß diejenige uns beiwohne, welche alles übrige
und so auch jede von uns selbst soviel möglich vollständig erkennt.

Protarchos: Daran habt ihr sehr wohl gesprochen, wollen wir
sagen.

Sokrates: Richtig. Nun aber haben wir auch wiederum die Einsicht
und die Vernunft zu fragen. Braucht ihr etwas von Lüsten in der Mi-
schung? würden wir etwa sagen, indem wir nun Vernunft und Einsicht
fragten. — Was doch, würden sie vielleicht antworten, für Lüste?

Protarchos: Wahrscheinlich.

Sokrates: Und dann würde unsere weitere Rede etwa diese sein. d
Außer jenen wahren Lüsten, würden wir sagen, habt ihr etwa nö-
tig, auch die größten Lüste bei euch wohnen zu haben und die hef-
tigsten? — Und woher doch, o Sokrates, würden sie wohl sagen, da
ja diese uns tausendfältige Hindernisse in den Weg legen, indem
sie die Seelen, in denen wir wohnen, nur in Verwirrung bringen
durch unsinnige Bewegungen und uns am liebsten überhaupt nicht
entstehen lassen, auch die von uns erzeugten Kinder größtenteils, e
indem sie aus Sorglosigkeit Vergessenheit veranlassen, ganz und
gar verderben. Die Lüste aber, welche du als wahr und rein ange-
führt hast, sieh nur an als uns verwandt, und außer ihnen noch die,
welche mit der Gesundheit und der Besonnenheit bestehen können,
und so auch, soviele ihrer, der gesamten Tugend gleich wie einer
Göttin Dienerinnen geworden, ihr gänzlich folgen. Diese mische
ein; die aber immer mit der Unvernunft und andern Schlechtig-
keiten gesellt sind, solche der Vernunft beizumischen, wäre doch
wohl großer Unverstand für den, welcher, da er die schönste und
ruhigste Mischung und Verbindung gesehen hat, nun versuchen
will, an dieser zu erfahren, was doch wohl in dem Menschen und 64 a
dem Ganzen überhaupt gut sei von Natur und was man wohl ah-
nen soll, das der Begriff des Guten sei. Sollen wir nicht sagen, daß

die Vernunft ganz verständigerweise und mit Anwendung ihrer selbst dieses eben Gesagte für sich und für die Erinnerung und die richtige Vorstellung antworten werde?

PROTARCHOS: Auf alle Weise freilich.

SOKRATES: Aber auch dieses ist wohl notwendig, und anders käme wohl nicht *eines* zustande.

b PROTARCHOS: Was doch?

SOKRATES: Wem wir nicht Wahrheit beimischen, das kann doch auch nicht wahrhaft werden noch auch, wenn es geworden wäre, sein.

PROTARCHOS: Wie könnte es wohl!

[40. Die Ursache des Gutseins jeder Mischung: das Gute als Schönheit, Verhältnismäßigkeit und Wahrheit]

SOKRATES: Gar nicht. Allein, wenn nun noch etwas erfordert wird zu dieser Mischung, so sagt ihr es, du und Philebos, denn mir scheint, wie eine unkörperliche Ordnung, die schön über einen belebten Körper herrschen soll, die gegenwärtige Rede vollendet zu sein.

PROTARCHOS: Sage nur immer, o Sokrates, daß dies auch meine Meinung sei.

c SOKRATES: Wenn wir also nun sagten, daß wir jetzt schon an dem Eingange der Wohnung des Guten ständen, würden wir wohl ganz richtig reden.

PROTARCHOS: Das dünkt mich wenigstens.

SOKRATES: Was ist nun wohl in dieser Mischung das Vorzüglichste, und was am meisten Ursache zu sein scheint, daß eine solche Beschaffenheit allen erwünscht ist? Denn wenn wir dies gesehen haben, können wir hernach erwägen, ob dies in dem Ganzen mehr als der Lust oder als der Vernunft anhängend und eigentümlich sich findet.

d PROTARCHOS: Richtig; denn das muß uns am nützlichsten sein für unsere Entscheidung.

SOKRATES: Und das ist gewiß gar nicht schwer, die Ursache zu sehen bei allen Mischungen, weshalb irgendeine entweder ganz vortrefflich wird oder gar nichts wert.

PROTARCHOS: Wie meinst du das?

SOKRATES: Das weiß ja wohl jeder Mensch.

PROTARCHOS: Was aber doch?

SOKRATES: Daß jede Mischung, welche es auch sei, wenn sie irgendwie kein Maß und an der Natur des Abgemessenen keinen Teil hat, notwendig das Gemischte sowohl als auch zuerst sich selbst verdirbt. Denn eine solche kann man ja gar nicht eine ordentliche Mi-
e schung nennen, sondern sie ist jedesmal in Wahrheit nur ein unordentlich zusammengewehtes Wehe für alle, denen sie zukommt.

PROTARCHOS: Ganz wahr.

SOKRATES: Jetzt also entflieht uns wieder das Wesen des Guten in die Natur des Schönen. Denn Abgemessenheit und Verhältnismäßigkeit wird uns doch überall offenbar Schönheit und Tugend.

PROTARCHOS: Allerdings.

SOKRATES: Und Wahrheit, sagten wir doch auch, wäre in der Mischung mit beigemengt.

PROTARCHOS: Freilich.

SOKRATES: Wenn wir also nicht in *einer* Form das Gute auffan- 65 a
gen können, so wollen wir es in diesen dreien zusammenfassen: Schönheit und Verhältnismäßigkeit und Wahrheit, und wollen sagen, daß diese als *eines* mit Recht als Ursache angesehen werden können dessen, was in der Mischung ist, und daß um dieses als des Guten willen sie auch eine solche geworden ist.

PROTARCHOS: Vollkommen richtig.

[41. Aufweis, daß die Vernunft dem Guten näher verwandt ist als die Lust. Die Ordnung der Güter]

SOKRATES: Und nun, o Protarchos, kann uns ja wohl jeder ein hinreichender Richter sein über Lust und Einsicht, welche von ihnen beiden dem Besten verwandter und also das Vorzüglichere ist bei b
Menschen und Göttern.

PROTARCHOS: Gewiß freilich; doch ist es besser, auch dies in der Rede ordentlich auszuführen.

SOKRATES: So laß uns denn einzeln jedes von den dreien in Hinsicht auf Lust und Vernunft beurteilen. Denn wir müssen sehen, welcher von beiden wir jedes von diesen als mehr verwandt beilegen sollen.

PROTARCHOS: Du meinst Schönheit, Wahrheit und Verhältnismäßigkeit?

SOKRATES: Ja. Zuerst also nimm die Wahrheit, sieh dann auf diese drei, Vernunft und Wahrheit und Lust, lasse dir Zeit genug und c
antworte dann dir selbst, ob die Lust oder die Vernunft verwandter ist mit der Wahrheit.

PROTARCHOS: Was bedarf es dazu für Zeit. Denn der Unterschied ist, denke ich, sehr groß. Denn die Lust ist das unzuverlässigste unter allen Dingen, so daß, wie die Rede geht, in den Lüsten des Geschlechtstriebes, welche für die größten gehalten werden, sogar der Meineid die Verzeihung der Götter erhält, weil nämlich die Lüste wie Kinder auch nicht die mindeste Vernunft haben. Die Vernunft d
aber ist entweder ganz dasselbe wie die Wahrheit oder ihr doch unter allen am ähnlichsten und das Wahrste.

SOKRATES: Nächstdem nun betrachte ebenso auch die Verhältnismäßigkeit, ob die Lust mehr als die Einsicht, oder die Einsicht mehr als die Lust davon hat?

PROTARCHOS: Auch das ist eine sehr leichte Untersuchung, die du mir vorgelegt hast. Denn ich glaube, etwas seiner Natur nach Maßloseres als Lust und Ergötzung wird wohl nicht leicht jemand finden können, und so auch wohl nichts Abgemeßneres als Vernunft und Erkenntnis.

SOKRATES: Sehr wohl gesprochen. Doch aber sage uns auch noch e
das dritte. Hat die Vernunft mehr Anteil an der Schönheit als die Lust, so daß die Vernunft schöner ist als die Lust, oder umgekehrt?

PROTARCHOS: Aber Vernunft und Einsicht, o Sokrates, hat doch wohl niemand jemals weder wachend noch schlafend häßlich gesehen oder irgendwie vorgestellt, daß sie so würde oder wäre oder sein würde.

SOKRATES: Richtig.

PROTARCHOS: Allerdings aber, wenn wir jemand in Lüsten begriffen sehen, und zwar in den größten am meisten, und wir das Lä-
66 a cherliche davon oder das Allerschändlichste, was dabei herauskommt, zu sehen bekommen: so schämen wir uns selbst und suchen es aus dem Gesicht zu bringen und zu verbergen soviel als möglich, indem wir dergleichen alles der Nacht überlassen, als dürfe es das Licht nicht sehen.

SOKRATES: Also du wirst auf alle Weise sagen, o Protarchos, magst du es nun durch Boten bestellen müssen oder es Anwesenden erklären können, daß die Lust nicht das erste Besitztum ist und auch nicht das zweite; sondern das erste ist das Maß und das Abgemessene und Zeitige, und wem ähnlichem man sonst noch zuschreiben muß, daß es die ewige Natur erwählt habe.

PROTARCHOS: Das ist allerdings einleuchtend aus dem eben Gesagten.

b SOKRATES: Das zweite aber ist das Gleichmäßige und Schöne und Vollendete und Hinlängliche und alles, was wiederum zu diesem Geschlecht gehört.

PROTARCHOS: So scheint es allerdings.

SOKRATES: Und wenn du als das dritte nach meiner Ahnung Vernunft und Einsicht setztest, würdest du wohl nicht weit von der Wahrheit vorbeikommen.

PROTARCHOS: Wahrscheinlich.

SOKRATES: Wird nun nicht, was wir in der Seele selbst gesetzt haben als Erkenntnisse und Künste und richtige Vorstellungen, dies
c nächst den dreien das vierte sein müssen, wenn sie doch dem Guten näher verwandt sind als die Lüste?

PROTARCHOS: Vielleicht wohl.

SOKRATES: Das fünfte also sind die Lüste, welche wir als schmerzlose bestimmt haben und reine Lüste der Seele allein genannt, welche teils den Kenntnissen, teils den Wahrnehmungen folgen.

PROTARCHOS: Vielleicht.

SOKRATES: ‹Aber im sechsten Geschlecht›, sagt Orpheus, ‹laßt ruhen den Kreis des Gesanges›. Gleichermaßen nun scheint auch unsere Rede bei dem sechsten Punkt von ihrem Gericht zu ruhen, und
d es ist uns sonach nichts weiter übrig, als nur dem Gesagten die Krone aufzusetzen.

PROTARCHOS: Das müssen wir also.

[42. Schlußzusammenfassung]

SOKRATES: Wohlan denn, das dritte Mal dem Retter, laßt uns dieselbe Rede durchgehen und bezeugen.

PROTARCHOS: Welche doch?

SOKRATES: Philebos behauptete, das Gute sei uns die Lust, die ganze und vollständige.

PROTARCHOS: Zum dritten Male, scheint es, meintest du diesmal, Sokrates, sollten wir unsere anfängliche Rede wieder aufnehmen.

SOKRATES: Ja, und so laß uns das Weitere hören. Ich nun sah schon e
das, was ich jetzt durchgegangen bin, und aufsässig gegen des Philebos nicht nur, sondern vieler tausend anderer öftere Rede, sagte ich, daß die Vernunft weit besser sei und trefflicher als die Lust für des Menschen Leben.

PROTARCHOS: So war es.

SOKRATES: Und ahnend, daß es noch vieles andere gebe, sagte ich, daß, wenn uns das sich zeigte, was besser wäre als beides, wollte ich doch um den zweiten Preis für die Vernunft gegen die Lust mitkämpfen, und die Lust sollte des zweiten Preises verlustig gehen.

PROTARCHOS: Das sagtest du allerdings. 67 a

SOKRATES: Und nachher ja zeigte sich uns von diesen beiden keines als allgemein auf die zulänglichste Weise zulänglich.

PROTARCHOS: Ganz richtig.

SOKRATES: Also wurde in dieser Rede gänzlich sowohl die Vernunft abgewiesen als die Lust, daß keines von ihnen beiden das Gute selbst sein könne, da sie der Selbständigkeit ermangelten und der Kraft des Hinreichenden und Vollkommenen.

PROTARCHOS: Vollkommen richtig.

SOKRATES: Nachdem sich nun aber ein drittes Trefflicheres als jegliches von diesen gezeigt hatte, so zeigte sich nun doch wiederum die Vernunft tausendmal mehr als die Lust dem Wesen dieses Siegenden verwandt und anhänglich.

PROTARCHOS: Wie sollte sie nicht!

SOKRATES: Also das fünfte nach der Entscheidung, welche unsere Rede kundgemacht hat, wäre dann die Lust.

PROTARCHOS: So zeigte es sich.

SOKRATES: Das erste aber doch auch nicht, wenn alle Ochsen und b
Pferde und die andern Tiere insgesamt es behaupteten dadurch, daß sie dem Vergnügen nachgehen; welchen, eben wie die Wahrsager den Vögeln vertrauend, die meisten das Urteil fällen, die Lust sei uns das Vorzüglichste im Leben, und die Neigungen der Tiere für gültigere Zeugen halten als die Neigungen derer, welche mit philosophischer Muse jedesmal weissagen.

PROTARCHOS: Nun sagen wir gewiß alle, o Sokrates, daß du es vollkommen richtig erklärt habest.

SOKRATES: Und laßt mich also auch los.

PROTARCHOS: Ein Weniges nur ist noch übrig, o Sokrates; und du wirst doch nicht eher ermüden wollen als wir. Ich will dich aber an dieses Rückständige schon erinnern.

TIMAIOS

GLIEDERUNG

A. Einleitung:

1. Wiederholung der Hauptpunkte einer von Sokrates durchgeführten Rede über den besten Staat (1. Kap., 17 a 1—19 b 2).
2. Wunsch des Sokrates, den von ihm entworfenen Staat auch in Bewegung und Kampf zu sehen. Kritias über eine Kunde von alten Taten Athens (2. Kap., 19 b 3—21 a 6).
3. Der Bericht des Solon über sein Bekanntwerden mit ägyptischer Überlieferung (3. Kap., 21 a 7—25 d 6).
4. Bereitschaft des Kritias, die Erzählung im einzelnen zu berichten. Voranstellung einer Rede des Timaios über das Entstehen der Welt (4. Kap., 25 d 7—27 b 9).

B. **Hauptteil: Die Rede des Timaios über das Entstehen der Welt.**

I. Das nach Vernunft Geschaffene

1. Sein und Werden. Die Welt als Abbild. a) Unterscheidung zwischen dem Seienden und dem Werdenden. Die Welt als geworden und als nach einem Vorbild geschaffenes Abbild (5. Kap., 27 c 1—29 d 6); b) Grund der Schöpfung und Vorbild der Welt. Ihre Einzigkeit (6. Kap., 29 d 7—31 d 3).
2. Leib und Seele der Welt. a) Der Leib der Welt. Grund seines Bestehens aus vier Bestandteilen und seiner Kugelgestalt (7. Kap., 31 b 4 bis 34 a 7); b) Die Zusammenfügung der Weltseele (8. Kap., 34 a 8 bis 36 d 7); c) Das Erkennen der Seele (9. Kap., 36 d 8—37 c 5).
3. Die Zeit und die Planeten. a) Erschaffung der Zeit als bewegliches Abbild der Unvergänglichkeit (10. Kap., 37 c 6—38 b 5); b) Die Planeten als Erzeuger der Zeit. Ihre Bahnen (11. Kap., 38 b 6—39 e 2).
4. Die lebenden Wesen. a) Die vier Gattungen des Lebenden. Bewegung und Wesen der sichtbaren Götter (12. Kap., 39 e 3—40 d 5); b) Die übrigen Götter. Der Auftrag des Weltschöpfers an sie (13. Kap., 40 d 6 bis 41 d 3).
5. Der Mensch. a) Erschaffung der menschlichen Seelen. Ihre Belehrung über die Gesetze des Schicksals (14. Kap., 41 d 4—42 e 4); b) Durch die Einkörperung bedingte Verwirrung der Seelenumläufe (15. Kap., 42 e 5 bis 44 d 2); c) Bildung des Kopfes und der Glieder. Das Auge: Erklärung des Sehens und seines eigentlichen Nutzens. Stimme und Gehör (16. Kap., 44 d 3—47 e 2).

II. Das aus Notwendigkeit Vorhandene

1. Die Aufnehmerin des Werdens. a) Übergang zu einem neuen Anfang: das Entstehen durch Notwendigkeit (17. Kap., 47 e 3—48 e 1); b) Die dritte Gattung: das Worin des Werdens. Bestimmung seiner Art und des Verhältnisses des Seienden und Werdenden zu ihm (18. Kap., 48 e 2—52 d 1); c) Zustand des Raumes und der Grundstoffe vor Erschaffung der Welt (19. Kap., 52 d 2—53 c 3).
2. Die vier Grundstoffe. a) Die Entstehung der vier ursprünglichen Körper aus dem Zusammentreten der zwei schönsten Dreiecke (20. Kap., 53 c 4—55 c 6); b) Möglichkeit von fünf Welten? Verteilung der ursprünglichen Körper an die vier Grundstoffe (21. Kap., 55 c 7—56 c 7); c) Der Übergang der Grundstoffe ineinander (22. Kap., 56 c 8—57 d 6);

Sokrates, Timaios, Kritias, Hermokrates

[1. Wiederholung der Hauptpunkte einer von Sokrates durchgeführten Rede über den besten Staat]

17a Sokrates: Einer, zwei, drei! Wo aber, lieber Timaios, blieb uns der vierte der gestrigen Gäste und heutigen Gastgeber?

Timaios: Ein Unwohlsein befiel ihn, Sokrates; denn aus freiem Entschluß blieb er wohl nicht von der heutigen Zusammenkunft zurück.

Sokrates: Hast nun nicht du mit diesen Freunden da die Obliegenheit, auch den Teil des Abwesenden zu erfüllen?

b Timaios: Allerdings; und wir wollen unser Möglichstes tun, es an nichts fehlen zu lassen. Denn es wäre wohl nicht recht, wollten wir noch übrigen, nachdem du gestern mit anständigen Gastgeschenken uns empfingst, deine Gastlichkeit nicht bereitwillig erwidern.

Sokrates: Ist es euch also erinnerlich, über wie Wichtiges und über welche Gegenstände ich von euch Auskunft begehrte?

Timaios: Einiges ist uns noch erinnerlich; was uns aber entfiel, wirst du selbst uns in das Gedächtnis zurückrufen. Oder wiederhole es uns lieber, wenn es dir nicht beschwerlich fällt, von Anfang an, in aller Kürze, damit es uns noch fester begründet werde.

c Sokrates: Das soll geschehen. Der Hauptinhalt der gestern von mir gesprochenen Reden betraf wohl den Staat: wie mich bedünke, daß wohl der beste beschaffen sein und aus welchen Männern er bestehen müsse.

Timaios: Und diese Darstellung war gar sehr nach unser aller Sinne, lieber Sokrates!

Sokrates: Schieden wir zuerst nicht die Klasse der Ackerbauenden oder irgend sonst eine Kunst in demselben Übenden von dem Geschlecht der den Krieg für die andern Führenden?

Timaios: Ja.

Sokrates: Und indem wir jedem nur *eine* seinen Naturanlagen
d angemessene Beschäftigung, nur *eine* Kunst zuteilten, erklärten wir, diejenigen, welche die Verpflichtung hätten, für alle in den Krieg zu ziehen, müßten demnach nichts weiter sein als Wächter des Staates. Wenn nun ein Auswärtiger oder auch jemand von den Einheimischen sich anschicke, diesem Schaden zuzufügen, dann müßten
18a sie ein mildes Gericht halten über die ihnen Unterworfenen, als von Natur ihnen Befreundete, in den Kämpfen gegen die Feinde aber, auf die sie träfen, streng verfahren.

Timaios: Durchaus.

Sokrates: Denn die Wächter, behaupteten wir, wie ich glaube, müssen eine Seele besitzen, die von Natur sowohl vorzüglich muterfüllt als auch weisheitliebend ist, um gegen die einen in geziemender Weise streng, gegen die andern mild verfahren zu können.

Timaios: Ja.

Sokrates: Was aber ihre Erziehung anbetrifft? Nicht etwa, daß sie in Gymnastik, Musik und allem ihnen angemessenen Wissen unterwiesen sein sollen?

Timaios: Ja, allerdings.

Sokrates: Nachdem sie eine solche Erziehung erhielten, wurde b
ja wohl behauptet, daß sie weder Gold noch Silber noch irgendein
anderes Besitztum als ihr Eigentum ansehen dürfen, sondern als
Helfer für ihr Wachehalten von den von ihnen Bewahrten einen für
Besonnene ausreichenden Lohn empfangen, den sie gemeinschaft-
lich und zusammen lebend, stets um die Tugend bemüht und durch
andere Beschäftigungen nicht behindert, verzehren sollten.

Timaios: Auch das wurde in dieser Weise behauptet.

Sokrates: Wir erwähnten doch auch hinsichtlich der Frauen, daß c
ihre Naturen in ähnlicher Weise wie die der Männer in Einklang
zu bringen und alle Beschäftigungen für den Krieg und das übrige
Leben beiden Geschlechtern gemeinsam zuzuteilen seien.

Timaios: So wurde auch das bestimmt.

Sokrates: Was dann aber über das Kinderzeugen? Oder prägten
sich nicht unsere dahin einschlagenden Anordnungen leicht, als mit
dem Gewohnten im Widerspruch, dem Gedächtnisse ein, daß wir
Heiraten und Kinder zu etwas allen Gemeinsamem machten und
es dahin zu bringen suchten, daß niemand das ihm insbesondere
Geborene kenne und alle sich untereinander als Verwandte anse- d
hen, als Brüder und Schwestern, soviele innerhalb des dem ange-
messenen Alters entstehen, das jüngere oder ältere Geschlecht aber
als dieser Eltern und Voreltern und die ihnen Nachgeborenen als
deren Kinder und Kindeskinder?

Timaios: Ja; und das ist aus dem von dir angeführten Grunde leicht zu behalten.

Sokrates: Blieb uns nicht auch unsere Behauptung im Gedächt-
nis, damit soviel wie möglich sogleich der möglichst beste Schlag
von Menschen erzeugt werde, müssen die Herrscher und Herrsche-
rinnen durch gewisse Lose für das eheliche Zusammensein insge- e
heim es künstlich darauf anlegen, daß die Schlechten sowohl als
die Besten beide mit ihresgleichen zusammengelost werden und daß,
damit jenen daraus keine Feindschaft erwachse, diese im Zufall den
Grund ihrer Zusammenlosung suchen?

Timaios: Das ist uns erinnerlich.

Sokrates: Gewiß auch, daß wir behaupteten, die Nachkommen- 19 a
schaft der Guten müsse man sorgfältig erziehen, die der Schlech-
ten aber unvermerkt im übrigen Staate verteilen; unter den Her-
anwachsenden aber, die man wohl beobachte, die Würdigen wieder

zu einer höheren Klasse erheben, die unter dieser Klasse Unwürdigen dagegen die durch die Hinaufrückenden erledigte Stelle einnehmen lassen.

TIMAIOS: So ist es.

SOKRATES: Haben wir nun nicht ebenso wie gestern unsern Weg durchlaufen, so daß wir seine Hauptpunkte noch einmal kurz berührten, oder vermissen wir, lieber Timaios, noch etwas von dem Gesagten, was wir übergingen?

b TIMAIOS: Keineswegs, Sokrates, sondern eben das war es, was
ausgesprochen wurde.

[2. Wunsch des Sokrates, den von ihm entworfenen Staat auch in Bewegung und Kampf zu sehen. Kritias über eine Kunde von alten Taten Athens]

SOKRATES: So hört denn nun, wie es mir mit dem Staate, den wir
dargestellt haben, ergeht. Ich habe nämlich ein ähnliches Gefühl
wie etwa jemand, der irgendwo schöne Tiere, ob nun von den Ma-
lern dargestellte oder auch wirklich lebende, aber im Zustand der
Ruhe, sah, den Wunsch hegen dürfte, sie in Bewegung und einen ih-
c rem Äußern angemessen scheinenden Kampf bestehen zu sehen.
Ebenso geht es mir mit dem von uns entworfenen Staate; denn
gern wohl möchte ich etwa von jemandem mir erzählen lassen, wie
unser Staat in geziemender Weise die Wettkämpfe mit anderen Staa-
ten besteht und wie er, wenn er in Krieg gerät, auch im Kriege,
sowohl im Kampfe durch die Tat als bei Verhandlungen durch
das Wort, auf eine der ihm zuteil gewordenen Unterweisung und
Erziehung würdige Weise gegen jeden anderen Staat sich benimmt.
d An der eigenen Kraft nun, Kritias und Hermokrates, diese Männer
und unsern Staat auf eine genügende Weise zu preisen, muß ich
fürwahr wohl verzweifeln. Und bei mir ist das nicht zu verwun-
dern; aber ich habe dieselbe Meinung auch von den Dichtern so-
wohl alter Zeit als den jetzt lebenden gefaßt, ohne irgend die Dich-
tergilde herabsetzen zu wollen, sondern weil jeder begreift, daß
der Nachbildenden Menge das, worin sie erzogen ward, sehr leicht
und gut nachbilden wird, daß es aber schwierig ist, das außerhalb
e der gewohnten Lebensweise eines jeden Liegende durch die Tat, und
noch schwieriger, es in Worten treffend nachzubilden. Die Innung
der Sophisten dagegen halte ich zwar für sehr kundig überfließen-
der Rede und anderes Schönen, besorge aber, daß sie, als in ver-
schiedenen Städten umherschweifend und des eigenen Wohnsitzes
entbehrend, in Männer, die zugleich weisheitsliebend und staats-
kundig sind, sich nicht zu finden wissen, wie Schönes und Großes
diese wohl im Krieg und in der Schlacht mit dem Schwerte und im
Verkehr mit jedem durch die Rede auszuführen und auszusprechen
vermöchten. So bleiben nur Männer eures Schlages übrig, denen
20 a vermöge ihrer Erziehung und Naturanlagen beides zuteil ward. Denn
unser Timaios da, aus Lokris, dem unter allen Staaten Italiens der

besten Gesetzgebung sich erfreuenden, stammend, gelangte, an Reichtum und Herkunft keinem seiner Mitbürger nachstehend, zu den größten Würden und Ehrenbezeugungen im Staate; in der gesamten Philosophie aber hat er, meiner Meinung nach, das Höchste erreicht. Vom Kritias aber wissen wir hierzulande alle, daß ihm von dem, wovon wir sprechen, nichts fremd ist; und daß ferner Hermokrates durch Naturanlagen und Erziehung zu dem allen vollkommen befähigt sei, zu diesem Glauben berechtigt uns das Zeugnis vieler. Diese Ansicht bewog mich auch gestern, euren Bitten, meine b
Gedanken über den Staat euch mitzuteilen, bereitwillig zu willfahren, da ich weiß, daß, wenn *ihr* wollt, niemand geschickter ist, über das Weitere Auskunft zu erteilen; denn wenn ihr unsern Staat in einen seiner würdigen Krieg versetztet, möchtet wohl ihr allein unter den jetzt Lebenden in allem die geziemende Rolle dabei ihm zuerteilen. Nachdem ich nun euern Wunsch erfüllte, habe ich dagegen an euch den eben erwähnten ausgesprochen. Ihr sagtet mir demnach zu, nach gemeinsamer Beratung unter euch selbst, jetzt meiner Rede Gastgeschenk zu erwidern. So habe ich mich also dazu c
auf das schönste geschmückt und, bereitwilliger als irgend einer, das eurige in Empfang zu nehmen, eingefunden.

HERMOKRATES: Gewiß, Sokrates, bereitwillig wollen wir versuchen, es, wie Timaios da sagte, an nichts fehlen zu lassen, auch haben wir keine Ausflucht, dem uns zu entziehen; so daß wir auch sogleich gestern, als wir von hier aus zum Kritias nach unserer Einkehrwohnung gelangten, und noch früher unterwegs, eben diesen Gegenstand in Betrachtung zogen. Dieser teilte uns nun eine Sage d
aus alter Überlieferung mit, welche du auch jetzt diesem Freunde berichten magst, Kritias, damit er mit uns prüfe, ob sie unserer Aufgabe angemessen sei oder nicht.

KRITIAS: Das muß ich wohl tun, wenn auch unser dritter Genosse, Timaios, derselben Meinung ist.

TIMAIOS: Gewiß bin ich es.

KRITIAS: So vernimm denn, Sokrates, eine gar seltsame, aber durchaus in der Wahrheit begründete Sage, wie einst der weiseste unter den Sieben, Solon, erklärte. Dieser war nämlich, wie er selbst e
häufig in seinen Gedichten sagt, unserem Urgroßvater Dropides sehr vertraut und befreundet; der aber erzählte wieder unserm Großvater Kritias, wie der alte Mann wiederum uns zu berichten pflegte, daß gar große und bewunderungswürdige Heldentaten unserer Vaterstadt aus früher Vergangenheit durch die Zeit und das Dahinsterben der Menschen in Vergessenheit geraten seien, vor allem aber eine, die größte, durch deren Erzählung wir dir wohl uns auf 21 a
eine angemessene Weise dankbar zu bezeigen und zugleich die Göttin bei ihrem Feste nach Gebühr und Wahrheit wie durch einen Festgesang zu verherrlichen vermöchten.

SOKRATES: Wohl gesprochen! Welches ist denn aber die Heldentat, von welcher Kritias als von einer nicht bloß in einer Sage er-

haltenen, sondern einst von unserer Vaterstadt wirklich, wie Solon
vernommen hatte, vollbrachten erzählte?

[3. Der Bericht des Solon über sein Bekanntwerden mit alter ägyptischer Überlieferung]

KRITIAS: Ich will eine alte Sage berichten, die ich aus dem Munde
eines eben nicht jungen Mannes vernahm; denn Kritias war damals,
b wie er sagte, fast an die Neunzig heran, und ich stand etwa im
zehnten Jahre; es war aber gerade der Einzeichnungstag des Täuschungsfestes. Die für uns Knaben herkömmliche Festfeier fand
auch diesmal statt; unsere Väter setzten uns nämlich Preise beim
Vortragen von Gesängen aus. Da wurden nun viele Gedichte vieler
Dichter hergesagt, und als etwas zu jener Zeit Neues sangen viele
von uns Knaben auch die Gedichte Solons ab. Da sagte denn einer
der Gemeindenachbarn, ob nun damals das seine Ansicht war oder
ob er dem Kritias etwas Angenehmes sagen wollte: seinem Bedün-
c ken nach sei Solon nicht bloß im Übrigen der größte Weise, sondern auch unter allen Dichtern der großsinnigste gewesen. Den alten
Mann, recht gut erinnere ich mich dessen, freute das höchlich, und
lächelnd erwiderte er: Wenn er nur, Freund Amynandros, das Dichten nicht als Nebensache, sondern wie andere mit vollem Ernst betrieben und die Sage, die er aus Ägypten mit hierherbrachte, ausgeführt hätte, nicht aber durch Aufstände und anderes Ungehörige,
was er bei seiner Rückkehr hier vorfand, das liegenzulassen genö-
d tigt worden wäre; dann hätte wohl, meiner Meinung nach, weder
Hesiodos, noch Homeros noch sonst ein Dichter einen höheren Dichterruhm erlangt als er.

Was war denn das für eine Sage, Kritias? fragte er.

Gewiß die größte und mit dem vollsten Rechte wohl vor allem
gepriesenste Heldentat betreffend, die zwar unsere Stadt vollbrachte, von der jedoch die Kunde, wegen der Länge der Zeit und des
Untergangs derer, die sie vollführten, nicht bis zu uns gelangte.

Erzähle, bat ihn der andere, von Anbeginn an, was und wie und
von wem hatte das als eine wahre Begebenheit Solon vernommen, was er erzählte.

e Es ist in Ägypten, entgegnete er, im Delta, an dessen Spitze der
Nil sich spaltet, ein Gau, der der Saitische heißt und dessen größte
Stadt Sais ist, aus welcher auch der König Amasis stammte. Diese
Stadt hat eine Schutzgöttin, in ägyptischer Sprache Neith, in hellenischer, wie jene sagen, Athene geheißen. Die Bewohner aber sagen, sie seien große Athenerfreunde und mit den hiesigen Bürgern
gewissermaßen verwandt. Dorthin, erzählte Solon, sei er gereist,
habe da eine sehr ehrenvolle Aufnahme gefunden und, als er die der
22 a Sache am meisten kundigen Priester über die alten Zeiten befragt,
erkannt, daß so ziemlich weder er noch sonst einer der Hellenen von
dergleichen Dingen das geringste wisse. Einmal habe er aber, um
sie zu Erzählungen von den alten Zeiten zu veranlassen, von den

ältesten Geschichten des hiesigen Landes zu berichten begonnen,
vom Phoroneus, den man den Ersten nennt, und von der Niobe,
ferner nach der Wasserflut die Sage von Deukalion und Pyrrha, wie
sie glücklich durchkamen. Er habe ihre Nachkommenschaft aufge- b
zählt und, indem er der bei dem Erzählten verstrichenen Jahre ge-
dachte, die Zeitangaben festzustellen versucht. Da habe ein hoch-
bejahrter Priester gesagt: ach, Solon, Solon! Ihr Hellenen bleibt doch
immer Kinder, zum Greise aber bringt es kein Hellene. — Wieso?
Wie meinst du das? habe er, als er das hörte, gefragt. — Jung in den
Seelen, habe jener erwidert, seid ihr alle: denn ihr hegt in ihnen kei-
ne alte, auf altertümliche Erzählungen gegründete Meinung noch
ein durch die Zeit ergrautes Wissen. Davon liegt aber darin der
Grund. Viele und mannigfache Vernichtungen der Menschen haben c
stattgefunden und werden stattfinden, die bedeutendsten durch Feuer
und Wasser, andere, geringere, durch tausend andere Zufälle. Das
wenigstens, was auch bei euch erzählt wird, daß einst Phaethon,
der Sohn des Helios, der seines Vaters Wagen bestieg, die Ober-
fläche der Erde, weil er die Bahn des Vaters einzuhalten unver-
mögend war, durch Feuer zerstörte, selbst aber, vom Blitze getrof-
fen, seinen Tod fand, das wird wie ein Märchen berichtet; das Wah-
re daran beruht aber auf der Abweichung der am Himmel um die d
Erde kreisenden Sterne und der nach langen Zeiträumen stattfin-
denden Vernichtung des auf der Erde Befindlichen durch mächtiges
Feuer. Dann pflegen demnach diejenigen, welche Berge und hoch
und trocken gelegene Gegenden bewohnen, eher als die an Flüs-
sen und dem Meere Wohnenden unterzugehen, uns aber rettet der
auch sonst uns Heil bringende Nil durch sein Übertreten aus sol-
cher Not. Wenn dagegen die Götter die Erde, um sie zu läutern, mit
Wasser überschwemmen, dann kommen die Rinder- und Schafhir-
ten auf den Bergen davon, die bei euch in den Städten Wohnenden
dagegen werden von den Strömen in das Meer fortgerissen. Hier- e
zulande aber ergießt sich weder dann noch bei andern Gelegenhei-
ten Wasser von oben her über die Fluren, sondern alles pflegt von
Natur von unten herauf sich zu erheben. Daher und aus diesen Grün-
den habe sich, sagt man, das hier Aufbewahrte als das älteste erhal-
ten; das Wahre aber ist, allerorten, wo es nicht eine übermäßige Kälte
oder Hitze verbietet, lebt eine bald größere, bald kleinere Zahl von 23 a
Menschen; was sich aber, sei es bei euch oder hier oder in andern
Gegenden, von denen uns Kunde ward, Schönes und Großes oder
in einer andern Beziehung Merkwürdiges begab, das alles ist von
alten Zeiten her hier in den Tempeln aufgezeichnet und aufbewahrt.
Bei euch und andern Völkern dagegen war man jedesmal eben erst
mit der Schrift und allem andern, dessen die Staaten bedürfen, ver-
sehen, und dann brach, nach Ablauf der gewöhnlichen Frist, wie
eine Krankheit eine Flut vom Himmel über sie herein und ließ von
euch nur die der Schrift Unkundigen und Ungebildeten zurück, so b
daß ihr vom Anbeginn wiederum gewissermaßen zum Jugendalter

zurückkehrt, ohne von dem etwas zu wissen, was so hier wie bei
euch zu alten Zeiten sich begab. Was du daher eben von den alten
Geschlechtern unter euch erzähltest, o Solon, unterscheidet sich nur
wenig von Kindergeschichten, da ihr zuerst nur einer Überschwem-
mung, deren vorher doch viele stattfanden, euch erinnert. So wißt
ihr ferner auch nicht, daß das unter Menschen schönste und treff-
lichste Geschlecht in euerm Lande entsproß, dem du entstammst und
c euer gesamter jetzt bestehender Staat, indem einst ein winziger Sa-
me davon übrigblieb. Das blieb vielmehr euch verborgen, weil die
am Leben Erhaltenen viele Menschengeschlechter hindurch der Spra-
che der Schrift ermangelten. Denn einst, o Solon, vor der größ-
ten Verheerung durch Überschwemmung, war der Staat, der jetzt
der athenische heißt, der tapferste im Kriege und vor allen durch
eine gute gesetzliche Verfassung ausgezeichnet; er soll unter allen
unter der Sonne, von denen die Kunde zu uns gelangte, die schön-
d sten Taten vollbracht, die schönsten Staatseinrichtungen getroffen
haben. Mit Verwunderung habe Solon, erzählte er selbst, das ver-
nommen und inständigst die Priester gebeten, ihm der Reihe nach
genau alles seine Mitbürger aus alter Zeit Betreffende zu berichten.
Diesen Bericht, habe der Priester gesagt, will ich dir nicht mißgön-
nen, Solon, sondern um deiner selbst und deiner Vaterstadt willen
dir ihn mitteilen, vorzüglich aber der Göttin zuliebe, welcher euer
Land und dieses hier zum Lose fiel und die beide gedeihen ließ und
e heranbildete, das eure um tausend Jahre früher, indem sie den Sa-
men eures Volkes vom Hephaistos und der Erde überkam, das hie-
sige später. Die Zahl der Jahre aber seit der hier bestehenden Ein-
richtung unseres Staates ist in der geweihten Schrift auf achttau-
send Jahre angegeben. Von deinen vor neuntausend Jahren le-
benden Mitbürgern nun will ich dir ganz kurz die Gesetze und die
schönste Heldentat, die von ihnen vollbracht ward, berichten; das
24 a Genauere über alles aber wollen wir später der Reihe nach, indem
wir die Schriften selber zur Hand nehmen, erörtern. Auf ihre Ge-
setze mache einen Schluß von den hier geltenden; denn viele den
damals bei euch bestehenden ähnliche wirst du jetzt hier vorfinden,
zuerst den von den übrigen getrennten Stand der Priester, dann den
der Werkmeister, deren jeder, von dem andern getrennt, sein eige-
nes Geschäft betreibt, sowie den der Hirten und Jäger und Landwir-
b te; auch den Stand der Krieger, dem vom Gesetze der Auftrag ward,
um weiter nichts als um den Krieg sich zu kümmern, siehst du doch
wohl hier von jedem anderen geschieden. Ferner ist auch die Art der
Rüstung mit Schild und Speer dieselbe, deren wir unter den Bewoh-
nern Asiens zuerst uns bedienten, indem die Göttin sie uns, wie
euch in dortiger Gegend zuerst, lehrte. Was aber die Verstandes-
bildung anbetrifft, siehst du wohl, welche Sorgfalt die hiesige Ge-
setzgebung sogleich von Anbeginn an ihr widmete in bezug sowohl
c auf die Weltordnung, indem sie alles insgesamt, bis auf die Seher-
und Heilkunst zur Gesundheit, aus diesen göttlichen Dingen für

die menschlichen Angelegenheiten herleitete und auch in den Besitz aller andern damit verbundenen Kenntnisse sich setzte. Insofern also die Göttin euch zuerst diese gesamte Anordnung und Ausbildung verlieh, wies sie euch auch euern Wohnsitz an und wählte die Stätte, der ihr entsprossen seid, dazu aus, weil sie in der Jahreszeiten günstigem Wechsel erkannte, daß sie die verständigsten Bewohner erzeugen werde. Als dem Kriege und der Weisheit hold, wähl- d
te die Göttin diejenige Stätte aus, die bestimmt war, die ihr zunächst kommenden Menschen zu erzeugen, und gründete da zuerst einen Staat. In diesem lebtet ihr also unter solchen Gesetzen und einer noch vollkommeneren Verfassung, in jeder Tugend vor allen Menschen ausgezeichnet, wie es sich von euch, als Abkömmlingen und Zöglingen der Götter, erwarten ließ. Demnach erregen viele und große von euch hier aufgezeichnete Heldentaten eurer Vaterstadt Bewunderung, vor allem aber zeichnet sich eine durch ihre Bedeutsamkeit und den dabei bewiesenen Heldenmut aus; denn das Auf- e
gezeichnete berichtet, eine wie große Heeresmacht dereinst euer Staat überwältigte, welche von dem Atlantischen Meere her übermütig gegen ganz Europa und Asien heranzog. Damals war nämlich dieses Meer schiffbar; denn vor dem Eingange, der, wie ihr sagt, die Säulen des Herakles heißt, befand sich eine Insel, größer als Asien und Libyen zusammengenommen, von welcher den damals Reisenden der Zugang zu den übrigen Inseln, von diesen aber zu dem ganzen gegenüberliegenden, an jenem wahren Meere ge- 25 a
legenen Festland offenstand. Denn das innerhalb jenes Einganges, von dem wir sprechen, Befindliche erscheint als ein Hafen mit einer engen Einfahrt; jenes aber wäre wohl wirklich ein Meer, das es umgebende Land aber mit dem vollsten Rechte ein Festland zu nennen. Auf dieser Insel Atlantis vereinte sich auch eine große, wundervolle Macht von Königen, welcher die ganze Insel gehorchte sowie viele andere Inseln und Teile des Festlandes; außerdem herrschten sie auch innerhalb, hier in Libyen bis Ägypten, in Europa aber bis b
Tyrrhenien. Diese in eins verbundene Gesamtmacht unternahm es nun einmal, euer und unser Land und das gesamte diesseits des Eingangs gelegene durch *einen* Heereszug zu unterjochen. Da nun, o Solon, wurde das Kriegsheer eurer Vaterstadt durch Tapferkeit und Mannhaftigkeit vor allen Menschen offenbar. Denn indem sie durch Mut und die im Kriege anwendbaren Kunstgriffe alle übertraf, geriet sie, teils an der Spitze der Hellenen, teils, nach dem Abfalle c
der übrigen, notgedrungen auf sich allein angewiesen, in die äußersten Gefahren, siegte aber und errichtete Siegeszeichen über die Heranziehenden, hinderte sie, die noch nicht Unterjochten zu unterjochen, uns übrigen insgesamt aber, die wir innerhalb der Heraklessäulen wohnen, gewährte sie großzügig die Befreiung. Indem aber in späterer Zeit gewaltige Erdbeben und Überschwemmungen eintraten, versank, indem nur ein schlimmer Tag und eine schlimme d
Nacht hereinbrach, eure Heeresmacht insgesamt und mit einem

Male unter die Erde, und in gleicher Weise wurde auch die Insel Atlantis durch Versinken in das Meer den Augen entzogen. Dadurch ist auch das dortige Meer unbefahrbar und undurchforschbar geworden, weil der in geringer Tiefe befindliche Schlamm, den die untergehende Insel zurückließ, hinderlich wurde.

[4. Bereitschaft des Kritias, die Erzählung im einzelnen zu berichten. Voranstellung einer Rede des Timaios über das Entstehen der Welt]

Was der alte Kritias dem, was Solon gehört hatte, zufolge sagt,
e hast du, Sokrates, in aller Kürze vernommen. Als du aber gestern
vom Staate und von dessen Bürgern, wie du sie darstelltest,
sprachst, bewunderte ich es, an das, was ich eben erzählte, mich er-
innernd, wie du zufällig, als ob ein Dämon aus dir spräche, mei-
stens nicht ungenau mit dem, was Solon sagte, zusammenstimmtest.
26 a Doch wollte ich nicht sogleich das Wort ergreifen, denn wegen der
Länge der Zeit war jenes mir nicht zur Genüge erinnerlich; so er-
kannte ich also, ich werde, bevor ich rede, mir selbst alles hinrei-
chend in das Gedächtnis zurückrufen müssen. Daher sagte ich dir
sogleich bereitwillig zu, was du gestern begehrtest, in der Meinung,
wir würden, was bei solchen Aufgaben das Schwierigste ist, so ziem-
lich imstande sein, unserer Unterhaltung eine deinen Wünschen ent-
sprechende Untersuchung zugrunde zu legen. Darum berichtete ich
b sogleich gestern, wie unser Freund da erzählte, diesen meine Erin-
nerungen; nach meiner Heimkehr aber wiederholte ich mir, so ziem-
lich alles durchdenkend, in der Nacht das Ganze, da gewiß, wie man
zu sagen pflegt, das vom Knaben Erlernte in bewundernswürdi-
ger Weise im Gedächtnis haftet. Denn ich weiß nicht, ob ich wohl
imstande sein würde, alles, was ich gestern hörte, im Gedächtnis
wieder aufzuspüren; dagegen sollte es mich sehr wundern, wenn
mir etwas von dem, was ich vor sehr langer Zeit genau hörte, ent-
c fallen wäre. Damals also vernahm ich es unter großer Lust und Kurz-
weil, indem der Greis auf meine oft wiederholten Fragen bereit-
willig mich beschied, so daß es wie eingebrannte Schrift unauslösch-
bar in mir haftet. Auch diesen Freunden erzählte ich gleich am Mor-
gen dasselbe, damit es ihnen so wenig wie mir an Redestoff gebre-
che. Jetzt also, Sokrates, siehst du mich bereit, und deshalb führ-
te ich alles eben Gesagte an, es nicht bloß im allgemeinen, sondern
jedes einzeln, wie ich es vernahm, zu berichten. Wir wollen aber
die Bürger und den Staat, den du gestern als ein Erdichtetes uns
d darstelltest, jetzt auf das wirklich Geschehene hier übertragen und
annehmen, jener sei derselbe mit diesem, und behaupten, die Bür-
ger, wie du sie dir dachtest, seien unsere wahrhaften Voreltern,
von denen der Priester erzählte. Sie werden durchaus mit diesen im
Einklang stehen und wir keinen Mißgriff tun, wenn wir sagen, daß
sie die zu jener Zeit Lebenden sind. Indem wir aber alle gemein-
schaftlich die Sache vornehmen, wollen wir nach Kräften versuchen,
die uns von dir gestellte Aufgabe auf eine angemessene Weise zu

lösen. Darum hast du, Sokrates, jetzt zu erwägen, ob diese Erzählung nach deinem Sinne ist oder ob wir an ihrer Stelle noch eine e
andere suchen müssen.

Sokrates: Welche könnten wir wohl lieber vornehmen als diese, o Kritias, da sie ja wohl dem gegenwärtigen Opferfeste der Göttin ihrer Zugehörigkeit wegen am angemessensten ist; auch, daß es nicht eine erdichtete Sage, sondern eine wahrhafte Erzählung ist, ist etwas sehr Großes. Denn wie und woher sollten wir, wollten wir diese nicht berücksichtigen, andere auffinden? Das ist nicht möglich; sondern euch kommt es zu, getrost das Wort zu nehmen, mir aber, zum Entgelt meines gestrigen Berichtes, jetzt ruhig zuzu- 27 a
hören.

Kritias: Erwäge aber, Sokrates, die von uns festgestellte Aufeinanderfolge der dir bestimmten Gastgeschenke. Es schien uns nämlich angemessen, daß Timaios, als der Sternkundigste unter uns und derjenige, der es zur Hauptaufgabe seines Lebens machte, zur Kenntnis der Natur des Weltalls zu gelangen, zuerst rede und damit beginne, über die Entstehung der Welt zu sprechen, mit der Erzeugung des Menschen aber schließe. Nach ihm aber ich, nachdem ich von ihm die Menschen, seinem Vortrage zufolge, ins Dasein gerufen, von dir aber einige als in hohem Grade ausgebildet überkam, sie, der Erzählung und Gesetzgebung Solons gemäß, als b
Richter uns vorführe und, als seien es die Athener jener Zeit, zu Bürgern unseres Staates mache, von denen die in den heiligen Schriften niedergelegte Sage verkündet, sie seien von der Erde verschwunden, und von ihnen hinfort als unseren Bürgern und Athenern spreche.

Sokrates: So soll mir, scheint es, in vollkommener und glänzender Weise mein Redeschmaus vergolten werden! Demnach dürfte es also nun wohl, wie es scheint, an dir, o Timaios, sein, das Wort zu nehmen, nachdem du, der Sitte gemäß, der Götter Beistand dir erflehtest.

[5. Unterscheidung zwischen dem Seienden und dem Werdenden. Die Welt als geworden und als nach einem Vorbild geschaffenes Abbild]

Timaios: Tun das doch alle, wenn auch nur ein wenig Besonnen- c
heit ihnen zuteil ward; sie riefen wohl stets beim Beginn eines jeden Unternehmens, ob groß oder klein, Gott an. Wir aber, die wir über das All zu sprechen im Begriff sind, wie es entstanden oder vielleicht auch nicht entstanden sei, müssen, sind wir nicht durchaus auf Irrwegen, notwendig, unter Anrufung der Götter und Göttinnen, zu ihnen flehen, daß wir am meisten nach ihrem Sinne, demzufolge aber auch nach unserem reden. Was nun die Götter angeht, so mö- d
gen sie so angerufen sein, uns selbst aber müssen wir zu solcher Rede aufrufen, wie ihr es am leichtesten faßt, ich aber am besten meine Gedanken über den vorliegenden Gegenstand euch darzulegen vermag.

Zuerst nun haben wir, meiner Meinung nach, dies zu unterscheiden: was ist das stets Seiende, das Entstehen nicht an sich hat, und
28 a was das stets Werdende, aber niemals Seiende; das eine, stets gemäß demselben Seiende ist durch Vernunft mit Denken zu erfassen, das andere dagegen durch Vorstellung vermittels vernunftloser Sinneswahrnehmung vorstellbar, als entstehend und vergehend, nie aber wirklich seiend. Alles Entstehende muß ferner notwendig aus einer Ursache entstehen; denn jedem ist es unmöglich, ohne Ursache das Entstehen zu erlangen. Wessen Erzeuger aber, mit stetem Hinblick auf das stets sich gleich Verhaltende, nach einem solchen Vorbilde dessen Gestalt und Kraft erschafft, das muß not-
b wendig schön vollendet werden im Ganzen; wessen Erzeuger aber auf das Gewordene hinblickt und etwas Gewordenes zum Vorbild nimmt, das unschön. Der ganze Himmel aber — oder die Welt, oder welcher Name sonst jemandem dafür belieben mag, der sei uns genehm —, von ihm müssen wir zuerst erwägen, was es offenbar anfangs bei jedem zu erwägen gilt, ob er stets war und kein Anfang seines Entstehens stattfand, oder ob er, von einem Anfange ausgehend, entstand.

Er entstand; denn er ist sichtbar und betastbar und hat einen Körper. Alles Derartige aber ist wahrnehmbar, alles Wahrnehmbare
c aber, durch Vorstellung vermittels Sinneswahrnehmung zu erfassen, zeigte sich als ein Werdendes und Erzeugtes; von dem Gewordenen aber behaupten wir ferner, daß es notwendig aus einer Ursache hervorging.

Also den Urheber und Vater dieses Weltalls aufzufinden, ist schwer, nachdem man ihn aber auffand, ihn allen zu verkünden, unmöglich. Dies aber müssen wir ferner über es erwägen, nach wel-
29 a chem Vorbilde sein Werkmeister es auferbaute, ob nach dem stets ebenso und in gleicher Weise Beschaffenen oder nach dem Gewordenen. Ist aber diese Welt schön und ihr Werkmeister gut, dann war offenbar sein Blick auf das Unvergängliche gerichtet, bei der Voraussetzung dagegen, die auch nur auszusprechen frevelhaft wäre, auf das Gewordene. Jedem aber ist gewiß offenbar, auf das Unvergängliche, denn sie ist das Schönste alles Gewordenen, er der beste aller Urheber. So also entstanden, ist sie nach dem durch Nachdenken und Vernunft zu Erfassenden und stets sich Gleichbleibenden
b auferbaut; da sich aber dies so verhält, ist es durchaus notwendig, daß diese Welt von etwas ein Abbild sei. Das Wichtigste aber ist, bei allem von einem naturgemäßen Anfange auszugehen. So nun muß man sich in Hinsicht auf das Abbild und sein Vorbild erklären, daß jeweils die Reden, wessen Ausleger sie sind, eben dem auch verwandt sind. Die Aussagen von dem Beharrlichen, Gewissen, der Vernunft Offenbaren müssen beharrlich und unveränderlich sein — soweit möglich ist und es Reden zukommt, unwiderlegbar und unerschütterlich zu sein, daran dürfen sie nichts fehlen las-
c sen; die aber von dem jenem Nachgebildeten, welches ein Abbild

ist, die müssen wahrscheinlich sein und im Verhältnis zu jenen stehen; denn wie das Sein zum Werden, so verhält sich die Wahrheit zum Glauben. Wundere dich also nicht, o Sokrates, wenn wir in vielen Dingen über vieles, wie die Götter und die Entstehung des Weltalls, nicht imstande sind, durchaus und durchgängig mit sich selbst übereinstimmende und genau bestimmte Aussagen aufzustellen. Ihr müßt vielmehr zufrieden sein, wenn wir sie so wahrscheinlich wie irgendein anderer geben, wohl eingedenk, daß mir, dem
Aussagenden, und euch, meinen Richtern, eine menschliche Natur d
zuteil ward, so daß es uns geziemt, indem wir die wahrscheinliche Rede über diese Gegenstände annehmen, bei unseren Untersuchungen diese Grenze nicht zu überschreiten.

Sokrates: Sehr gut, Timaios, das müssen wir durchaus, wie du begehrst, annehmen. Dein Vorspiel hat also unbedingt unsern Beifall, fahre nun in deinem Gesange fort und führe ihn hinaus.

[6. Grund der Schöpfung und Vorbild der Welt. Ihre Einzigkeit]

Timaios: Geben wir denn an, welcher Grund den Ordner alles
Entstehens und dieses Weltganzen, es zu ordnen, bestimmte. Er war e
gut; im Guten aber erwächst niemals und in keiner Beziehung Mißgunst. Dieser fern wollte er, daß alles ihm selbst möglichst ähnlich werde. Mit dem größten Rechte möchte jemand wohl der Rede wei-
ser Männer, die das für den hauptsächlichsten Ursprung des Ent- 30 a
stehens und der Welt erklären, Glauben beimessen. Indem nämlich Gott wollte, daß alles gut und, soviel wie möglich, nichts schlecht sei, brachte er, da er alles Sichtbare nicht in Ruhe, sondern in ungehöriger und ordnungsloser Bewegung vorfand, dasselbe aus der Unordnung zur Ordnung, da ihm diese durchaus besser schien als jene. Aber dem Besten war es weder, noch ist es ihm gestattet, etwas an-
deres als das Schönste zu tun; indem er also von dem seiner Natur b
nach Sichtbaren den Schluß machte, fand er, daß nichts des Denkvermögens Entbehrendes als Ganzes je schöner sein werde als das mit Vernunft Begabte als Ganzes, daß aber unmöglich ohne Seele etwas der Vernunft teilhaftig werden könne. Von diesem Schlusse bewogen, verlieh er der Seele Vernunft und dem Körper die Seele und gestaltete daraus das Weltall, um so das seiner Natur nach schönste und beste Werk zu vollenden.

So also sei, müssen wir der Wahrscheinlichkeit nach annehmen, durch Gottes Fürsorge diese Welt als ein beseeltes und in Wahrheit
mit Vernunft begabtes Lebendes entstanden. Dies angenommen, müs- c
sen wir nun ferner angeben, welchem Lebenden ähnlich der Ordner es ordnete. Keinem seiner Natur nach unter dem Begriffe des Teiles Befaßten wollen wir diesen Vorzug zuerkennen; denn nimmer möchte wohl etwas einem Unvollkommenen Ähnliches zu einem Schönen werden; wir wollen vielmehr annehmen, daß es vor allem dem am ähnlichsten sei, dessen Teil alles Lebende einzeln und seinen Gattungen nach ist; denn jenes umfaßt und schließt alles denkbare Le-

d bende in sich, wie dieses Weltall uns und alle außer uns sichtbaren
Geschöpfe. Indem er es also dem schönsten unter allem Gedachten
und in jeder Beziehung Vollkommenen möglichst ähnlich zu ma-
chen beabsichtigte, ordnete er es an als *ein* sichtbares Lebendes, wel-
31 a ches alles von Natur ihm verwandte Lebende in sich faßt.

Haben wir also mit Recht von *einem* Himmel gesprochen, oder
war es richtiger, von vielen und unendlichen zu reden? Von *einem*,
soll er nach seinem Vorbilde auferbaut sein; denn was da alle denk-
baren Lebewesen umfaßt, dürfte wohl nimmer als Zweites neben
einem andern sein. Ein anderes Lebendes müßte ja dann wieder je-
ne beiden einschließen, wovon sie ein Teil wären, und man würde
nicht sagen, daß die Welt nach jener beiden, sondern richtiger, daß
sie nach dieses, des Umschließenden, Ähnlichkeit gestaltet sei. Da-
b mit diese nun als ein Alleiniges dem durchaus vollkommenen Le-
benden ähnlich sei, darum gestaltete ihr Urheber weder zwei noch
unendliche Welten, sondern dieser Himmel ward als ein alleiniger
und eingeborener und wird es ferner sein.

*[7. Der Leib der Welt. Grund seines Bestehens aus vier Bestand-
teilen und seiner Kugelgestalt]*

Das Gewordene muß aber ein Körperliches, ein Sichtbares und
Betastbares sein. Nun dürfte wohl nichts je ohne Feuer sichtbar noch
ohne ein Festes betastbar werden, Festes aber nicht ohne Erde. Da-
her schuf der Gott, als er den Leib des Alls zusammenzusetzen be-
gann, ihn aus Feuer und Erde. Nur zwei Bestandteile aber ohne einen
c dritten wohl zu verbinden, ist nicht möglich; denn inmitten beider
muß ein beide verknüpfendes Band entstehen. Das schönste aller Bän-
der ist nun das, welches das Verbundene und sich selbst soviel wie
möglich zu einem macht; das aber vermag seiner Natur nach am
besten ein gegenseitiges Verhältnis zu bewirken. Wenn sich nämlich
32 a von irgendwelchen drei Zahlen oder Massen oder Flächen die mittle-
re zur letzten wie die erste zu ihr sich verhält, und so auch die letz-
te zur mittleren wie diese zur ersten, so folgt, indem die mittlere
zur ersten und letzten wird und die letzte und erste beide zu mitt-
leren, daraus notwendig, daß alle dieselben seien, indem sie aber
untereinander zu demselben werden, daß alle eins sein werden. Soll-
te nun der Leib des Weltganzen zu einer keine Tiefe habenden Flä-
che werden, dann wäre *ein* Vermittelndes ausreichend, sich selbst
b und das ihm Zugehörige zu verbinden. Nun aber kam es ihm zu,
zu einem Festen zu werden, das Feste aber verbinden nicht ein,
sondern immer zwei Mittelglieder; demnach also, indem der Gott
inmitten zwischen Feuer und Erde Wasser und Luft einfügte und sie
zueinander soviel wie möglich in demselben Verhältnis schuf, näm-
lich wie Feuer zur Luft, so Luft zum Wasser, und wie Luft zum Was-
ser, so Wasser zur Erde, verknüpfte und gestaltete er so den sicht-
baren und greifbaren Himmel. Und deswegen ward aus diesen und
c derartigen, der Zahl nach vierfachen Bestandteilen der Leib des Welt-

ganzen erzeugt als durch das Verhältnis übereinstimmend, und er
erlangte Befreundetheit aus diesen, so daß er, mit sich selbst zu dem-
selben vereint, für jeden andern mit Ausnahme dessen, welcher ihn
verknüpfte, unauflöslich war.

Von diesen vieren aber hat das Weltgefüge jedes einzelne ganz
in sich aufgenommen. Aus dem gesamten Feuer, Wasser, Luft und
Erde fügte es nämlich derjenige, welcher es zusammenfügte, zusam-
men, ohne außerhalb desselben einen Teil oder die Kraft irgendeines
jener zurückzulassen, in der Absicht, daß erstens *ganz*, so sehr mög- d
lich, das vollkommene Lebende sei und aus vollkommenen Teilen
bestehend und außerdem ein Eines, da ja nichts übriggelassen war, 33 a
woraus ein anderes der Art gebildet werden konnte, sowie ferner,
damit es unalternd und keinem Siechtum unterworfen sei, indem er
erwog, daß Warmes und Kaltes und alles, was eine große Kraft übt,
wenn es auf einen zusammengesetzten Körper, von außen ihn um-
gebend, zur Unzeit einwirkt, ihn auflöst und durch Herbeiführung
von Alter und Krankheiten untergehen läßt. Aus diesem Grunde
und durch solche Schlüsse bestimmt, gestaltete er es aus lauter Gan-
zen als *ein* vollkommenes, nie alterndes noch erkrankendes Ganzes
und verlieh ihm die ihm angemessene und verwandte Gestalt. Dem b
Lebenden aber, das bestimmt war, alles Lebende in sich zu umfas-
sen, dürfte wohl die Gestalt angemessen sein, welche alle irgend vor-
handenen Gestalten in sich schließt; darum verlieh er ihm die ku-
gelige, vom Mittelpunkte aus nach allen Endpunkten gleich weit
abstehende kreisförmige Gestalt, die vollkommenste und sich selbst
ähnlichste aller Gestalten, indem er das Gleichartige für unendlich
schöner ansah als das Ungleichartige. Die Außenseite gestaltete er
aber aus vielen Gründen ringsum vollkommen glatt. Bedurfte es c
doch nicht der Augen, denn außerhalb war nichts Sichtbares, nicht
der Ohren, denn auch nichts Hörbares war geblieben; auch keine
des Einatmens fähige Luft umgab es; ebensowenig war es eines
Werkzeuges bedürftig, die Nahrung in sich aufzunehmen und, nach-
dem es dieselbe zuvor verarbeitete, sie wieder fortzuschaffen. Denn
nirgendwärtsher fand ein Zugang oder Abgang statt, war doch
nichts vorhanden, sondern ein Sichselbstverzehren gewährt der Welt
ihre Nahrung; sie ist kunstvoll so gestaltet, daß sie alles in sich
und durch sich tut und erleidet, da ihr Bildner meinte, als sich selbst d
genügend werde sie besser sein als eines andern bedürftig. Auch
Hände, deren sie weder um etwas zu fassen noch zur Abwehr be-
durfte, ihr zwecklos anzufügen, hielt er für unnötig, desgleichen
auch Füße oder überhaupt sonst etwas der zum Gehen erforderli-
chen Dienerschaft. Unter den sieben Bewegungen teilte er ihr die ih- 34 a
rer Gestalt angemessene, dem Nachdenken und dem Verstande am
meisten eigentümliche zu. Indem er sie also gleichmäßig in demsel-
ben Raume und in sich selbst herumführte, machte er sie zu einem
im Kreise sich drehenden Kreise, die anderen sechs Bewegungen aber
entzog er ihr insgesamt und gestattete ihnen keine störende Ein-

wirkung; behufs dieses Umschwungs aber, der der Füße nicht bedarf, bildete er sie ohne Füße und Schenkel.

[8. Die Zusammenfügung der Weltseele]. Diese ganze Schlußfolge des immer seienden Gottes in bezug auf den sein werdenden Gott
b ließ ihn denselben glatt und ebenmäßig und vom Mittelpunkte aus nach allen Richtungen gleich, als ein Ganzes und einen vollkommenen, aus vollkommenen Körpern bestehenden Körper gestalten. Indem er aber seiner Mitte die Seele einpflanzte, ließ er diese das Ganze durchdringen und auch noch von außen her den Körper umgeben und bildete den einen, alleinigen, einzigen Himmel, einen im Kreise sich drehenden Kreis, vermögend, durch eigene Kraft sich selbst zu befruchten, und keines andern bedürftig, sondern sich selbst zur Genüge bekannt und befreundet; so erzeugte er ihn als einen durch dieses alles seligen Gott.

Die Seele aber ward nicht, wie wir jetzt später von ihr zu spre-
c chen versuchen, so auch als das jüngere Erzeugnis von dem Gotte ersonnen; denn nimmer hätte er wohl gestattet, daß das Ältere von dem Jüngeren, mit dem er es verband, beherrscht würde, sondern wir drücken uns wohl nur so aus, wie wir gar häufig vom Zufall und dem Geratewohl abhängen; er aber gestaltete die ihrer Entstehung und ihrer Vorzüglichkeit nach frühere und ältere Seele als Gebieterin und Beherrscherin des ihr unterworfenen Körpers aus solchen
35 a Bestandteilen und auf solche Weise. Zwischen dem unteilbaren, keinem Wechsel unterworfenen Sein und dem teilbaren, in den Körpern werdenden mischte er aus beiden eine dritte Gattung des Seins; was aber wiederum die Natur des Selben und die des Verschiedenen angeht, so stellte er auch bei diesen je eine dritte Gattung zusammen zwischen dem Unteilbaren von ihnen und dem in den Körpern Geteilten. Und diese drei nahm er und vereinte alle zu *einer* Gestalt, indem er die schwer vereinbare Natur des Verschiedenen gewaltsam mit der des Selben in Einklang brachte und sie mit dem Sein ver-
b mischte. Und als er aus Dreien Eines gemacht hatte, teilte er dieses Ganze wieder in soviele Teile, als sich geziemte, deren jeder aus dem Selben, dem Verschiedenen und dem Sein gemischt war. Er begann aber folgende Teilung. Zuerst entnahm er *einen* Teil dem Ganzen, dann das Doppelte desselben, als dritten das Anderthalbmalige des zweiten, aber Dreifache des ersten, als vierten das Doppelte
c des zweiten, als fünften das Dreifache des dritten, als sechsten das Achtfache des ersten, als siebenten das Siebenundzwanzigfache des
36 a ersten; darauf füllte er die zweifachen und dreifachen Abstände dadurch aus, daß er noch mehr Teile abschnitt und sie zwischen dieselben stellte, so daß sich zwischen jedem Abstande zwei Mittelglieder befanden, deren eines um denselben *Teil* der äußeren das eine äußere übertraf, um welchen es von den andern übertroffen wurde, das andere dagegen um die gleiche *Zahl* das eine übertraf und dem andern nachstand; da nun durch diese Verknüpfungen zwi-

schen den ersten Abständen anderthalb-, vierdrittel- und neunach-
telmalige Abstände entstanden, füllte er mit dem neunachtelmali- b
gen Abstande alle vierdritteligen aus, indem er von jedem dersel-
ben einen Teil zurückließ. Das Zahlenverhältnis des von diesem
Abstande zurückgebliebenen Teiles aber verhielt sich wie zwei-
hundertsechsundfünfzig zu zweihundertdreiundvierzig, und so war
also die Mischung, von der er diese Teile abgeschnitten hatte, be-
reits ganz verwendet. Indem er nun diese gesamte Zusammenfügung
der Länge nach zweifach spaltete, die Mitte der einen an die der
andern in der Gestalt eines Chi (X) fügte, bog er sie zusammen und
verband sie durch einen Kreis in eins, jede nämlich der Stelle des c
(ersten) Zusammentreffens gegenüber mit sich selbst und mit der
andern, umschloß sie rings durch die gleichförmige und in *einem*
Raume kreisende Bewegung und führte den einen der Kreise von in-
nen, den anderen von außen herum. Die äußere Bewegung sollte,
gebot er, der Natur des Selben, die innere aber der des Verschiede-
nen angehören. Die des Selben führte er längs der Seite rechts herum,
die des Verschiedenen der Diagonale nach nach links. Doch das Über-
gewicht verlieh er der Umkreisung des Selben und Ähnlichen; denn d
sie allein ließ er ungespalten, die innere dagegen spaltete er sechs-
mal in sieben ungleiche Kreise, jede nach den Abständen des Zwei-
und Dreifachen, deren je drei sind, und gebot den Kreisen, einander
entgegen zu rollen, dreien nämlich mit ähnlicher, den vier übrigen
aber mit einer unter sich selbst und jenen dreien unähnlichen, aber
verhältnismäßigen Schnelligkeit.

[9. Das Erkennen der Seele]

Als nun die ganze Zusammenfügung der Seele der Weisheit des
Zusammenfügenden gemäß gediehen war, gestaltete er darauf al-
les Körperliche innerhalb derselben und brachte es, die Mitte der e
Mitte verbindend, mit ihr in Einklang. Indem sie aber von der Mitte
aus bis zum äußersten Himmel überall hineinverflochten war und
von außen ringsum diesen umschließend selbst in sich selber krei-
ste, begann ihr der göttliche Anfang eines endlosen und vernünfti-
gen Lebens für alle Zeit. Und der Leib des Himmels ward ein sicht-
barer, die Seele aber unsichtbar, doch des Denkens und des Ein-
klanges teilhaftig, indem der Beste alles Denkbaren und immer Sei- 37 a
enden zum Besten alles Gewordenen sie werden ließ. Da sie nun
aus den drei Bestandteilen des Selben, des Verschiedenen und des
Seins nach verhältnismäßiger Verteilung und Verknüpfung also ge-
mischt ist und ihre Kreise um sich selber beschreibt, sagt sie sich,
im ganzen Umkreis ihrer Bewegung — ob sie nun einem Gegenstan-
de von teilbarem oder unteilbarem Sein sich zuwende und mit wem
auch immer er dasselbe sein mag oder wovon auch immer verschie-
den —, in welcher Beziehung eigentlich und in welcher Weise und b
wie und wann es zutrifft, daß der Gegenstand im Bereiche des Wer-
denden in Hinsicht auf etwas jedes ist und annimmt oder in Hin-

sicht auf das, was sich immer auf gleiche Weise verhält. Wenn nun diese Rede, ebenso wahr, ob sie dem Verschiedenen oder dem Selben sich zuwende, indem sie in dem sich selbst Bewegenden laut- und geräuschlos sich erhebt, auf das sinnlich Wahrnehmbare sich erstreckt und des Verschiedenen richtiger Kreislauf der ganzen Seele davon Kunde gibt, dann erzeugen sich zuverlässige und richtige Mei-
c nungen und Annahmen; wendet sie sich dagegen dem Denkbaren zu und bringt es des Selben beweglicher Kreislauf zu ihrer Kunde, dann gedeiht notwendig Vernunft und Wissen zur Vollendung. Behauptete aber jemand, daß dieses beides in etwas anderem als in der Seele sich erzeuge, dann trifft seine Behauptung mehr mit irgend etwas anderem als mit der Wahrheit zusammen.

[10. Erschaffung der Zeit als bewegliches Abbild der Unvergänglichkeit]

Als nun der Vater, der es erzeugte, in dem Weltganzen, indem er es in Bewegung und vom Leben durchdrungen sah, ein Schmuckstück für die ewigen Götter erblickte, ergötzte es ihn, und erfreut sann er darauf, seinem Urbilde es noch ähnlicher zu gestalten. Gleich-
d wie nun dieses selbst ein unvergänglich Lebendes ist, versuchte er auch dieses Weltganze soviel wie möglich zu einem solchen zu vollenden. Da nun die Natur dieses Lebenden aber eine unvergängliche ist, diese Eigenschaft jedoch dem Erzeugten vollkommen zu verleihen unmöglich war: so sann er darauf, ein bewegliches Bild der Unvergänglichkeit zu gestalten, und machte, dabei zugleich den Himmel ordnend, dasjenige, dem wir den Namen Zeit beigelegt haben, zu einem in Zahlen fortschreitenden unvergänglichen Bilde der in dem Einen verharrenden Unendlichkeit. Da es nämlich, bevor
e der Himmel entstand, keine Tage und Nächte, keine Monate und Jahre gab, so ließ er damals, indem er jenen zusammenfügte, diese mit entstehen; diese aber sind insgesamt Teile der Zeit, und das ‹war› und ‹wird sein› sind gewordene Formen der Zeit, die wir, uns selbst unbewußt, unrichtig auf das unvergängliche Sein übertragen. Denn wir sagen doch: Es war, ist und wird sein; der richtigen Aus-
38 a drucksweise zufolge kommt aber jenem nur das ‹ist› zu, das ‹war› und ‹wird sein› ziemt sich dagegen nur von dem in der Zeit fortschreitenden Werden zu sagen, sind es doch Bewegungen; dem stets sich selbst gleich und unbeweglich Verharrenden aber kommt es nicht zu, durch die Zeit jünger oder älter zu werden, noch irgend einmal geworden zu sein oder es jetzt zu sein oder in Zukunft zu werden, und überhaupt nichts, was das Werden dem in Sinneswahrnehmung Beweglichen anknüpfte; vielmehr sind diese entstanden als Begriffe der die Unvergänglichkeit nachbildenden und nach Zahlenverhältnissen Kreisläufe beschreibenden Zeit. Außerdem aber bedienen wir uns auch noch folgender Ausdrücke: Das Gewordene
b *sei* ein Gewordenes, das Werdende *sei* ein Werdendes und das zu werden Bestimmte *sei* ein zu werden Bestimmtes sowie das Nicht-

seiende *sei* ein Nichtseiendes, aber keiner derselben ist vollkommen genau. Darüber gegenwärtig in genauere Erörterungen uns einzulassen, dürfte aber wohl nicht an der Zeit sein.

[11. Die Planeten als Erzeuger der Zeit. Ihre Bahnen]

Die Zeit entstand also mit dem Himmel, damit, sollte je eine Auflösung stattfinden, sie als zugleich erzeugt zugleich aufgelöst würden, und nach dem Vorbilde des durchaus unvergänglichen Wesens, damit sie ihm so ähnlich wie möglich sei; denn das Vorbild c
ist die ganze Ewigkeit hindurch seiend, die Zeit hingegen fortwährend zu aller Zeit geworden, seiend und sein werdend. Der Weisheit und solcher Absicht Gottes bei Erzeugung der Zeit zufolge entstanden nun, damit die Zeit entstehe, Sonne und Mond und fünf andere Sterne, die den Namen Planeten führen, zur Begrenzung und Feststellung der die Zeit bezeichnenden Zahlen; nachdem aber der Gott für jeden von ihnen Körper gestaltet hatte, wies er den sieben die sieben Bahnen an, in welchen sich der Kreislauf des Verschiedenen bewegt, dem Monde die nächste um die Erde, der Sonne die d
zweite über der Erde, dem Morgensterne aber und dem seinem Namen nach dem Hermes geweihten an Schnelligkeit dem der Sonne gleiche Kreise, doch eine dieser entgegengesetzte Kraft besitzende, so daß die Sonne und der Planet des Hermes und der Morgenstern einander überholen und voneinander überholt werden. Wollte aber jemand die Bahnen, in welche er die anderen und aus welchen Ursachen er sie setzte, alle durchgehen, so würde diese nicht zur Sache gehörige Darstellung der dazu erforderlichen Mühe nicht angemes- e
sen sein. Vielleicht aber dürfte sich später die Muße finden, diesen Gegenstand auf eine seiner würdige Weise zu behandeln.

Nachdem nun jeder Himmelskörper, dessen es zur Hervorbringung der Zeit bedurfte, in die ihm zukommende Bahn gelangt war und diese Körper, durch seelische Bande zusammengehalten, zu lebenden Wesen wurden und das ihnen Gebotene vernommen hatten, beschrieb der eine auf der schiefen Bahn des Verschiedenen, welche die des Selben, von dieser abhängig, durchschnitt, einen grö- 39 a
ßeren, der andere einen kleineren Kreis, der den kleineren beschreibende in schnellerem, der den größeren in langsamerem Umschwung. Aber vermöge der Bewegung des Selben hatte es den Anschein, daß die am schnellsten sich bewegenden von den langsameren, die sie überholten, überholt würden. Denn indem sie sie alle ihre Kreise in Schneckenwindungen beschreiben ließ, bewirkte sie, da diese zugleich in zwei getrennten und entgegengesetzten Richtungen sich bewegten, daß der am langsamsten von ihr, der schnellsten, sich b
entfernende als der ihr nächste erschien. Damit es aber ein augenfälliges Maß der gegenseitigen Schnelligkeit und Langsamkeit gebe, mit der sie in den acht Bahnen sich bewegten, entzündete der Gott in dem von der Erde aus zweiten der Kreisumläufe ein Licht, welches wir eben Sonne nannten, damit es möglichst dem gesam-

ten Himmel leuchte und damit die lebenden Wesen, deren Natur das
angemessen erschien, die Zahl besäßen, über welche sie der Um-
schwung des Selben und Gleichförmigen belehrte. So und deshalb
c ist nun Tag und Nacht entstanden, der Umschwung der einen und
besonnensten Kreisbahn; der Monat aber, wenn der seinen Kreis-
lauf beschreibende Mond die Sonne wieder einholt, und das Jahr,
wenn die Sonne ihren Kreislauf vollendete. Die Umläufe der übri-
gen Planeten haben die Menschen, mit Ausnahme weniger unter
vielen, nicht begriffen und geben weder ihnen Namen, noch mes-
sen sie, angestellten Beobachtungen zufolge, ihre Bahnen nach Zah-
d len gegeneinander ab, so daß sie schier nicht wissen, daß die schwer
zu bestimmende Mannigfaltigkeit und der wundervolle Wechsel
ihres Umherschweifens Zeit ist. Demungeachtet läßt es nichtsdesto-
weniger sich begreifen, daß die vollkommene Zeitenzahl das voll-
kommene Jahr dann abschließt, wenn die gegeneinander abgelau-
fene Schnelligkeit der sämtlichen acht Umläufe, abgemessen nach
dem Kreise des Selben und des gleichförmigen Fortschreitens, ihre
Ausgangspunkte erreicht. Demnach und aus diesen Gründen wur-
den diejenigen Sterne erzeugt, welche auf ihrer Bahn durch den
Himmel ihre Wendepunkte haben, damit dieses Weltganze dem voll-
e kommenen und denkbaren Lebenden, dessen unvergängliches We-
sen nachbildend, so ähnlich wie möglich werde.

[12. Die vier Gattungen des Lebenden. Bewegung und Wesen der sichtbaren Götter]

Schon war bis zur Erzeugung der Zeit das übrige seinem Urbilde
nachgebildet; nur insofern war das Nachbild diesem unähnlich, als
es noch nicht alle die Lebewesen als in sich erzeugte umschloß.
Dieses ihm noch Mangelnde vollendete er, der Natur des Urbildes
es nachgestaltend. In welcher Weise nun die Vernunft in dem Le-
benden, was *ist*, darinseiende Gattungen erschaut, so erkannte er,
daß auch das Nachbild dieselben in gleicher Anzahl und Beschaf-
fenheit umfassen müsse. Deren sind aber vier: die eine der Götter
40 a himmlisches Geschlecht, die andere das geflügelte, die Lüfte durch-
schneidende, die dritte die im Wasser hausende Art, die vierte die
dahinwandelnde und auf dem Festland lebende. Die Gattung des
Göttlichen gestaltete er größtenteils aus Feuer, damit sie am glän-
zendsten sei und den schönsten Anblick gewähre, machte sie, Ähn-
lichkeit mit dem Weltall ihr zu verleihen, wohlgerundet und setzte
sie in die Besonnenheit des Besten, welchem sie nachstrebt, sie rings-
um über den Himmel verteilend, auf daß dieser, durch sie aller-
wärts ausgeschmückt, zu einer wahren Weltordnung werde. Je-
dem verlieh er aber eine zwiefache Bewegung, die eine gleichmäßig
und auf derselben Stelle, indem seine Vorstellungen über dasselbe
b stets dieselben und mit sich im Einklange sind, die andere aber
fortschreitend, da der Umschwung des Selben und Ähnlichen ihn
forttreibt. In bezug auf die fünf übrigen Bewegungen aber ist er un-

beweglich und feststehend, damit jeder derselben zum möglichst besten werde. Aus diesem Grunde entstanden diejenigen Sterne, welche ihre Stellung nicht verändern, lebende Wesen göttlicher Art und unvergänglich, die in gleichmäßiger Weise sich umwälzend stets an derselben Stelle verharren; die sich umwendenden und einen solchen Lauf beschreibenden dagegen wurden, wie wir im Vorhergehenden bemerkten, nach dem Vorbilde jener gebildet, die Erde aber, unsere Ernährerin, befestigt an der durch das Weltall hindurchge- c
henden Weltachse, bildete er zur Erzeugerin und Hüterin der Nacht und des Tages, die erste und ehrwürdigste der innerhalb des Himmels erzeugten Götter. Aber die Reigentänze eben dieser Götter und ihr Vorübergehen aneinander, sowie das Zurückkehren dieser Kreisbahnen im Verhältnis zu sich selbst und ihr Voranschreiten; welche dieser Götter bei ihrem Zusammentreffen in Vereinigung treten und welche in Gegenschein; durch welcher derselben Vorübergehen aneinander und zu welchen Zeiten jegliche, indem sie den Augen entzogen werden und wieder zum Vorschein kommen, Befürchtungen erregen und denjenigen, welche so etwas nicht zu berechnen vermögen, als Vorzeichen der Dinge, die da kommen sol- d
len, erscheinen: darüber ohne genaues Betrachten der bekannten Nachbildungen sprechen zu wollen, wäre ein eitles Bemühen; vielmehr ist das bisher Gesagte ausreichend, und unsere Rede über das Wesen der sichtbaren und entstandenen Götter sei hiermit beschlossen.

[13. Die übrigen Götter. Der Auftrag des Weltschöpfers an sie]

Über die übrigen Götter aber zu sprechen, um ihrer Erzeugung nachzuforschen, übersteigt unsere Kräfte, vielmehr müssen wir denen Glauben beimessen, die früher darüber gesprochen haben, da sie, ihrer Behauptung nach, Abkömmlinge der Götter waren und doch wohl genau ihre eigenen Voreltern kannten; sonach ist es unmöglich, den Göttersöhnen den Glauben zu verweigern; wir müs- e
sen ihnen den Gesetzen gehorchend glauben, obgleich sie ihre Reden nicht durch wahrscheinliche und schlagende Gründe unterstützen, sondern ihnen Wohlbekanntes zu verkündigen behaupten. Folgendergestalt verhalte es sich also nach ihrem Zeugnis mit der Erzeugung dieser Götter, und so laute unsere Rede. Kinder der Ge und des Uranos waren Okeanos und Tethys, dieser aber Phorkys, Kronos und Rhea und die zu diesen gehören; dem Kronos und der 41 a
Rhea entstammen ferner Zeus, Here und alle, von denen wir wissen, daß sie Geschwister dieser heißen, sowie noch andere Abkömmlinge dieser. Als nun alle Götter, welche sichtbar umherwandeln, sowie diejenigen, die nach eigener Willkür sich uns offenbaren, geboren waren, sprach zu ihnen derjenige, der dieses ganze Weltall erzeugte, also:

«Ihr Götter göttlichen Ursprungs, welcher Werke Urheber und Vater ich bin, die sind als durch mich hervorgebracht ohne meinen Willen unauflösbar. Nun ist alles, was verbunden ward, auch

b wieder auflösbar; aber frevelhaft wäre es, das gut Zusammenge-
fügte und wohl Bestehende wieder auflösen zu wollen. Demnach
seid ihr, als entstanden, nicht unsterblich noch durchaus unauflös-
bar, werdet aber nicht wieder aufgelöst werden noch dem Lose des
Todes anheimfallen, da mein Wille für euch ein noch stärkeres und
mächtigeres Band ist, als was bei euerm Entstehen euch verband.
Vernehmt also, was ich jetzt verkündend euch sage. Noch sind drei
sterbliche Geschlechter zu erzeugen übrig, ohne deren Entstehen das
Weltganze unvollendet bleibt, indem es nicht alle Gattungen des Le-
c benden in sich umfassen wird; das muß es aber, soll es ein ganz
Vollendetes sein. Gelangte nun dieses durch mich zur Entstehung
und zum Leben, dann würde es den Göttern gleichgestellt; damit die-
se also sterblich und dieses All in Wahrheit ein Allumfassendes sei,
so wendet ihr euch, euerm Wesen nach, zur Hervorbringung der le-
benden Geschöpfe und sucht die von mir bei eurer Erzeugung be-
wiesene Schöpferkraft nachzuahmen. Was aber an ihnen gleichen
Namen mit den Unsterblichen zu führen verdient, was göttlich ge-
nannt wird und in denjenigen unter ihnen waltet, die stets dem
Rechte und euch zu gehorchen geneigt sind, dessen Aussaat und An-
d fänge will ich euch übergeben; das übrige aber gestaltet ihr und er-
zeugt, das Sterbliche dem Unsterblichen anfügend, die lebenden Ge-
schöpfe, laßt sie, indem ihr Nahrung ihnen gewährt, heranwachsen
und nehmt sie nach ihrem Hinschwinden wieder auf.»

[14. Erschaffung der menschlichen Seelen. Ihre Belehrung über die Gesetze des Schicksals]

So sprach er und goß nun wieder in den ersten Mischkrug, in wel-
chem er die Seele des Weltganzen einigend mischte, das früher
Übriggebliebene, welches er ziemlich auf dieselbe Weise mischte,
doch nicht mehr ebenso in derselben Weise Lauteres, sondern Be-
standteile zweiten und dritten Grades. Nachdem er das Ganze ver-
band, sonderte er eine der der Sterne gleichkommende Anzahl von
e Seelen aus, teilte jedem Sterne eine zu, belehrte sie, indem er gleich-
sam ein Fahrzeug ihnen anwies, über die Natur des Weltganzen und
verkündete ihnen die unausweichlichen Gesetze. Das erste Entste-
hen solle allen, damit keine von ihnen hintangesetzt werde, gleich-
mäßig bestimmt sein. Es müsse aus ihrer Verteilung auf die jeder
einzelnen angemessenen Werkzeuge der Zeit das unter den Leben-
42 a den gottesfürchtigste Geschöpf hervorgehen, da jedoch die Natur
des Menschen eine doppelte sei, solle das überlegenere Geschlecht
dasjenige sein, welches in der Folge den Namen ‹Mann› führen wer-
de. Nachdem sie nun, nach dem Gesetze der Notwendigkeit, den Kör-
pern eingepflanzt wurden, diese aber bald einen Zugang, bald einen
Abgang erfahren, werde erstens notwendig allen eine und dieselbe
Sinneswahrnehmung von gewaltsamen Eindrücken angeboren; zwei-
tens eine mit Lust und Schmerz gemischte Liebe und außerdem
Furcht und Erzürnen und was daraus hervorgeht, sowie die diesen

entgegengesetzten Gemütsbewegungen; gelangten sie nun zur Herr- b
schaft über diese, werde ihr Leben ein gerechtes, unterlägen sie ih-
nen, ein ungerechtes. Wer aber die ihm zukommende Zeit wohl
verlebte, der werde wieder nach dem Wohnsitze des ihm verwand-
ten Sternes zurückwandern und ein glückseliges, seinem früheren
entsprechendes Leben führen, verfehle er das aber, dann werde er
bei seiner zweiten Geburt in die Natur des Weibes übergehen. Lasse
er jedoch auch dann von seiner Schlechtigkeit noch nicht ab, dann c
werde er, der Verschlechterung seiner Sinnesart gemäß und der in
ihm erzeugten schlechten Gesinnung entsprechend, stets die ähnlich
beschaffene tierische Natur annehmen. Nicht eher solle aber seine
durch diese Verwandlungen herbeigeführte Not enden, bis er, der
in ihm selbst obwaltenden Richtung des Selben und Ähnlichen den
mächtigen und erst später ihm aus Feuer, Wasser, Luft und Erde
erwachsenen stürmischen und vernunftwidrigen Andrang nach- d
ziehend, ihn durch die Vernunft besiegte und wieder zu jener ersten
und besten Gemütsbeschaffenheit gelangte. Nachdem er alle diese
Gesetze, damit nicht ihn die Schuld der späteren Schlechtigkeit der
Einzelnen treffe, vollständig für sie festgestellt, streute er den Sa-
men der einen auf der Erde, der andern auf dem Monde und noch
anderer auf den übrigen Werkzeugen der Zeit aus. Nach dieser Aus-
saat aber überließ er es den jungen Göttern, sowohl die sterblichen
Leiber zu gestalten als für das übrige zu sorgen, was noch zur mensch-
lichen Seele hinzugefügt werden müsse, nachdem sie aber das und e
alles daraus Hervorgehende vollendet, über sie zu herrschen und,
soviel sie vermöchten, auf das schönste und beste das sterbliche We-
sen fortwährend zu leiten, soweit es nicht selbst Urheber der es selbst
betreffenden Übel würde.

[15. Durch die Einkörperung bedingte Verwirrung der Seelenumläufe]

Er aber verharrte, nachdem er dieses alles angeordnet, in seinem
gewohnten Wesen. Indem aber seine Kinder bei diesem Verharren
der Anordnung ihres Vaters innewurden, befolgten sie dieselbe und
fügten, indem sie des sterblichen Wesens unsterblichen Anfang über-
nahmen und ihrem eigenen Schöpfer es nachtaten, aus Feuer, Wasser,
Luft und Erde bestehende Teilchen des Weltganzen zusammen, die
sie diesem, um dereinst zurückgegeben zu werden, entlehnten, sie 43 a
verknüpfend nicht durch die unauflösbaren Bande, welche sie selbst
umschlangen, sondern indem sie dieselben durch zahlreiche, ihrer
Kleinheit wegen unsichtbare Stiftchen zusammennieteten und alle zu
einem Körper gestalteten, fesselten sie die Kreisläufe der unsterbli-
chen Seele an einen dem Ab- und Zufluß unterworfenen Körper. Die-
se Kreisläufe aber, an einen mächtigen Strom gefesselt, behaupteten
weder die Herrschaft über denselben, noch gehorchten sie ihm, sie
ließen sich gewaltsam mit fortreißen und rissen mit sich fort, so daß
das ganze lebende Wesen in Bewegung geriet und ordnungs- und b

vernunftlos, vom Zufall geleitet, nach den sechs Bewegungsarten fortschritt. Es bewegte sich nämlich vor- und rückwärts, dann wieder rechts und links, nach oben und nach unten, allerwärtshin nach diesen sechs Richtungen umherschweifend. Obgleich nämlich das Zuströmen und Abfließen der die Ernährung schaffenden Wogen groß war, verursachten dennoch noch größere Beunruhigung die Einwirkungen der auf jegliches eindringenden Dinge, wenn ein Körper von
c außen her mit fremdem Feuer in zufällige Berührung kam oder auch mit dem Festen der Erde und dem Dahingleiten des Wassers oder vom Sturme der Luftströmungen ergriffen wurde, und wenn die durch das alles erregten Bewegungen vermittels des Körpers auf die Seele einwirkten, welche deshalb auch Sinneseindrücke genannt wurden und noch jetzt so genannt werden. Insbesondere aber hemmten sie auch damals für den Augenblick, indem sie eine sehr häufige und starke Bewegung bewirkten und vermittels des ununterbrochen da-
d hinströmenden Flusses die Umläufe der Seele anregten und heftig erschütterten, völlig den Umlauf des Selben, dem sie entgegenströmten, und hinderten seine Herrschaft und sein Fortschreiten, den des Verschiedenen aber störten sie, und trieben so die beiderseitigen dreifachen Abstände des Doppelten und Dreifachen sowie die Vermittlungen und Verknüpfungen des Anderthalbmaligen, Vierdrittel- und Neunachtelmaligen, da dieselben, es sei denn durch den, welcher sie knüpfte, durchaus nicht auflösbar waren, zu allen Wendungen, und
e erzeugten alle irgend möglichen Spaltungen und Abweichungen der Kreisbewegungen in solcher Weise, daß diese, kaum in einigem Zusammenhang miteinander stehend, zwar fortschritten, aber, der Vernunft zuwider, bald in entgegengesetzter, bald in schiefer, bald in umgekehrter Richtung fortschritten; gleichwie, wenn jemand den Kopf gegen den Boden stemmt und die Füße nach irgendeiner Richtung emporreckt, sowohl der in solchem Zustande sich Befindende als die Zuschauenden beide sich einbilden werden, was dem andern zur Rechten ist, sei ihm zur Linken und umgekehrt. Indem die Umschwünge dasselbe und dem Ähnliches in hohem Grade erfahren,
44 a wenn sie von außen gerade auf etwas von der Gattung des Selben oder des Verschiedenen stoßen, gestalten sie sich irrtümlich und unverständig, insofern sie das einem Gegenstand Selbe und das von einem Verschiedene mit dem dem Wahren entgegengesetzten Namen bezeichnen, und dann ist in ihnen kein Umlauf vorherrschend oder leitend; wenn aber gewisse von außen her andringende und auf sie einwirkende Sinneseindrücke sie und der Seele ganzen Umfang mit sich fortrissen, dann scheinen sie, obgleich bewältigt, die herrschenden, und die Seele wird dann zufolge aller dieser Einwirkungen, jetzt
b wie anfangs, wenn sie in die Bande des sterblichen Leibes gelegt wird, zuerst unverständig; dringt aber der Wogendrang des Wachstums und der Ernährung schwächer an und verfolgen die Umläufe, indem sie die Wogen besänftigt finden, die ihnen eigentümliche Bahn und gewinnen mit fortschreitender Zeit mehr Festigkeit, dann wer-

den die Umschwünge, da die einzelnen Kreise ihrer Natur gemäß
sich gestalten, geordneter und geben bei richtiger Anrede des Ver-
schiedenen und des Selben dem, der dahin gedieh und zur Weisheit
gelangte, die Vollendung. Wird das nun auch noch durch die Nah-
rung richtiger Unterweisung unterstützt, dann wird der dahin Ge-
langte, dem größten Siechtum entgangen, zu einem Makellosen und c
durch und durch Gesunden; wer es aber vernachlässigt, der kehrt,
nachdem er hinkend des Lebens Bahn durchschritt, unvollkommen
und unverständig wieder zum Hades zurück; doch das begibt sich
später einmal. Genauer aber müssen wir das jetzt Vorliegende be-
sprechen und was ihm vorausgeht, die Entstehung der Körper ihren
Teilen nach sowie der Seele, welche Beweggründe und welche Für-
sorge der Götter sie ins Dasein riefen; das müssen wir, indem wir
auch hierin den durch das Wahrscheinliche vorgezeichneten Weg ein- d
schlagen, vollständig erörtern.

[16. Bildung des Kopfes und der Glieder. Das Auge: Erklärung des Sehens und seines eigentlichen Nutzens. Stimme und Gehör]

Um die runde Gestalt des Weltganzen nachzubilden, knüpften sie
die beiden göttlichen Umläufe an einen kugeligen Körper, denselben,
den wir jetzt Kopf nennen, das Gottähnlichste und über alles in uns
Gebietende. Ihm übergaben die Götter, eine Dienerschaft um ihn her
versammelnd, den ganzen Körper, indem sie erkannten, daß er an
allen Bewegungen, welche stattfinden würden, teilnehmen werde.
Damit er nun nicht, rollte er auf dem Boden umher, der mancherlei
Höhen und Tiefen hat, unvermögend sei, die einen zu übersteigen e
und aus den anderen heraufzukommen, verliehen sie ihm dieses Ge-
fährt und diese Wegerleichterung. Darum dehnte sich der Körper in
die Länge und ließ, indem der Gott auf Gehwerkzeuge für ihn be-
dacht war, vier ausgestreckte und biegsame Glieder aus sich hervor-
wachsen; mit ihnen sich festhaltend und auf sie sich stützend, ward
er in den Stand gesetzt, allerwärts hinzugehen, indem er den Auf-
enthaltsort des Heiligsten und Göttlichsten über uns trägt. In solcher 45 a
Weise und aus diesen Gründen wuchsen an allen Hände und Füße;
weil aber die Götter den Vorderteil unseres Körpers für vorzüglicher
und zur Herrschaft geeigneter hielten als den Hinterteil, verliehen
sie uns das Gehen vorzüglich nach jener Richtung hin. Der Vorder-
teil mußte also von dem übrigen Körper geschieden und von dem-
selben verschieden sein. Darum fügten sie zuerst an des Kopfes Wöl-
bung, indem sie dort das Antlitz anbrachten, alle der Fürsorge der
Seele dienstbaren Werkzeuge und ordneten an, daß dieses, das sei- b
ner Natur nach vorwärts Gekehrte, an der Herrschaft teilhaben solle.

Unter den Sinneswerkzeugen bildeten sie zuerst die lichtvollen
Augen, die sie aus folgendem Grunde hier befestigten. Soviel von
dem Feuer die Eigenschaft des Brennens nicht besitzt, wohl aber die
Erzeugung des milden Lichts, davon bewirkten sie, daß es der eigen-
tümliche Körper jeden Tages wurde. Sie machten nämlich, daß das

in uns befindliche, diesem verwandte unvermischte Feuer durch die
Augen hervorströme, und glätteten und verdichteten den ganzen
c Augapfel, vorzüglich aber dessen Mitte, damit er dem übrigen, grö-
beren Feuer durchaus den Durchgang wehre und nur dem reinen läu-
ternd ihn gestatte. Umgibt nun des Tages Helle das den Augen Ent-
strömende, dann vereinigt sich dem Ähnlichen das hervorströmende
Ähnliche und bildet in der geraden Richtung der Sehkraft aus Ver-
wandtem da *ein* Ganzes, wo das von innen Herausdringende dem
sich entgegenstellt, was von außen her mit ihm zusammentrifft.
Nachdem nun alles vermöge seiner Ähnlichkeit zu einem ähnlichen
d Zustande gelangte, verbreitet es die Bewegungen desjenigen, womit
es und was mit ihm in Berührung kommt, durch den ganzen Körper
bis zur Seele und erzeugt diejenige Sinneswahrnehmung, die wir
das Sehen nennen. Schwand aber das ihm verwandte Feuer zur Nacht,
dann ist es von ihm abgeschnitten; denn zu etwas ihm Unähnlichen
herausdringend, erfährt es selbst eine Veränderung und erlischt, in-
dem es nicht mehr mit der kein Feuer mehr enthaltenden benachbar-
ten Luft in eins verschmilzt. So hört es auf zu sehen und wird außer-
dem zu einem den Schlaf Herbeiführenden. Denn wenn dasjenige,
dessen Bau die Götter zum Schutze der Augen ersannen, wenn die
e Augenlider sich schließen, dann hemmt das die Wirksamkeit des in-
neren Feuers; diese aber verschmilzt und beschwichtigt die inneren
Bewegungen, durch diese Beschwichtigung aber erfolgt Ruhe. Wird
diese Ruhe zu einer tiefen, dann tritt der Schlaf mit leichten Träumen
ein; bleiben aber einige stärkere Bewegungen zurück, dann erzeu-
gen sie, je nachdem, wie beschaffen sie sind und an welchen Stellen
46 a sie zurückblieben, ihrer Anzahl nach gleich zahlreiche und gleichmä-
ßig beschaffene, ihnen entsprechende Bilder im Innern, die dem Er-
wachten als außen im Gedächtnis bleiben. Nun ist es auch nicht mehr
schwer, alles das zu begreifen, was auf die Bilderzeugung in den
Spiegeln und allem Glatten und Glänzenden sich bezieht; denn aus
der gegenseitigen Vereinigung des inneren und äußeren Feuers und
indem ferner beides stets an der glatten Fläche zu *einem* und vielfach
b gebrochen wird, erfolgen notwendig diese Erscheinungen, da das
vom Gegenstande ausgehende Feuer mit dem des Sehstrahls an der
Fläche des Glänzenden und Glatten sich vermischt. Es erscheint aber
das links Befindliche rechts, weil, im Widerspruch mit der gewöhnlichen
Art des Zusammentreffens, entgegengesetzte Teile des Sehstrahls mit
ihnen entgegengesetzten sich berühren. Dagegen erscheint das Rechte
zur Rechten und das linke zur Linken, wenn das sich mischende Licht
mit dem seine Stelle wechselt, mit welchem es sich mischt; das ge-
c schieht aber, wenn die glatte Spiegelfläche, indem sie hier und dort
sich erhebt, die rechte Seite des Sehstrahls nach der linken, die andere
aber nach der andern Seite zurückwirft. Der dem Gesichte seiner Län-
ge nach zugewendete selbe Spiegel aber läßt alles als durchaus rück-
wärts liegend erscheinen, indem er das Unten des Strahles nach oben
und umgekehrt das Oben nach unten zurückwendet.

Das insgesamt nun gehört zu den Mitursachen, deren sich Gott als Hilfsmittel bedient, die Idee des Besten zur möglichsten Vollendung zu bringen. Von den meisten wird aber das Erwärmende und d
das Erkältende, das Verdichtende und das Auflösende und alles dem Ähnliches Bewirkende nicht als Mitursache, sondern als die Ursache von allem angesehen. Dieses aber kann weder einen Sinn noch Vernunft zu irgend etwas an sich haben; wir müssen vielmehr dasjenige, dem allein unter dem Seienden Vernunft zu besitzen zukommt, Seele nennen. Sie jedoch ist ein Unsichtbares, während Feuer, Wasser, Luft und Erde sichtbare Körper sind. Wer aber nach Vernunft und Erkenntnis strebt, der muß notwendig als ersten den der verständigen Natur angehörenden Ursachen nachjagen; welche dagegen zu denen e
gehören, die von andern in Bewegung gesetzt werden und aus Notwendigkeit anderes in Bewegung setzen, denen als zweiten. So demnach müssen auch wir verfahren: Wir müssen beide Gattungen von Ursachen angeben, doch diejenigen, welche mit Vernunft Urheber des Schönen und Guten sind, von denjenigen unterscheiden, welche stets ohne Überlegung und regellos das Zufällige bewirken.

Soviel mag über die Mitursachen genügen, vermöge welcher die Augen die Kraft besitzen, die ihnen jetzt zuteil geworden. Nun müssen wir aber ferner des größten Nutzens derselben gedenken, wegen dessen Gott uns dieses Geschenk verlieh. Meiner Ansicht nach 47 a
ist die Sehkraft uns die Ursache des größten Gewinns, da ja wohl von den jetzt über das Weltganze angestellten Betrachtungen keine stattgefunden hätte, wenn wir weder die Sonne, noch die Sterne noch den Himmel erblickten. Nun aber haben der Anblick von Tag und Nacht, der der Monate und der Jahre Kreislauf die Zahl erzeugt und den Begriff der Zeit sowie die Untersuchungen über die Natur des Alls uns übermittelt. Und hieraus haben wir uns verschafft das Wesen Philosophie, als welches ein größeres Gut weder kam noch b
jemals kommen wird dem sterblichen Geschlecht als Geschenk von den Göttern. Das erkläre ich für den größten Vorzug des Gesichts. Warum sollten wir aber der übrigen, die von geringerer Bedeutung sind, rühmend gedenken, welche der Nichtphilosoph, würde er blind, ‹in eitlen Klagen wohl bejammerte›? Sondern davon, so werde von uns behauptet, sei dies die Ursache zu folgendem Zweck: Gott habe das Sehvermögen uns ersonnen und verliehen, damit wir beim Erschauen der Kreisläufe der Vernunft am Himmel sie für die Umschwünge unserer eigenen Denkkraft benutzten, welche jenen, die regellosen den geregelten, verwandt sind, und, nachdem wir sie be- c
griffen und zur naturgemäßen Richtigkeit unseres Nachdenkens gelangten, durch Nachahmung der durchaus von allem Abschweifen freien Bahnen Gottes unsere eigenen, dem Abschweifen unterworfenen danach ordnen möchten.

Von der Stimme und dem Gehör gilt wieder dasselbe, daß dieses Geschenk eben deshalb und zu demselben Zwecke uns von den Göttern verliehen sei; denn die Rede hat denselben Zweck und trägt das

meiste zu dessen Erreichung bei. Soviel aber von der Musenkunst
d der Stimme nützlich ist, das wurde zum Hören des Einklangs wegen
geschenkt, und der Einklang, welcher den Bewegungen unserer See-
le verwandte Schwingungen in sich schließt, ist demjenigen, welcher
vernünftig und nicht zu zweckloser Lust, welche jetzt für den damit
verbundenen Gewinn gilt, sich den Musen hingibt, von ihnen zum
Beistande verliehen, den in uns entstandenen ungeregelten Umlauf
der Seele zu ordnen und mit sich selbst in Einklang zu bringen. Eben-
so verliehen uns dieselben auch das Taktmaß, damit es die in uns in
e den meisten Fällen stattfindende maßlose und anmutleere Gemüts-
stimmung ordnen und bekämpfen helfe.

*[17. Übergang zu einem neuen Anfang; das Entstehen durch Not-
wendigkeit]*

Das bis hierher Vorgetragene nun hat mit wenigen Ausnahmen
das durch die Vernunft Erzeugte nachgewiesen; wir müssen aber
auch in unserer Rede das durch Notwendigkeit Entstehende hinzu-
setzen. Denn das Werden dieser Weltordnung wurde als ein ge-
48 a mischtes aus einer Vereinigung der Notwendigkeit und der Vernunft
erzeugt. Indem aber die Vernunft der Notwendigkeit dadurch gebot,
daß sie dieselbe vermochte, das meiste des im Entstehen Begriffenen
dem Besten entgegenzuführen: auf diese Weise und demgemäß,
durch Notwendigkeit, unterworfen von besonnener Überredung, so
trat am Anfang dieses Weltganze zusammen. Will nun jemand wahr-
haft erklären, wie es in solcher Weise entstand, dann muß er auch
die Art der umgetriebenen Ursache hineinmischen, in welcher Wei-
se sie ihrer Natur nach bewegt. So müssen wir also wieder zurück-
b gehen und, indem wir wieder auch bei diesem, wie wir beim Vori-
gen es taten, von einem anderen, demselben angemessenen Anfange
ausgehen, auch hier noch einmal vom Anfange an beginnen. Wir
müssen die Natur des Feuers und Wassers, der Luft und Erde an
sich selbst, vor dem Entstehen des Himmels, und ihre diesem vor-
ausgegangenen Zustände betrachten. Denn bis jetzt hat noch nie-
mand ihr Entstehen kundgetan, sondern als ob man wisse, was
doch das Feuer und jedes derselben sei, sprechen wir von ihnen als
Ursprüngen, indem wir Grundbestandteile des Weltalls ansetzen,
obwohl es nicht angemessen ist, daß selbst der nur wenig Verstän-
c dige auch nur mit den Gestaltungen der Silben sie treffend vergle i-
che. Jetzt sei demnach unser Verfahren folgendes: Über den Ur-
sprung von allem oder die Ursprünge, oder wie man es sonst damit
hält, zu sprechen, geziemt sich jetzt nicht, aus keinem anderen Grun-
de, als weil es schwierig ist, unsere Meinung bei der gegenwärtigen
Weise der Behandlung deutlich darzulegen. Haltet also weder ihr
mich für dazu verpflichtet, noch vermag ich auch selbst die Über-
zeugung zu gewinnen, daß ich mich wohl mit Fug an ein solches
d Unternehmen wagen dürfe. Indem ich vielmehr dem anfangs Aus-
gesprochenen, der Beschränkung auf das Wahrscheinliche in meinen

Reden, treu bleibe, will ich versuchen, nicht weniger Wahrscheinli-
ches als irgendeiner, sondern mehr, wie vorher auf den Anfang zu-
rückgehend, von jedem Einzelnen und allen insgesamt aufzustel-
len. Indem wir aber auch jetzt, beim Wiederbeginn unserer Rede,
den Beistand Gottes anrufen, daß er als Retter aus einer seltsamen
und ungewohnten Darstellung zur Ansicht des Wahrscheinlichen uns
gelangen lasse, wollen wir von neuem unsere Erörterung anheben. e

[18. Die dritte Gattung: das Worin des Werdens. Bestimmung seiner Art und des Verhältnisses des Seienden und Werdenden zu ihm]

Der neue Anfang nun über das All sei mehr als der vorige aus-
einandergelegt. Denn früher unterschieden wir zwei Gattungen,
jetzt aber müssen wir noch eine von diesen verschiedene dritte auf-
weisen. Reichten doch jene zwei bei der früheren Darstellung aus,
die eine als Gattung des Vorbildes zugrunde gelegt, als denkbar
und stets in derselben Weise seiend, die zweite aber als Nachbildung
des Vorbildes, als Entstehung habend und sichtbar. Eine dritte aber 49 a
stellten wir früher nicht auf, indem wir meinten, daß die beiden aus-
reichen würden; doch jetzt scheint die Untersuchung zu dem Ver-
suche uns zu nötigen, eine schwierige und dunkle Gattung durch Re-
den zu erhellen. Als welche Natur und Kraft besitzend müssen wir
sie also annehmen? Vor allem die: daß sie allen Werdens Aufnahme
sei wie eine Amme. Was wir eben sagten, ist nun zwar richtig, nur
müssen wir uns noch deutlicher darüber erklären. Das ist aber schon
in anderer Hinsicht schwer und auch besonders, weil es deshalb nö- b
tig wird, vorher über das Feuer und die anderen damit verbunde-
nen Grundstoffe Zweifel zu erheben; denn von jedem derselben zu
sagen, als wiebeschaffen es in Wahrheit eher Wasser als Feuer zu
nennen ist und als wiebeschaffen eher irgend etwas als alles insge-
samt und jedes einzeln, und zwar so, daß man sich eines bestimmten
und zuverlässigen Ausdrucks bedient, ist schwierig. Wie sollen wir
uns nun eben darüber äußern und in welcher Weise und indem wir
was an ihnen angemessen in Zweifel ziehen? Zuerst sehen wir das,
was wir eben Wasser nannten, verdichtet zu Steinen, wie wir glau-
ben, und Erde werden, ebendasselbe aber dann wieder, verdünnt c
und aufgelöst, zu Wind und Luft, die entzündete Luft zu Feuer, die-
ses zusammengesunken und verlöscht wieder in Luftgestalt über-
gehend, die Luft aber durch Vereinigung und Verdichtung in Wol-
ken und Nebel, welchen bei noch stärkerem Zusammendrängen Was-
ser entströmt, das sich wieder zu Steinen und Erde gestaltet; und
wir bemerken so, daß sie als Kreis an einander, wie es scheint, das
Entstehen übergeben. Da nun so jegliches von diesen nimmer als
dasselbe erscheint, von welchem von ihnen möchte dann wohl je- d
mand, ohne vor sich zu erröten, mit Zuversicht behaupten, daß es
als irgend etwas seiend dieses und nichts anderes sei? Das kann nicht
sein, sondern bei weitem am sichersten ist es, folgendes ansetzend
über sie zu reden: Dasjenige, was wir stets bald so, bald anders wer-

den sehen, wie zum Beispiel Feuer, nicht als ein dieses, sondern jeweils
als das sobeschaffene Feuer anzureden, noch Wasser als ein dieses,
sondern immer als das so beschaffene, noch irgend sonst etwas, als
ob es eine Beständigkeit habe, soviel wir aufzeigen, indem wir die
e Ausdrücke ‹das› und ‹dieses› gebrauchen und so etwas daran kund-
zumachen glauben. Denn es entschlüpft uns, ohne die Bezeichnung
‹das› und ‹dieses› und ‹diesem› sowie jede, welche es als dauernd dar-
stellt, zu erwarten. Dieses alles darf man vielmehr nicht sagen, son-
dern das Sobeschaffene, welches bei jedem einzelnen und allen ins-
gesamt ständig als ein Ähnliches umhergetragen wird, ist es am si-
chersten auch so zu bezeichnen, und also auch Feuer als das fortwäh-
rend Sobeschaffene, und alles, dem ein Entstehen zukommt; dasje-
nige aber, worin jeweils entstehend jedes von ihnen erscheint und
woraus es wieder entschwindet, allein jenes müssen wir dagegen
50 a bezeichnen, indem wir uns der Ausdrücke ‹dieses› und ‹das› dabei be-
dienen; jedoch das Irgendwiebeschaffene, warm oder weiß oder ir-
gend etwas von dem Entgegengesetzten, und alles daraus Hervor-
gehende, jenes wiederum dürfen wir mit keinem von diesen Aus-
drücken bezeichnen.

Noch einmal aber will ich noch deutlicher mich darüber zu erklä-
ren versuchen. Wenn nämlich einer, der alle möglichen Gestaltun-
gen aus Gold bildete, nicht müde würde, jede zu allen anderen um-
zubilden, jemand aber auf eine derselben hinwies und fragte: was
b das doch sei, dann wäre es in Hinsicht auf die Wahrheit bei weitem
das sicherste zu sagen: Gold, das Dreieck aber und die anderen Ge-
staltungen, die darin sich bildeten, diese nimmer als seiend zu be-
zeichnen, da sie ja während solcher Angabe wechseln, sondern zu-
frieden zu sein, wenn sie nur das ‹ein Sobeschaffenes› mit Sicherheit
von jemand annehmen wollen. Dieselbe Rede gilt nun auch von je-
ner Natur, die alle Körper in sich aufnimmt; diese ist als stets die-
selbe zu bezeichnen, denn sie tritt aus ihrem eigenen Wesen durch-
aus nicht heraus. Nimmt sie doch stets alles in sich auf und hat sich
c nie und in keiner Weise irgendeinem der Eintretenden ähnlich ge-
staltet; denn ihrer Natur nach ist sie für alles der Ausprägungsstoff,
der durch das Eintretende in Bewegung gesetzt und umgestaltet
wird und durch dieses bald so, bald anders erscheint. Das Ein- und
Austretende aber sind Nachbilder des ständig Seienden, diesem auf
eine schwer auszusprechende, wundersame Weise nachgebildet, der
wir in der Folge nachforschen werden.

Im Augenblick aber müssen wir uns drei Gattungen denken: das
d Werdende, das, worin es wird, und das, woher nachgebildet das
Werdende geboren wird. Und wirklich kann man auch in angemes-
sener Weise das Aufnehmende der Mutter, das Woher dem Vater,
die zwischen diesen liegende Natur aber dem Geborenen vergleichen
und erkennen, daß, da es ein Gepräge werden sollte, an welchem
eine bunte Mannigfaltigkeit zu sehen wäre, eben dasjenige, worin
herausgeprägt es hineintritt, wohl in keiner anderen Weise dazu

wohl vorbereitet sein dürfte, als wenn es gestaltlos aller der For-
men entbehrt, welche es in sich aufzunehmen bestimmt ist. Denn e
wäre es einem der Eintretenden ähnlich, so würde es wohl Formen
entgegengesetzter oder durchaus verschiedener Natur, kämen sie
heran, bei der Aufnahme schlecht nachbilden, indem es das eigene
Aussehen daneben erscheinen ließe. Darum muß auch dem alle Gat-
tungen in sich aufzunehmen Bestimmten alle Gestaltung fremd sein,
gleichwie man bei Salben, die man durch Kunst wohlriechend her-
stellt, zuerst bewirkt, daß dieses da ist, nämlich daß die zur Auf-
nahme der Gerüche bestimmten Flüssigkeiten soviel wie möglich
geruchlos sind. Wer es aber unternimmt, in etwas Weichem Gestal-
ten zu formen, der läßt durchaus keine Gestalt sichtbar bleiben, son-
dern ebnet vorher den Stoff bis zur möglichsten Glätte. Ebenso
ziemt es also auch dem, was da bestimmt ist, immer wieder die Nach- 51 a
bildungen von allem Denkbaren und ständig Seienden über sein gan-
zes Wesen hin ordentlich aufzunehmen, selbst seiner Natur nach al-
ler Gestaltung bar zu sein. Demnach wollen wir die Mutter und
Aufnehmerin alles gewordenen Sichtbaren und durchaus sinnlich
Wahrnehmbaren weder Erde, noch Luft, noch Feuer noch Wasser
nennen, noch mit dem Namen dessen, was aus diesen und woraus
diese entstanden; sondern wenn wir behaupten, es sei ein unsicht-
bares, gestaltloses, allempfängliches Wesen, auf irgendeine höchst
unzugängliche Weise am Denkbaren teilnehmend und äußerst b
schwierig zu erfassen, so werden wir keine irrige Behauptung aus-
sprechen. Inwieweit wir aber aus dem früher Gesagten an seine Na-
tur zu gelangen vermögen, möchte man sich wohl so am richtigsten
darüber ausdrücken: als Feuer erscheine jeweils der zu Feuer, als
Wasser der zu Wasser gewordene Teil desselben, als Erde und Luft,
soviel es etwa Nachbildungen dieser in sich aufnimmt.

In unserer Rede müssen wir aber genauer Folgendes durch schar-
fe Abgrenzung darüber in Erwägung ziehen: *Ist* ein Feuer selbst für
sich selbst und alles das, wovon wir stets in dieser Weise reden, als
selbst gemäß sich selbst jedes seiend, oder *ist* allein das als solche c
Wahrheit besitzend, was wir sehen und sonst vermittels des Körpers
wahrnehmen, und anderes außer diesem ist in keiner Art und Wei-
se, sondern vergeblich behaupten wir jeweils, daß von jeglichem ein
denkbares Wesen sei, und waren das nichts als leere Worte? Nun
ist es weder angemessen, indem wir die gegenwärtige Frage unun-
tersucht und unentschieden lassen, mit Bestimmtheit zu behaupten,
es verhalte sich so, noch auch der weitschichtigen Untersuchung ein
ebenfalls weitschichtiges Beiwerk einzufügen. Wenn sich aber in kur- d
zer Rede eine bedeutende Begrenzung kundgäbe, dann dürfte das
wohl das Passendste sein. Ich selbst gebe also meine Stimme folgen-
dermaßen ab: Wenn Einsicht und richtige Meinung zwei verschie-
dene Gattungen bilden, dann sind auf alle Weise diese gemäß sich
selbst als von uns nicht wahrnehmbare Gestaltungen, sondern al-
lein gedachte; unterscheidet sich aber, der Ansicht einiger zufolge,

richtige Meinung und Einsicht in nichts, dann müssen wir alles, was
wir vermittels des Körpers wahrnehmen, als ganz feststehend anset-
e zen. Aber jene beiden sind als zwei zu bezeichnen, da sie abgeson-
dert entstanden und von unähnlicher Beschaffenheit sind. Denn das
eine erzeugt sich in uns durch Belehrung, das andere durch Über-
redung; das eine ist stets verbunden mit wahrer Begründung, das
andere ist unbegründet; das eine ist durch Überredung nicht zu er-
schüttern, das andere wechselt durch sie; für des einen teilhaftig muß
man jeden Menschen erklären, für teilhaftig der Einsicht aber nur
Götter und eine nicht zahlreiche Gattung von Menschen. Da sich
52 a das aber so verhält, so müssen wir einräumen, eines sei die gemäß
demselben sich verhaltende Gestaltung, unentstanden und unver-
gänglich, welche weder von anderswoher etwas in sich aufnimmt
noch selbst in ein Anderes übergeht, unsichtbar und auch sonst nicht
wahrnehmbar, deren Betrachtung der Denkkraft anheimfiel; ein
Zweites aber sei das ihm Gleichnamige und Ähnliche, wahrnehm-
bar, entstanden, stets wechselnd, an einer Stelle entstehend und von
da wieder verschwindend, durch mit Sinneswahrnehmung verbun-
dene Meinung erfaßbar; eine dritte Gattung sei ferner immer die
des Raumes, Vergehen nicht annehmend, allem, dem ein Entstehen
b zukommt, eine Stelle gewährend, selbst aber ohne Sinneswahrneh-
mung durch ein gewisses Afterdenken erfaßbar, kaum glaubhaft
erscheinend. Darauf hinblickend, überlassen wir uns dann Träume-
reien und behaupten, alles Seiende müsse notwendig an einer Stelle
sich befinden und einen Raum einnehmen, dasjenige aber, bei dem
das weder auf Erden noch irgendwo am Himmel der Fall sei, das sei
nichts. Dieses alles also und anderes diesem Verwandtes auch in be-
zug auf die schlaflose und wahrhaft bestehende Natur festsetzend,
c werden wir auf Grund dieses Träumens unvermögend, wachend das
Wahre zu sagen, daß nämlich einem Bilde zwar – da ja nicht ein-
mal das, *an* dem es entstanden ist, ihm selbst zugehört, sondern als
einem andern angehörende Erscheinung wird es immer mitgetra-
gen – aus diesem Grunde zukommt, *in* einem anderen zu entstehen,
an das Sein sich in gewisser Weise klammernd, oder es ist überhaupt
nichts; daß aber dem wirklich Seienden zu Hilfe kommt die in Ge-
nauigkeit wahre Rede, daß, solange etwas *dies* als ein anderes ist, *je-
nes* aber wieder als ein anderes, eins von beiden nicht *in* dem anderen
d irgendwann *eins* geworden zugleich dasselbe und zwei sein wird.

[19. Zustand des Raumes und der Grundstoffe vor Erschaffung der Welt]

Dies also werde als nach meinem Urteil berechnete Aussage zu-
sammenfassend gegeben: Seiendes, Raum und Werden waren, be-
vor noch der Himmel entstand, als drei in dreifacher Weise. Die
Amme des Werdens aber stelle sich, zu Wasser und Feuer werdend
und indem sie die Gestaltungen der Erde und Luft in sich aufnimmt
e sowie die anderen damit verbundenen Zustände erfährt, als ein all-

gestaltig Anzuschauendes dar; da sie aber weder mit ähnlichen noch
mit im Gleichgewicht stehenden Kräften angefüllt wurde, befindet
sich nichts an ihr im Gleichgewicht, sondern als überall ungleichmä-
ßig schwebend wird sie selbst durch jene erschüttert und erschüt-
tert, in Bewegung gesetzt, umgekehrt jene. Die in Bewegung gesetz-
ten Grundstoffe aber zerstreuen sich, von einander geschieden, da-
hin und dorthin, gleichwie das in Körben und anderen Reinigungs-
geräten des Getreides Gerüttelte und Ausgeworfelte, wo das Dichte
und Schwere nach einer andern Stelle fällt, an einer anderen aber 53 a
das Lockere und Leichte sich niederläßt; ebenso wurden damals die
vier Gattungen von der Aufnehmenden geschüttelt, die selbst be-
wegt wurde, wie ein Werkzeug zum Erschüttern, und trennten selbst
das Unähnlichste am weitesten voneinander und drängten das Ähn-
lichste am meisten in eins zusammen. Darum haben auch die ver-
schiedenen Gattungen verschiedene Stellen eingenommen, bevor aus
ihnen das Weltganze geordnet hervorging. Ehe das aber geschah,
sei alles dies ohne Maß und Verhältnis gewesen; als jedoch Gott das
Ganze zu ordnen unternahm, haben sich anfangs Feuer, Wasser, b
Luft und Erde, die aber bereits gewisse Spuren von sich selbst be-
saßen, durchaus in einem Zustande befunden, wie er bei allem,
über welches kein Gott waltet, sich erwarten läßt. Diese von Natur
also Beschaffenen formte zunächst Gott durch Gestaltungen und
Zahlen. Daß er aus einem nicht so beschaffenen Zustande auf das
möglichst schönste und beste sie zusammenfügte, diese Behauptung
stehe uns durchgängig in allem fest. Jetzt aber müssen wir es ver-
suchen, die Anordnung und das Entstehen der einzelnen in unge-
wöhnlicher Darstellung zu verdeutlichen; da ihr jedoch der durch c
Unterweisung eröffneten Wege kundig seid, die wir bei Nachwei-
sung unserer Ansichten einzuschlagen genötigt sind, so werdet ihr
schon folgen.

[20. Die Entstehung der vier ursprünglichen Körper aus dem Zusammentreten der zwei schönsten Dreiecke]

Daß nun erstens Feuer, Erde, Wasser und Luft Körper sind, das
sieht wohl jeder ein; aber jede Gattung von Körpern hat auch Tiefe,
und es ist ferner durchaus notwendig, daß die Tiefe das Wesen der
Fläche um sich herum hat, die rechtwinklige Fläche aber besteht aus
Dreiecken. Alle Dreiecke nun gehen von zweien aus, deren jedes ei- d
nen rechten und sonst spitze Winkel hat; das eine von beiden hat
zu beiden Seiten die Hälfte eines rechten Winkels, der durch gleiche
Seiten eingefaßt wird, das andere aber ungleiche Teile eines rech-
ten Winkels, der an ungleiche Seiten ausgeteilt ist. Das also nehmen
wir, indem wir den Weg, der sich uns als mit Notwendigkeit ver-
bunden und zugleich wahrscheinlich zeigt, einschlagen, als den An-
fang des Feuers und der übrigen Körper an; die noch weiter zurück-
gehenden Anfänge dieser aber kennt nur Gott und wer unter den
Menschen sich seiner Huld erfreut. Angeben müssen wir aber, wie

e wohl die vier schönsten Körper entstanden, unähnlich zwar unter sich, von denen aber manche durch Auflösung aus einander zu entstehen vermögen. Gelang uns das, dann erfassen wir die Wahrheit über das Entstehen der Erde und des Feuers und der ihrem Verhältnisse nach die Mittelstellen einnehmenden; denn das werden wir niemandem einräumen, daß es, wenn jeder von diesen Körpern als eine eigene Gattung besteht, schönere sichtbare gebe als sie. Dahin also müssen wir streben, die durch ihre Schönheit ausgezeichneten vier Gattungen der Körper zusammenzufügen, dann können wir behaupten, daß wir ihre Natur zur Genüge erfaßten.

54 a Von den beiden Dreiecken hat nun das gleichschenklige nur *eine* Art, das ungleichseitige aber unzählige. Von diesen zahllosen müssen wir nun ferner das schönste auswählen, wenn wir in folgerechter Weise beginnen wollen. Weiß aber jemand ein für die Zusammensetzung dieser Körper schöneres auszuwählen und anzugeben, den begrüßen wir nicht als Gegner, sondern als einen das Rechte behauptenden Freund. Wir nehmen also, mit Übergehung der übrigen von den vielen Dreiecken *eins* als das schönste an, aus welchem drittens das gleichseitige entstand, weshalb, das erheischt eine ausführ-
b lichere Darlegung; der Kampfpreis desjenigen aber, welcher das gründlich widerlegt und entdeckt, daß es nicht so sich verhalte, sei unsere Freundschaft. Zwei Dreiecken sei denn der Vorzug zuerkannt, aus welchen die Körper des Feuers und der übrigen Grundstoffe zusammengefügt sind, dem gleichschenkligen und demjenigen, in welchem stets das Quadrat der größeren Seite das dreifache des der kleineren ist. Aber das früher undeutlich Ausgesprochene müssen wir jetzt genauer bestimmen. Alle vier Gattungen nämlich schienen durch einander hindurch ineinander das Entstehen zu haben, doch dieser Anschein war nicht richtig. Denn aus den Dreiecken, die wir
c auswählten, entstehen vier Gattungen; drei derselben aus dem einen, welches ungleiche Seiten hat; aber die vierte allein ist aus dem gleichseitigen Dreieck zusammengefügt. Bei allen ist es also nicht möglich, daß durch Auflösung ineinander aus vielen kleinen wenige große und umgekehrt entstehen, bei dreien aber ist es tunlich, denn alle sind aus *einem* entstanden; werden aber die größeren aufgelöst, so werden aus ihnen viele kleine entstehen, indem sie die ihnen zukommenden Gestalten annehmen; wenn dagegen viele kleine nach
d Dreiecken gesondert werden, dann dürfte *eine* Zahl *eine* andere große Gestaltung eines Umfangs bilden.

Soviel über den Übergang der einen in die andere. Zunächst dürfte wohl zu erklären sein, wie jede einzelne Gattung und aus wievieler Zahlen Zusammentreffen sie entstand. Den Anfang soll die erste, in ihrer Zusammensetzung kleinste Gestaltung machen; das ihr zugrunde liegende Dreieck ist das, dessen Hypotenuse die kleinere Kathete um das Doppelte übertrifft. Werden je zwei dergleichen mit den Hypotenusen aneinandergelegt und das dreimal wie-
e derholt, indem die Dreiecke mit den Hypotenusen und den kürze-

ren Katheten in *einem* Punkte zusammentreffen, so entsteht aus der Zahl nach sechs Dreiecken *ein* gleichseitiges. Vier zusammengefügte, gleichseitige Dreiecke bilden durch je drei ebene Winkel *einen* körperlichen, welcher dem stumpfesten unter den ebenen am nächsten kommt. Durch die Bildung vier solcher Winkel entstand der erste feste Körper, vermittels dessen die ganze [um ihn beschriebene] Kugel in gleiche und ähnliche Teile zerlegbar ist. Der zweite Körper entsteht aus denselben Dreiecken, welche zu acht gleichseitigen sich verbinden und aus vier ebenen *einen* körperlichen Winkel bilden; nachdem aber dergleichen sechs entstanden sind, erhält auch der zweite Körper seine Vollendung. Der dritte entstand aus der Zusammenfügung von zwei mal sechzig Grunddreiecken und zwölf körperlichen Winkeln, deren jeder von fünf gleichseitigen ebenen Dreiecken eingeschlossen ist, während er zwanzig gleichseitige Dreiecke zu Grundflächen hat. Und nach Erzeugung dieser Körper hat das eine der beiden Dreiecke seine Dienste getan, das gleichschenklige aber ließ die Natur des vierten entstehen, indem es, zu vieren sich vereinigend und die rechten Winkel im Mittelpunkt zusammenführend, *ein* gleichseitiges Viereck bildete; sechs dergleichen verbanden sich zu acht körperlichen Winkeln, deren jeden drei rechtwinklige Ebenen einschlossen. Die Gestalt des so entstandenen Körpers ist die des Würfels, der sechs gleichseitige, viereckige Grundflächen hat. Da aber noch *eine*, die fünfte Zusammenfügung übrig war, so benutzte Gott diese für das Weltganze, indem er Figuren darauf anbrachte.

55 a (körperlichen, welcher dem stumpfesten unter den ebenen am nächsten) · b (körperlichen Winkeln, deren jeder von fünf gleichseitigen ebenen) · c (banden sich zu acht körperlichen Winkeln, deren jeden drei recht-)

[21. Möglichkeit von fünf Welten? Verteilung der ursprünglichen Körper an die vier Grundstoffe] Sollte nun jemand, wenn er das alles sorgfältig erwägt, in Zweifel sein, ob man eine unbeschränkte oder beschränkte Zahl von Welten anzunehmen habe, dann würde er wohl die Annahme einer unbeschränkten für die Meinung eines darin, worin keine Beschränkung stattfinden sollte, wirklich beschränkten Geistes ansehen; ob es aber angemessen sei, zu sagen, daß es von Natur in Wahrheit *eine* oder daß es deren *fünf* gebe, das ließe sich von diesem Standpunkte aus mit größerem Fug in Zweifel ziehen. Nach unserer Ansicht stellt es sich heraus, daß sie der Wahrscheinlichkeit zufolge von Natur nur *ein* Gott ist; ein anderer aber wird, indem er auf irgend etwas anderes sein Augenmerk richtet, einer anderen Meinung sein.

d (er wohl die Annahme einer unbeschränkten für die Meinung eines)

Doch ihn müssen wir gehen lassen; jetzt aber wollen wir die unserer Rede zufolge entstandenen Gattungen in Feuer, Erde, Wasser und Luft teilen. Der Erde wollen wir die Würfelgestalt zuweisen, denn die Erde ist von den vier Gattungen die unbeweglichste und unter den Körpern der bildsamste; dazu muß aber notwendig derjenige werden, welcher die festesten Grundflächen hat. Nun ist die aus den anfänglich zugrunde gelegten Dreiecken zusammengefügte Grundfläche ihrer Natur nach bei gleichen Seiten fester als bei un-

e (denn die Erde ist von den vier Gattungen die unbeweglichste und)

gleichen und die aus beiden zusammengesetzte gleichseitige Fläche
notwendig, in ihren Teilen und im ganzen, vierseitig feststehender
als dreiseitig. Darum bleiben wir der Annahme des Wahrscheinli-
56 a chen treu, indem wir das der Erde zuteilen, dem Wasser dagegen die
unter den übrigen am mindesten bewegliche Gattung, die beweglich-
ste dem Feuer, die dazwischenliegende der Luft; weiter den klein-
sten Körper dem Feuer, den größten dem Wasser, den mittleren der
Luft; die schärfste Spitze ferner dem Feuer, die zweite dem Wasser,
die dritte der Luft. Bei diesen allen muß also dasjenige, welches die
wenigsten Grundflächen hat, von Natur das beweglichste sein, in-
b dem es allerwärtshin das schneidendste und schärfste von allen ist
sowie auch das leichteste, da es aus den wenigsten gleichförmigen
Teilen besteht; das zweite muß in denselben Beziehungen die zwei-
te, das dritte die dritte Stelle einnehmen. Es gelte uns aber, der rich-
tigen sowie auch wahrscheinlichen Ansicht zufolge, der Körper,
welcher zur Pyramide sich gestaltete, für den Grundbestandteil und
den Samen des Feuers; den seinem Entstehen nach zweiten Körper
wollen wir für den der Luft, den dritten für den des Wassers erklä-
ren. Das alles aber müssen wir so klein denken, daß jedes Einzelne
c jeder Gattung seiner Kleinheit wegen von uns nicht gesehen wird,
sondern daß wir nur die Massen vieler zusammengehäufter erblik-
ken; und so auch, daß Gott allerwärts die Verhältnisse der Mengen,
der Bewegungen und übrigen Kräfte, insofern es die Natur der Not-
wendigkeit willig und gehorsam gestattete – daß er so vollständig
alles auf das genaueste ordnete und zu verhältnismäßiger Überein-
stimmung führte.

[22. Der Übergang der Grundstoffe ineinander]

Nach allem nun, was wir über die Gattungen bereits bemerkt ha-
ben, möchte es wohl der Wahrscheinlichkeit nach folgendergestalt
d sich verhalten. Es dürfte die Erde, trifft sie mit dem Feuer zusammen,
durch dessen Schärfe aufgelöst umhergetrieben werden – ob sie nun
im Feuer selbst aufgelöst wird oder in einer Masse von Luft oder
Wasser sich befindet –, bis etwa ihre Teile irgendwo zusammentref-
fen und wieder unter sich selbst verbunden zur Erde werden; denn
in eine andere Gattung dürfte diese wohl nicht übergehen. Das
durch das Feuer oder auch die Luft zerteilte Wasser aber kann, wie-
der vereinigt, zu *einem* feurigen und zwei luftigen Körpern sich ge-
e stalten. Bei der Luftzerteilung ferner dürften wohl aus *einem* auf-
gelösten Teile zwei feurige Körper sich bilden; und umgekehrt,
wenn Feuer, von Luft, Wasser und manchen erdigen Bestandteilen,
das spärliche von vielen umgeben, von dem Umhergetriebenen in
Bewegung gesetzt, gegen sie ankämpfend und unterliegend, zer-
fliegt, dann vereinigen sich zwei feurige Körper zu *einer* Luftge-
stalt. Unterliegt aber die Luft und wird sie zersetzt, dann wird aus
zwei und einem halben Teile derselben *ein* vollständiger Wasser-
körper zusammengepreßt.

Wir wollen sie nämlich wiederum folgenden Betrachtungen unterwerfen. Wenn von den anderen Gattungen eine, vom Feuer umgeben, durch die Schärfe der Winkel und Kanten desselben zerschnit- 57 a
ten wird, so hört dieses Zerschneiden auf, sobald sie in die Natur des Feuers übergeht; denn jede ähnliche und sich selbst gleiche Gattung kann weder auf die ihr selbst gleiche und ähnliche einwirken noch von der in solchem Zustande befindlichen etwas erleiden. Solange aber das Schwächere mit dem Stärkeren beim Übergange in ein anderes ringt, hört es nicht auf, sich aufzulösen. Ist dagegen das
…enige von dem Vielen umgeben und
…n hört es zu verlöschen auf, wenn b
…enen sich verbinden will, und aus
…er; geht es aber in diese letzteren
…e eine der anderen, mit jener zusam-
…ißt es nicht ab sich aufzulösen, bis
…n und aufgelöst, zu dem Verwand-
…t, aus Vielem *ein* dem Obsiegenden
…n derselben Stelle verharrt. Bei sol-
…ertauscht gewiß alles seine Stelle; c
… Gattung tritt auseinander zu seiner
…wegung der Aufnehmenden, und das
…, anderem aber ähnlich Gewordene
…nach der Stelle desjenigen hingetrie-
…hm.
… erfolgte die Bildung der einfachen
und e… … aber in ihren Gestaltungen von Natur verschiedene Gattungen herausstellten, davon ist die Ursache auf die Zusammensetzung jeder der beiden Grundformen zurückzuführen, indem anfangs beide Zusammensetzungen nicht bloß ein Drei- d
eck von *einer* Größe erzeugen, sondern größere und kleinere, deren Anzahl den Gattungen gleichkommt, in welche die Gestaltungen zerfallen. Darum ist die Mannigfaltigkeit ihrer Mischungen unter sich und untereinander eine unendliche, welcher diejenigen nachforschen müssen, welche eine wahrscheinliche Darstellung der Natur zu geben beabsichtigen.

Augustinus	78 31
Buddha	62 45
Eckehart	75 19
Geschichte	99 11/2
Nikolaus	88 55
Plotin	94 79
Schopenhauer	84 51
Thomas	99 57

[23. Erklärung der immerwährenden Bewegung der Körper]

Verständigt sich also jemand nicht, in welcher Weise und in welchen Verbindungen Bewegung und Stillstand erfolgen, so dürfte das wohl der weiteren Untersuchung vielfach hinderlich sein. Nun wurde e
darüber bereits einiges gesagt, dem wir noch das hinzufügen, daß bei Gleichartigkeit nimmerdar ein Streben zur Bewegung stattfinde: denn daß ein zu Bewegendes ohne ein Bewegendes da ist oder ein Bewegendes ohne ein zu Bewegendes, ist schwierig oder vielmehr unmöglich; wo nun diese fehlen, da tritt keine Bewegung ein, daß sie jedoch gleichartig seien, ist nicht möglich. Demnach wollen wir stets den Stillstand der Gleichartigkeit, die Bewegung aber

58 a der Ungleichartigkeit zuschreiben. Das Wesen der Ungleichartig-
keit hat aber in der Ungleichheit seinen Grund. Die Entstehung der
Ungleichheit haben wir bereits entwickelt; doch wie es wohl kommt,
daß nicht alle als gänzlich nach Gattungen geschieden aufhören mit
der Bewegung durch einander und der Ortsveränderung, das erläu-
terten wir noch nicht. Darauf also zurückkommend wollen wir das
so erklären. Der Umfang des Alls, nachdem er einmal die verschie-
denen Gattungen in sich zusammenfaßte, drängt, da er kreisförmig
ist und von Natur das Bestreben hat, in sich selbst zurückzukehren,
alles zusammen und gestattet nicht, daß ein leerer Raum übrigblei-
b be. Darum durchdringt vor allem das Feuer alles, zweitens die Luft,
als das an Feinheit zweite, und das übrige in demselben Verhältnis-
se; denn das aus den größten Bestandteilen Entstandene läßt bei der
Zusammensetzung die größten Zwischenräume, das aus den klein-
sten aber die kleinsten. Das verdichtende Zusammentreffen drängt
nämlich die kleinen in die Zwischenräume der großen zusammen.
Befinden sich nun die kleinen neben den großen und zertrennen die
kleineren die größeren, während die größeren jene zusammenbrin-
gen, dann wird alles nach hierhin und dorthin, jedes nach seiner Stel-
c le, getrieben; denn die Veränderung der Größe eines jeden hat auch
eine Veränderung seiner Stelle zur Folge. So bewirkt demnach die
fortwährend bewahrte Erzeugung der Ungleichartigkeit die nie,
weder jetzt noch in Zukunft, unterbrochene Bewegung der Körper.

[24. Arten des Feuers und des Wassers: das Flüssige und das Geschmolzene. Erklärung des Schmelzens und Erstarrens]

Ferner müssen wir erwägen, daß es viele Arten des Feuers gibt,
wie zum Beispiel die Flamme und das von der Flamme Ausströmen-
de, welches zwar nicht brennt, aber doch den Augen Helligkeit ge-
währt, sowie das nach dem Verlöschen der Flamme in den Brenn-
d stoffen Zurückbleibende. Ebenso führt die reinste Gattung der Luft
den Namen Äther, die getrübteste aber den des Nebels und des Dun-
keln; auch andere durch keinen Namen bezeichnete gibt es, vermö-
ge der Ungleichheit der Dreiecke. Der Gattungen des Wassers gibt
es zuvörderst zwei, die des Flüssigen und die des Geschmolzenen.
Das Flüssige nun, weil es teilhat an den Arten des Wassers, welche
ungleich und klein sind, wurde vermöge seiner Ungleichartigkeit
und des Wesens seiner Gestaltung in sich und durch anderes beweg-
e lich. Das andere dagegen, aus großen und gleichartigen Bestandtei-
len zusammengesetzt, ist fester als jenes und, wenn seine Gleichartig-
keit es erstarren ließ, schwer; hat es aber durch das eindringende
und es auflösende Feuer seine Gleichartigkeit verloren, dann wird
es der Bewegung teilhaftiger und, als ein Leichtbewegliches, von
der es umgebenden Luft zusammengepreßt und nach der Erde
herabgedrückt; und es bekam die eine Veränderung seines Zustan-
des, das Auflösen der Masse, den Namen des Schmelzens, die andere
dagegen, das Herabrinnen zur Erde, den des Zerfließens. Schwindet

aber das Feuer wieder aus demselben, dann drängt die sie umgeben- 59 a
de und, weil jenes Feuer nicht in das Leere sich verliert, zusammen-
gedrängte Luft die noch bewegliche flüssige Masse nach dem Sitze
des Feuers zusammen und läßt sie mit sich selbst sich vermischen.
Nachdem aber die zusammengedrängte Masse, durch das Entschwin-
den des die Gleichartigkeit aufhebenden Feuers, wieder in die Gleich-
artigkeit kam, tritt sie in den unter sich gleichförmigen Zustand zu-
rück; und das Entweichen des Feuers bezeichnen wir mit dem Aus-
druck des Abkühlens, das Zusammentreten nach dem Entschwinden
desselben aber mit dem des Erstarrens. Aus den feinsten und gleich- b
förmigsten Bestandteilen aber bildete sich, durch felsiges Gestein
hindurchsickernd und geläutert, die dichteste Masse, eine einförmi-
ge, des Glanzes und der gelben Farbe teilhaftige Gattung, das unter
allem, was wir geschmolzene Flüssigkeiten nennen, am höchsten
geachtete Gold. Ein seiner Dichtigkeit wegen sehr harter Auswuchs
des Goldes, von schwarzer Farbe, wird Adamas genannt. Das den Be-
standteilen des Goldes nahe Verwandte, aber in mehr als eine Art
Zerfallende, an Dichtigkeit das Gold noch Übertreffende, einen ge-
ringen und feinen Bestandteil von Erde, der es härter macht, Ent-
haltende, doch wegen der großen innerhalb desselben befindlichen c
Zwischenräume Leichtere, zu einer Gattung glänzender und erstarr-
ter Flüssigkeit Zusammengetretene ist das Kupfer; das ihm beige-
mischte Erdige wird, wenn beide verwittert wieder voneinander
scheiden und dasselbe als ein für sich Bestehendes erscheint, Grün-
span genannt.

Nun hält es nicht mehr schwer, auch noch das übrige dahin Ein-
schlagende zu erörtern, wenn man die Art der wahrscheinlichen Dar-
legung verfolgt. Schafft sich jemand, indem er die Untersuchungen
über das ewig Seiende ruhen läßt und, zu seiner Erholung, über das
Entstehen dem Wahrscheinlichen nachforscht, ein harmloses Ergöt-
zen, so dürfte das wohl im Leben eine das Maß nicht überschreiten- d
de, vernünftige Unterhaltung gewähren. Indem wir diese auch jetzt
uns erlauben, wollen wir in folgender Weise das Weitere, was über
diese Gegenstände uns wahrscheinlich dünkt, darlegen. Das mit
Feuer vermischte Wasser, welches als dünn und flüssig wegen seiner
Beweglichkeit und wegen des Flusses, mit dem es über die Erde da-
hinfließt, flüssig genannt wird sowie weich ist, weil seine Grund-
flächen, minder fest als die der Erde, nachgeben — dieses, wenn es
durch das Ausscheiden des Feuers und die Trennung von der Luft
vereinzelt wurde, wird dann gleichförmiger und zugleich durch die e
ausscheidenden Teile in sich selbst zusammengedrängt und das so
Verdichtete, geschieht es über der Erde, gewöhnlich Hagel, auf der
Erde Eis, das minder, erst zur Hälfte Verdichtete über der Erde
Schnee, auf der Erde, aus Tau entstanden, Reif genannt. Was nun
die meisten Arten des Wassers angeht, die miteinander vermischt
sind, so wird die ganze Gattung, die durch der Erde entsprossene
Gewächse durchgeseiht wird, Säfte genannt. Indem aber, vermöge 60 a

der Mischungen, unter allen einzelnen eine Verschiedenheit statt-
findet, erzeugten sie viele andere, nicht durch besondere Namen un-
terschiedene Gattungen, von denen jedoch vier, feuriger Natur und
am meisten hervorstechend, Namen bekamen. Eins ist der Wein,
das so Leib wie Seele Erwärmende; das Glatte, den Strom des Se-
hens Zerteilende und deshalb hell und glänzend Anzuschauende
und fett sich Darstellende, nämlich Pech, Rizinusöl und das Öl
selbst und, was sonst dieselbe Kraft besitzt, die ölige Gattung; das
b aber, was die zusammengezogenen Poren am Mund ausdehnt bis
zu ihrem natürlichen Zustand und dadurch Süßigkeit erzeugt, be-
kam den gemeinsamen Namen Honig; sowie endlich derjenige aus
allen Säften getrennte, welcher durch Brennen auf das Fleisch zer-
setzend wirkt, eine schaumige Gattung, wird Pflanzenmilch ge-
nannt.

[25. Arten der Erde. Aus Erde und Wasser bestehende Stoffe]

Was die Arten der Erde angeht, so wird das durch Wasser Hin-
durchgepreßte in folgender Weise ein steiniger Körper. Wenn das
beigemischte Wasser in der Mischung zerstiebt, dann nimmt es Luft-
c gestalt an, dringt aber, in Luft verwandelt, zu seiner eigentümlichen
Stelle empor. Da jedoch kein luftleerer Raum über ihnen war, dräng-
te sie auf die nächste Luft, diese aber drückte, vermöge ihrer Schwe-
re, fortgestoßen und um die erdige Masse sich ergießend, mächtig
auf dieselbe und zwängte sie in die Stellen, aus welchen die neuent-
standene Luft sich erhoben hatte. Aber die von der Luft in einem
durch Wasser unlösbaren Grade zusammengepreßte Erde verbindet
sich zum Felsen, und zwar zu schönerem, wenn es durch gleiche und
gleichmäßige Teile durchsichtig wird, im entgegengesetzten Falle
aber zu unschönerem. Was aber durch des Feuers schnelle Einwir-
d kung aller Feuchtigkeit beraubt und spröder ist als jenes, wird zu
der Gattung, welcher wir den Namen des Tons beigelegt haben; bis-
weilen aber wird die durch Feuer, indem noch Feuchtigkeit zurück-
blieb, geschmolzene Erde, wenn sie sich abkühlte, zu einem Gestein
von schwarzer Farbe. Zwei andere Arten wiederum, in derselben
Weise allein zurückgelassen aus einer Mischung von vielem Was-
ser, aus feineren Teilen der Erde bestehend und salzig, nur mäßig
verdichtet und durch Wasser wieder auflösbar, sind einerseits eine
Öl und Erde läuternde Gattung, das Laugensalz, andererseits der den
e Geschmacksverbindungen der Wahrnehmungsorgane des Mundes
angenehme, den Göttern, dem herrschenden Brauch zufolge, wohl-
gefällige Körper des Kochsalzes.

Das aus der Vereinigung beider [der Erde und des Wassers] Be-
stehende ist durch Wasser nicht auflösbar, wohl aber durch Feuer,
und wird aus folgenden Gründen so verdichtet: Massen von Erde
schmilzt Feuer und Luft nicht, denn da von Natur ihre Teile kleiner
sind als die Zwischenräume dieser Zusammensetzung, so lassen sie
diese, denen ohne gewaltsames Hindurchzwängen weite Wege sich

öffnen, unaufgelöst und ungeschmolzen; die von Natur größeren
Wasserteilchen aber, die den Durchgang sich erzwingen, schmelzen
sie durch Auflösung. So löst also nur das Wasser die nicht mit Ge- 61 a
walt verbundene Erde, die so verbundene aber bloß das Feuer auf;
denn nur dem Feuer steht der Zugang offen. Ferner trennen die ge-
waltsamste Verbindung des Wassers nur das Feuer, die losere aber
Feuer und Luft, die eine in den Zwischenräumen, das andere sogar
in den Dreiecken; die mit Gewalt zusammengepreßte Luft aber löst
nichts auf, es sei denn in den Grundbestandteilen, die nicht so zu-
sammengedrückte schmilzt nur das Feuer. Bei den aus Erde und Was-
ser zusammengesetzten Körpern umströmen, solange etwa dort das
Wasser die wenn auch gewaltsam verstopften Zwischenräume der b
Erde ausfüllt, die von außen her kommenden Wasserteile, welche
nicht einzudringen vermögen, die ganze Masse und lassen sie un-
erweicht; die Feuerteilchen aber, die in die Zwischenräume des Was-
sers eindringen und, wie das Wasser auf die Erde, ebenso als Feuer
auf Wasser einwirken, sind der alleinige Grund, daß die vereinte
geschmolzene Masse in Fluß gerät. Von diesen Körpern aber ent-
halten die einen weniger Wasser als Erde, die ganze glasartige Gat-
tung und was man geschmolzene Steine nennt, die anderen dagegen c
mehr Wasser, alles nämlich, was zu Wachsartigem und Räucherharz
sich verbindet.

[26. Erklärung der Beschaffenheiten warm und kalt, hart und weich, schwer und leicht, rauh und glatt]

So sind nun die durch ihre Formen und durch Verbindungen und
Übergänge ineinander sich mannigfaltig darstellenden Gestaltun-
gen bereits so ziemlich nachgewiesen. Aus welchen Ursachen aber
ihre Beschaffenheiten hervorgehen, das wollen wir ferner deutlich-
zumachen versuchen. Zuerst nun muß es Wahrnehmung geben für
das, wovon wir jetzt jeweils sprechen. Noch aber haben wir nicht
die Entstehung des Fleisches und des damit Zusammenhängenden
sowie desjenigen, was an der Seele sterblich ist, erläutert. Es ergibt
sich aber als nicht wohl möglich, entweder dieses ohne die mit Wahr-
nehmung verbundenen Beschaffenheiten oder diese ohne jenes ge- d
nügend zu erörtern; und beides zugleich ist fast ganz unmöglich.
Vorläufig müssen wir also das eine von beidem voraussetzen, und
später werden wir dann wieder auf das Vorausgesetzte zurückkom-
men. Damit nun die Beschaffenheiten nach den Gattungen bespro-
chen werden, sei uns zuerst das auf Leib und Seele Bezügliche vor-
ausgesetzt. Zuerst also wollen wir vermöge folgender Betrachtung
erkennen, weshalb wir das Feuer warm nennen, indem wir nämlich
die sondernde und durchschneidende Einwirkung desselben auf un-
sern Körper in Erwägung ziehen; denn daß in dessen Einwirkung e
etwas Scharfes liegt, das nimmt fast jeder wahr. Wir müssen aber
die Schärfe seiner Kanten, das Spitze der Winkel sowie die Winzig-
keit seiner Teile und die Schnelligkeit seiner Bewegung in Anschlag

bringen, welche Umstände insgesamt bewirken, daß es heftig und scharf alles, worauf es trifft, durchschneidet, und dabei stets an die
62 a Entstehung seiner Gestalt uns erinnern, da vorzüglich sie und kein anders Beschaffenes unsern Körper auflöst und in kleine Teile zerlegt und so natürlicherweise den Zustand, den wir jetzt als warm bezeichnen, und diese Benennung desselben erzeugte. Das Gegenteil davon liegt zwar zutage, soll aber dessenungeachtet von uns nicht unerörtert bleiben. Indem nämlich die den Körper umgebenden Flüssigkeiten, aus größeren Bestandteilen zusammengesetzt, die aus kleineren bestehenden verdrängen, ohne an ihre Stellen eindringen zu können, erstarren sie dadurch, daß sie die Feuchtigkeiten in
b uns zusammendrängen und sie vermöge ihrer Gleichförmigkeit und durch das Zusammendrängen aus einem Ungleichmäßigen und Bewegten zu einem Unbeweglichen machen; aber das seiner Natur zuwider Zusammengezogene besteht einen Kampf, indem es seiner Natur gemäß sich selbst nach der entgegengesetzten Richtung drängt. Diesem Kampfe und dieser Erschütterung wurde der Name des Erzitterns und Frostes beigelegt und dieser Zustand sowie das ihn Bewirkende Kälte genannt.

Hart heißt ferner dasjenige, dem unser Fleisch, weich dagegen, was unserm Fleische nachgibt; und ebenso im Verhältnis zueinander. Das nun gibt nach, was eine kleine Grundfläche hat; aber das
c auf vierseitigen Grundflächen kräftig sich Bewegende ist die widerstrebendste Gattung und dasjenige, was sonst, zur größten Dichtigkeit sich vereinigend, den stärksten Gegendruck ausübt.

Der Begriff des Schweren und Leichten dürfte wohl am deutlichsten hervortreten, wenn man ihm in Verbindung mit dem, was man oben und unten nennt, nachforscht. Denn es ist keineswegs richtig, anzunehmen, daß es zwei von Natur entgegengesetzte Räume gebe, welche das Weltganze in zwei Teile scheiden, den einen das Unten, nach welchem alles, was irgendeine körperliche Masse hat, hinabfällt, und den andern das Oben, nach welchem alles durch Zwang
d getrieben werde; denn da der ganze Himmel kugelförmig ist, so wird das, was gleich weit von der Mitte abstehend zu einem Äußersten wird, von Natur gleichmäßig ein Äußerstes sein. Von der Mitte muß man aber annehmen, daß sie als gleichweit abstehend von den Äußersten sich gegenüber von allen befindet. Da nun dieses die natürliche Beschaffenheit des Weltalls ist, was könnte da jemand oben oder unten nennen, ohne mit Recht für einen zu gelten, der sich nicht des richtigen Ausdrucks bedient? Denn von der mittelsten Stelle in demselben kann man nicht mit Recht sagen, daß sie oben oder unten sich befinde, sondern in der Mitte; von dem Umkreis aber weder, daß er die Mitte halte, noch daß von den einzelnen Teilen desselben der eine sich mehr der Mitte zuneige als einer der ihm entgegengesetzten. Welcher einen Gegensatz bildenden Benennungen könnte sich nun wohl jemand in bezug auf das allerwärtshin Gleichbeschaffene bedienen und in welcher Weise, damit seine Be-

zeichnung für die richtige gelte? Denn wäre auch in der Mitte des
Weltganzen etwas Festes, in der Schwebe sich Befindendes, so würde 63 a
es wohl, wegen der Gleichmäßigkeit des Umkreises, nach keiner
Stelle desselben getrieben werden; sondern es würde jemand, wenn
er denselben rings umwandelte, oft, als sein eigener Gegenfüßler,
dieselbe Stelle desselben als oben und als unten bezeichnen; da näm-
lich das All, wie oben bemerkt wurde, kugelförmig ist, so zeugt es
nicht von Überlegung, zu sagen, daß in ihm etwas oben, ein ande-
res unten sei. Woher aber diese Ausdrücke entstanden und wo sich
etwas befinde, was uns gewöhnte, auch beim ganzen Himmel von
dieser Einteilung zu sprechen, darüber uns zu verständigen, müssen b
wir es uns so vorstellen. Wenn jemand an einer Stelle des Weltalls
sich befände, die vorzüglich, seinem Wesen nach, dem Feuer zuge-
teilt und wo auch das meiste von dem, wonach es hinstrebt, verei-
nigt wäre: wenn er auf diese, mit Gewalt über jenes ausgerüstet, sich
stellte und dem Feuer entnommene Teile, indem er sie in die Waag-
schale legte, abwöge, dann den Waagebalken erhöbe und das Feuer
mit Gewalt nach der ihm ungleichartigen Luft zöge, dann ist es of-
fenbar, daß er diese Gewalt leichter auf das Kleinere als auf das Grö- c
ßere ausübt; denn es ist notwendig, daß, wenn durch einerlei Kraft
zwei Dinge zugleich emporgehoben werden, das Kleinere mehr, das
Größere aber minder dem auf es einwirkenden Zuge folge und daß
man das Zahlreichere schwer und nach unten, das Mindere leicht
und nach oben strebend nenne. Wir müssen aber einsehen, daß wir
an unserer Stelle dasselbe tun. Indem wir nämlich auf der Erde ein-
herschreiten, trennen wir voneinander erdige Stoffe und bisweilen
Erde selbst und erheben diese mit Gewalt und ihrer Natur entgegen,
da beide nach dem Verwandten streben, in die ihnen ungleichmä-
ßige Luft. Dieser Gewalt nach dem Ungleichmäßigen folgt aber d
leicht und eher das Kleinere als das Größere; darum haben wir je-
nes leicht genannt, und den Raum, nach dem wir es hinziehen, oben,
das diesem Entgegengesetzte dagegen schwer und unten.

Daß nun das selbst unter sich selbst sich verschiedentlich verhal-
te, ist notwendig, weil von den Massen der verschiedenen Gattun-
gen die eine eine Stelle einnimmt, welche der der anderen entgegen-
gesetzt ist; denn man wird finden, daß das an der einen Stelle Leich-
te und das an der entgegengesetzten Stelle Leichte sowie das Schwe-
re und Schwere, das Unten und Unten, das Oben und Oben sich un- e
tereinander in entgegengesetzter und schräger und durchaus ver-
schiedener Richtung gestalten und verhalten. Das eine aber müssen
wir bei diesem allen bedenken, daß die jedem Einzelnen innewoh-
nende Richtung nach dem Verwandten dasselbe zum Schweren und
die Stelle, nach der so etwas hinstrebt, zu der unten gelegenen, das
in der anderen Weise aber Beschaffene zu dem anderen macht. So-
viel genüge über die Gründe dieser Zustände.

Weshalb ferner etwas in einem rauhen oder glatten Zustande sich
befinde, das sieht wohl jeder ein und dürfte auch wohl es einem an-

deren zu erklären imstande sein, denn das eine bewirkt mit Un-
64 a gleichmäßigem verbundene Härte, das andere das mit Dichtem verknüpfte Gleichmäßige.

[27. Wahrnehmbare und nicht wahrnehmbare Eindrücke. Die Lust- und Schmerzgefühle] Noch blieb uns bei dem, was wir über die dem ganzen Körper gemeinsamen Eindrücke erörtert haben, als wichtigstes übrig die Ursache des Angenehmen und Schmerzlichen sowie das, was durch Teile unseres Körpers Wahrnehmungen macht und dadurch damit verbundene Lust- und Schmerzgefühle in sich erregt. Suchen wir also die Gründe jedes sinnlich wahrnehmbaren und nicht wahrnehmbaren Eindrucks zu erfassen, indem wir der im vo-
b rigen gemachten Einteilung des seiner Natur nach schwer und leicht Beweglichen uns erinnern; müssen wir ja doch in dieser Weise allem, was wir zu erfassen gedenken, nachjagen. Denn das von Natur Leichtbewegliche verteilt, wenn auch nur von einem schnell vorübergehenden Eindrucke berührt, ringsum andere, dasselbe an anderen bewirkende Teilchen, bis es, zum Denkenden gelangt, diesem von der Kraft des Bewirkenden Kunde gibt. Das Entgegengesetzte aber verhält sich, als ein Ruhendes, bloß leidend, ohne im Umkreise
c sich zu verbreiten, und setzt von dem ihm Nächsten nichts in Bewegung, so daß, indem die einen Teilchen nichts unter die andern verbreiten, der erste Eindruck nicht erregend auf das ganze lebende Geschöpf wirkt und das Erleidende nicht wahrnehmend macht. Das findet vorzüglich in bezug auf Knochen und Haare und was wir sonst an größtenteils erdigen Teilchen an uns haben, statt; das vorher Erwähnte dagegen gilt vornehmlich von dem auf Gesicht und Gehör Bezüglichen, weil hier Luft und Feuer sich am wirksamsten zeigen.

Über Lust- und Schmerzgefühle aber müssen wir uns folgende Vorstellung machen. Der Eindruck, der auf uns mit einem Male in
d widernatürlicher und gewaltsamer Weise gemacht wird, ist schmerzlich, aber das mit einem Male erfolgende Zurückkehren in den natürlichen Zustand angenehm. Das ruhig und nach und nach Erfolgende ist nicht wahrnehmbar, im umgekehrten Falle verhält es sich umgekehrt. Alles mit Leichtigkeit Erfolgende ist zwar vor allem wahrnehmbar, erzeugt aber weder Lust- noch Schmerzgefühle, wie die Vorgänge beim Sehen selbst, von welchen im vorigen gesagt wurde, daß sie am Tage zu einem eng mit uns verbundenen Körper werden; denn dem Sehstrahl verursacht ein Einschneiden, ein Brennen und was ihm sonst widerfährt, keinen Schmerz, so wenig wie die
e Rückkehr in den vorigen Zustand Lust; desgleichen auch nicht die stärksten und lebhaftesten Eindrücke, insofern sie auf dasselbe gemacht werden und es selbst, irgendwohin sich richtend, sie sich erzeugt, denn etwas Gewaltsames findet beim Ausdehnen und Zusammenziehen desselben durchaus nicht statt.

Die aus größeren Bestandteilen bestehenden Teile des Körpers da-

gegen, welche dem auf sie Einwirkenden kaum nachgeben, aber ihre
Bewegungen dem Ganzen mitteilen, empfinden Lust und Schmerz;
Schmerz, in einen anderen Zustand versetzt, in den vorigen zurück- 65 a
kehrend, Lust. Was aber Abgang und Entleerung nach und nach er-
fährt, den Ersatz dafür aber mit einem Male und im großen, das
verursacht, da es die Entleerung nicht wahrzunehmen vermag, wohl
aber den Ersatz, dem sterblichen Teil der Seele keinen Schmerz, son-
dern die größte Lust; das gibt sich in den Wohlgerüchen kund. Wes-
sen Zustand dagegen mit einem Male verändert wird, aber nur nach
und nach und mühsam in den ihm eigentümlichen zurückkehrt, das b
bewirkt in allem das dem Vorigen Entgegengesetzte; das beim Bren-
nen und Schneiden des Körpers Erfolgende macht das offenbar.

[28. Die Entstehung der Geschmacksempfindungen: scharf und herb, ätzend und salzig, sauer und süß]

So sind denn so ziemlich die dem ganzen Körper gemeinsamen
Zustände und die dem sie Bewirkenden beigelegten Benennungen
aufgezählt. Nun müssen wir, sind wir irgendwie dazu imstande, ver-
suchen, das in einzelnen Teilen unseres Körpers Erfolgende und,
welchen Ursachen auf seiten des Bewirkenden es zuzuschreiben sei,
zu erörtern. Zuerst müssen wir also, so gut wir es vermögen, das c
erläutern, was wir, als wir im vorigen über die Säfte sprachen, über-
gingen, die der Zunge eigentümlichen Veränderungen. Offenbar er-
folgen auch diese, wie so vieles, durch gewisse Zusammenziehun-
gen und Ausdehnungen und werden außerdem mehr als andere
durch Rauhigkeit und Glätte bedingt. Denn was an erdigen Teilen
auf die Blutäderchen, die, wie Prüfungsmittel der Zunge, nach dem
Herzen sich erstrecken, eindringt und auf die saftigen und zarten d
Teile des Fleisches gerät und was, wenn es sich auflöst, die Blutäder-
chen zusammenzieht und austrocknet, das erscheint, wenn rauher,
als scharf, minder rauh aber als herb. Alles ferner, was von diesen
Teilen eine die ganze Zunge reinigende und abspülende Kraft be-
sitzt, wird, wenn es über das rechte Maß hinaus das bewirkt und da-
zu die Zunge so angreift, daß es sogar, wie die Kraft der Laugen-
salze, ihre natürliche Beschaffenheit zerbeizt, das alles wird dann
ätzend genannt. Was aber der Wirksamkeit des Laugensalzigen e
nachsteht und in mäßigem Grade die Zunge reinigt, das stellt sich
uns als das nicht mit rauher Bitterkeit verbundene und uns ange-
nehme Salzige dar. Was ferner die Wärme des Mundes teilt und,
durch sie gemildert, dazu beiträgt, als selbst feurig Gewordenes das
es Erwärmende wieder zu erhitzen, was seiner Leichtigkeit wegen
zu den Sinneswerkzeugen des Kopfes aufsteigt und alles, worauf es
trifft, zerteilt, alles Derartige wurde wegen dieser Wirkungen durch- 66 a
dringend genannt. Was wiederum vorher durch Fäulnis verdünnt
wurde und in die engen Blutgefäße eindringt, im Verhältnis stehend
sowohl zu den dort befindlichen erdigen Teilchen als auch zu de-
nen der Luft, so daß es diese in Bewegung setzt und umeinander auf-

rührt, die Aufgerührten aber umherfallen und, indem sie in andere
eindringen, neue Höhlungen bewirken, die sich um die Eindringen-
b den herumspannen – während aber die hohle, bald mit Erdartigem
vermischte, bald reine Feuchtigkeit um die Luft sich ausspannt, wird
sie zu feuchten Luftbehältern, zu hohlen, kugeligen Wassertropfen,
von welchen die aus reiner Feuchtigkeit, welche durchsichtig die
Luft umschließen, Blasen, die aber aus erdiger, dabei in Bewegung
geratender und sich erhebender gebildet sind, Schäumendes und Gä-
rendes genannt werden –, das diese Vorgänge Bewirkende also führt
den Namen des Sauren.

Eine allem hierüber Erwähnten insgesamt entgegengesetzte Emp-
c findung geht von einer entgegengesetzten Ursache aus. Wenn das
der Beschaffenheit der Zunge angemessene Zusammentreten des
Eindringenden im Feuchten gleich einer Salbe die Unebenheiten aus-
gleicht und das der Natur widerstrebende Zusammengetretene und
Zerflossene, dieses vereinigt, jenes erweicht und möglichst alles in
den naturgemäßen Zustand versetzt, dann wird jede solche jedem
angenehme Heilung gewaltsamer Erregungen süß genannt.

[29. Geruchswahrnehmung und Gehör] Solche Beschaffenheit hat
d es mit diesen Sinneswahrnehmungen; aber bei dem den Nüstern ver-
liehenen Vermögen finden keine Gattungen statt, denn alles auf den
Geruch Bezügliche ist nur halb gestaltet, und für keine Art von Kör-
pern gibt es ein seinen Geruch bestimmendes Verhältnis, sondern
unsere dafür empfänglichen Blutgefäße sind für die Gattungen der
Erde und des Wassers zu eng und für die der Luft und des Feuers
zu weit; niemand verspürt daher von diesen irgendeinen Geruch,
sondern der entsteht, indem gewisse Bestandteile angefeuchtet,
durch Fäulnis aufgelöst oder geschmolzen werden oder auch ver-
e dampfen; denn indem das Wasser in Luft, die Luft in Wasser über-
geht, entstehen sie während dieses Übergangs, und Gerüche sind ein
Rauch oder Nebel. Aber der Nebel bildet den Übergang von Luft in
Wasser, den des Wassers in Luft aber der Rauch; daher ist alles auf
den Geruch Wirkende feiner als Wasser und dichter als Luft. Das
zeigt sich, wenn jemand, während ihm das Einatmen gehemmt ist,
die Luft gewaltsam in sich zieht, denn dann dringt kein Geruch mit
ein, sondern dem Einziehen folgt nur die ihres Geruchs beraubte
67 a Luft. Deshalb gibt es hier nur die beiden durch keinen Namen be-
zeichneten Verschiedenheiten, die nicht aus vielfältigen einfachen
Gattungen bestehen, sondern hier ist offenbar nur von dem Zwie-
fachen, dem Angenehmen und dem Widrigen, die Rede, von denen
dieses die gesamten Räume unseres Körpers, vom Wirbel bis zum
Nabel herab, belästigt und bedrängt, jenes dagegen dieselben wie-
der beruhigt und auf eine anmutige Weise in ihren natürlichen Zu-
stand zurückversetzt.

Indem wir ferner die dritte Gattung unserer Sinneswahrnehmun-
b gen, die auf das Gehör bezüglichen, betrachten, müssen wir die Ur-

sachen der auf dasselbe sich beziehenden Vorgänge angeben. Überhaupt wollen wir also als Ton den durch die Ohren hindurch vermittels der Luft, des Gehirns und des Blutes bis zur Seele sich verbreitenden Stoß, als Hören aber die dadurch erfolgende Bewegung bestimmen, welche vom Kopfe beginnt und in der Gegend der Leber aufhört; den raschen Ton bezeichnen wir als hohen, den langsameren als tiefen, den gleichförmigen als mild und glatt, den ihm
entgegengesetzten als rauh, den mächtigen als laut, sein Gegenteil c
als leise. Über ihr Zusammenstimmen können wir jedoch erst in dem später zu Erörternden uns verbreiten.

[30. Die Gesichtswahrnehmung. Erklärung der Farben]

Noch ist uns die vierte Gattung der Sinneswahrnehmungen übrig, welche uns einzuteilen obliegt, da sie viele Verschiedenheiten in sich enthält, die wir insgesamt Farben nannten, eine jeglichem Körper entströmende Flamme, welche, behufs der Wahrnehmung, dem Sehstrahl angemessene Teilchen umfaßt. Von dem Sehstrahl aber wurde wiederum schon im vorigen das berichtet, was die Ursachen
seines Entstehens angeht. Nun dürfte es sich aber wohl geziemen, d
folgendergestalt das am meisten Wahrscheinliche über die Farben zu entwickeln: Es seien die von den Gegenständen ausgehenden und auf den Sehstrahl fallenden Teilchen teils kleiner, teils größer, teils ebenso groß wie die des Sehstrahls selbst. Nun seien die ebenso großen, die wir auch durchsichtig nennen, nicht wahrnehmbar, von den größeren oder kleineren aber wirken jene zusammenziehend auf den Strahl, diese erweiternd; ihre Einwirkung aber sei der des Warmen und Kalten auf dem Körper und des Scharfen
und Erhitzenden, was wir durchdringend nannten, an der Zunge ver- e
wandt, und das Weiße und Schwarze seien die von jenen stammenden Zustände, ihrer Entstehung nach in einer anderen Gattung dieselben, ihrer Erscheinung nach aber anders aus eben diesen Gründen. Wir müssen sie daher durch folgende Benennungen bezeichnen: Das den Sehstrahl Erweiternde ist das Weiße, sein Gegenteil das Schwarze. Die raschere, von einem verschiedenartigen Feuer stammende Bewegung aber, die auf den Sehstrahl andringt, ihn bis zum Auge hin erweitert und dann gewaltsam durch die Durchgänge
des Auges sich hindurchdrängt, sie auflöst und eine Vereinigung von 68 a
Wasser und Feuer, die wir Tränen nennen, dem Auge entquellen läßt, an sich selbst aber ein von der entgegengesetzten Seite ihr entgegenkommendes Feuer ist, und während das eine Feuer, wie das des Blitzstrahls, hervorspringt, das andere aber eindringt und in der Feuchtigkeit erlischt, wobei durch diese Mischung verschiedenartige Farben erzeugt werden: diese Erregung nennen wir Flimmern, das sie Bewirkende aber glänzend und schimmernd. Der zwischen diesen
mitteninne liegenden Gattung des Feuers, die zu dem Feuchten des b
Auges gelangt und sich demselben vermischt, aber nicht glänzt, sondern vermöge des durch die Feuchtigkeit schimmernden Strahls des

vermischten Feuers eine Farbe der des Blutes ähnlich erzeugt, geben
wir den Namen des Roten. Das mit Weiß und Rot verbundene Glän-
zende ist das Goldgelbe. Aber das Verhältnis dieser Farbenbestand-
teile anzugeben, hat, sollte jemand es auch kennen, keinen Sinn, da
niemand imstande sein dürfte, die notwendigen oder wahrscheinli-
chen Gründe desselben einigermaßen genügend nachzuweisen. Die
c Mischung des Roten mit dem Weißen und Schwarzen gibt die Pur-
purfarbe, das Dunkelviolette aber, wenn diese gebrannt und ihnen
Schwarzes in reichlicherem Maße beigemischt wird. Das Gelbbraune
geht aus der Mischung des Goldgelben und Grauen hervor; das
Graue aus der des Weißen und Schwarzen, aus der des Weißen und
Goldgelben aber das Blaßgelbe. Verbindet sich das Weiße mit dem
Glänzenden und trifft mit dem gesättigten Schwarzen zusammen,
dann bildet sich die dunkelblaue Farbe, durch die Vermischung die-
ser mit dem Weißen die himmelblaue; durch die des Gelbbraunen
mit dem Schwarzen die lauchgrüne. Von den anderen Farben ist so
d ziemlich aus dem bisher Gesagten begreiflich, mit welchen Mischun-
gen wir sie zu vergleichen haben, damit unsere Rede dem Wahr-
scheinlichen treu bleibe.

Wollte aber jemand bei solchen Untersuchungen durch Versuche
das nachweisen, dann hätte er wohl den Unterschied der göttlichen
und menschlichen Natur verkannt, da zwar Gott vieles zu einem zu
vermischen und wiederum aus einem in vieles aufzulösen zur Ge-
nüge versteht und zugleich auch vermag, der Mensch aber zu kei-
nem von beiden weder hinreicht noch in der Folge je hinreichen wird.

e Dieses alles nun, vermöge der Notwendigkeit von Natur so be-
schaffen, übernahm der Werkmeister des Schönsten und Besten bei
dem Werdenden, als er den sich selbst genügenden, höchst vollkom-
menen Gott erzeugte, indem er die hierauf bezüglichen Ursachen
als dienende benutzte, selbst jedoch das Wohlgeratene bei allem
Werdenden bewirkte.

Demnach müssen wir zwei Arten von Ursachen unterscheiden,
das Notwendige und das Göttliche; dem Göttlichen aber muß man,
69 a um zu einem glückseligen Leben zu gelangen, in allem, soweit un-
sere Natur es gestattet, nachspüren, doch um dessenwillen auch dem
Notwendigen, in Erwägung, daß es ohne dieses nicht möglich ist,
eben jenes, dem wir ernstlich nachstreben, allein zu begreifen und
zu erfassen oder seiner sonst irgendwie teilhaftig zu werden.

[31. Erschaffung des sterblichen Teils der Seele und sein Sitz im Leibe. Herz und Lungen]

Da nun vor uns, wie vor Baumeistern der Baubedarf, die verschie-
denen Gattungen von Ursachen aufgeschichtet liegen, aus denen das
Geflecht unserer noch übrigen Rede zusammengefügt werden muß:
so wollen wir in aller Kürze wieder auf den Anfang zurückkommen,
rasch uns dahin wenden, von woher wir bis hierher gediehen sind,
b und nun versuchen, unserer Erzählung den Schluß anzufügen und

ihr eine dem Vorhergegangenen angemessene Krone aufzusetzen.

Wie also im Anfang bemerkt wurde, setzte Gott, da diese Dinge in einem ungeordneten Zustande sich befanden, in jegliches selbst zu sich selbst und zu den andern soviel Gleichmäßigkeit, wie und in welcher Weise es möglich war, daß sie übereinstimmend und gleichmäßig sind. Denn damals war weder etwas, es sei denn durch Zufall, einer solchen teilhaftig, noch verdiente überhaupt eines der jetzt einen Namen führenden Dinge, wie zum Beispiel Feuer, Wasser oder ein anderer Grundstoff, eine solche Bezeichnung. Vielmehr ordnete er zuerst das alles und fügte dann aus ihnen dieses Welt- c
ganze zusammen als *ein* Lebendes, welches alles Lebende, sterbliches und unsterbliches, in sich schließt. Und der Auferbauer des Göttlichen wurde er selbst, die Erzeugung des Sterblichen aber zu bewerkstelligen übertrug er den von ihm Erzeugten. Diese aber, indem sie der Seele unsterblichen Ursprung überkamen, umkleideten dieselbe, ihn nachahmend, mit dem sterblichen Leibe, gaben ihr als Fahrzeug den ganzen Leib und gestalteten in diesem daneben eine andere Art der Seele, die sterbliche, in welcher sich mächtige und unabweisliche Leidenschaften regen: zuerst die Lust, des Schlechten d
stärkster Köder, dann der Schmerz, des Wohlbefindens Verscheucher, ferner kecker Mut und Verzagtheit, ein paar unüberlegte Ratgeber sowie der schwer zu beschwichtigende Zorn und die verführerische Hoffnung; indem sie diesen unvernünftige Wahrnehmung und eine zu jedem Wagnis bereite Liebe beimischten, fügten sie in Notwendigkeit die sterbliche Gattung der Seele zusammen. Weil sie aber darum Scheu trugen, das Göttliche zu verunreinigen, soweit es nicht gänzlich notwendig war, wiesen sie dem Sterblichen, von jenem getrennt, einen anderen Teil des Leibes zur Wohnung und e
schieden, das Genick dazwischen einfügend, durch eine Erdzunge und Grenzscheide Kopf und Brust, damit beide getrennt bleiben. An die Brust aber und den sogenannten Brustkorb fesselten sie den sterblichen Teil der Seele und schieden, da er von Natur in einen besseren und einen schlechteren zerfiel, wiederum die Höhlung des Brustkastens und legten, wie man die Wohnung der Frauen von der der Männer trennt, zwischen beide das Zwerchfell als Scheidewand. 70 a
Demnach wiesen sie dem der Mannheit und des Mutes teilhaftigen, ehrliebenden Teile der Seele seinen Sitz näher dem Kopfe, zwischen Genick und Zwerchfell an, damit er, der Vernunft gehorsam, gemeinschaftlich mit ihr gewaltsam das Geschlecht der Begierden im Zaum halte, wenn es in keiner Weise freiwillig dem von der Burg aus ergangenen Gebote und der Vernunft gehorchen wolle. Doch dem Herzen, dem Knotenpunkt der Adern und der Quelle des alle b
Glieder mächtig durchströmenden Blutes, wiesen sie die Stelle eines Wachtpostens an, damit, sobald der Ungestüm des Mutes aufbrause bei der Mahnung der Vernunft, daß von außen her oder auch von den Begierden im Innern aus in den Gliedern etwas Ungerechtes geschehe, alles, was im Körper für Ermahnungen und Drohungen emp-

fänglich ist, durch alle diese engen Gänge hindurch, folgsam werde
und jede Richtung sich erteilen lasse und so dem Besten alles zu lei-
c ten gestatte. Aber gegen das Klopfen des Herzens, bei Erwartung
schrecklicher Ereignisse, und gegen das Erwachen des Zornes ersan-
nen sie, da sie voraus erkannten, jedes solche Anschwellen der Lei-
denschaft werde eine Wirkung des Feuers sein, ein Hilfsmittel, in-
dem sie das Geflecht der Lunge einpflanzten, welche erstens blutlos
und weich, ferner aber auch, wie ein Schwamm, mit Öffnungen
durchzogen ist, damit sie, den Atem und den Trank in sich aufneh-
d mend, die Glut durch Abkühlung milder und erträglicher mache.
Darum öffneten sie die Kanäle der Luftröhre nach der Lunge und
legten sie wie ein Polster um das Herz, damit es, wenn der Mut in
demselben auflodere, gegen ein Nachgebendes anschlagend und so
abgekühlt, minder bewegt, eher mit dem Mut verbunden der Ver-
nunft sich zu fügen vermöge.

[32. Ansiedlung des begierigen Teils der Seele im Bauch. Beschaffenheit und Aufgabe von Leber und Milz]

Dem nach Speise und Trank begierigen Teil unserer Seele und
nach dem, wonach er sonst vermöge der Natur des Körpers ein Be-
dürfnis bekommt, dem wiesen sie seinen Wohnsitz zwischen dem
e Zwerchfell und der in der Gegend des Nabels gezogenen Grenze an,
indem sie in diesem ganzen Raume eine Art von Krippe für die Er-
nährung des Körpers herrichteten, und fesselten an diese Stelle den
so beschaffenen Teil, wie ein wildes Tier, das aber doch, fest mit uns
verbunden, ernährt werden müsse, wenn irgend das sterbliche Ge-
schlecht bestehen solle. Damit es also nun, stets an der Krippe sich
nährend und so weit wie möglich von dem Waltenden entfernt, Lärm
und Geschrei so wenig wie möglich erhebe und den besten Teil in
71 a Ruhe das für alle Ersprießliche bedenken lasse, darum wiesen sie
ihm hier seine Stelle an. Da sie es aber kannten, daß es Vernunft-
gründen nicht zugänglich und, sollte je davon etwas irgendwie an
dasselbe gelangen, seine Natur nicht so beschaffen sei, um irgend
um Vernunftgründe sich zu kümmern, sondern daß es bei Tag und bei
Nacht stets durch Trugbilder und Schattengestalten sich leiten las-
se — indem also der Gott hierauf achtgab, verband er demselben das
b Gefüge der Leber, verlegte sie in dieselbe Gegend des Leibes und ge-
staltete sie dicht, glatt, glänzend, mild, doch mit einem Zusatze von
Bitterkeit, damit die vom Verstande herabdringende in ihm sich re-
gende Kraft der Gedanken, wie in einem Spiegel, der Gestalten in
sich aufnimmt und Abbilder erblicken läßt, ihm Furcht errege, wenn
diese Seelenkraft mit Anwendung der der Leber eigentümlichen Bit-
terkeit, mit drohender Strenge und schnell die ganze Leber damit
durchdringend, gallige Farben zeige und alles durch Zusammenzie-
hen runzelig und rauh gestalte, den Leberlappen aber, die Gefäße
c und Zugänge teils aus der richtigen Lage bringe und zusammenzwän-
ge, teils verdämme und abschließe und so Mißbehagen und Ekel er-

zeuge; damit sie ferner, wenn dagegen ein durch Nachdenken erzeugter Anhauch die entgegengesetzten Bilder der Milde hervorrufe, vor der Bitterkeit dadurch Ruhe gewähre, daß sie das ihr widerstrebende Wesen weder aufregen noch mit ihr in Berührung kommen wolle, sondern die ihr innewohnende Süßigkeit gegen jenes Organ in Anwendung bringe, alle Teile desselben ebenmäßig, glatt und
frei gestalte und, indem sie den um die Leber herum heimischen d
Teil der Seele mild und heiter mache, ihn während der Nacht in einem ziemlich ruhigen Zustande beim Schlafen die Sehergabe, als der Vernunft und Einsicht nicht teilhaftig, üben lasse. Denn die Götter, welche uns gestalteten, veredelten, des Befehles ihres Vaters eingedenk, der ihnen den sterblichen Teil nach ihrem Vermögen auf das beste zu bilden anbefahl, auch den mangelhafteren Teil un-
serer selbst und wiesen, damit er irgendwie mit der Wahrheit in Be- e
rührung komme, der Seherkraft an dieser Stelle ihren Sitz an. Daß nämlich Gott dem menschlichen Unverstande die Seherkraft verlieh, dafür dient zu einem ausreichenden Belege, daß niemand mit Überlegung die gottbegeisterte und wahrhafte Seherkraft übt, sondern entweder, indem der Schlaf die Kraft seines Nachdenkens fesselt, oder vermöge eines Fiebers oder einer durch Verzückung erzeugten Umwandlung. Vielmehr kommt es dem Verständigen zu, die Aussagen seiner Sehergabe und göttlicher Begeisterung im Wachen oder im Schlafe sich in das Gedächtnis zurückzurufen und wohl zu erwägen und alle gehabten Erscheinungen durch Nachdenken genau
zu unterscheiden, in welcher Weise und wem das ein Bevorstehendes 72 a
oder Vergangenes oder Gegenwärtiges, Gutes oder Übles, vorbedeute. Dem Verzückten und noch in diesem Zustande Verharrenden aber ziemt es nicht, über seine Gesichte und eigenen Aussprüche ein Urteil zu fällen, sondern mit Recht und von jeher behauptet man, nur des Besonnenen Sache sei es, das ihm Obliegende zu tun, und es, so wie sich selbst, zu erkennen. Darum bestelle auch das Gesetz
die Gilde der Wahrsager zu Richtern über gottbegeisterte Weissa- b
gungen, welche selbst einige Weissager nennen, denen es ganz unbekannt blieb, daß dieselben Dolmetscher, nicht aber Urheber eines göttlichen Gesichtes oder Wortes sind und mit dem größten Rechte wohl Verkünder des Vorhergesehenen genannt werden dürften. Deswegen also ist die Natur der Leber so beschaffen und nimmt ihrer Natur nach die von uns beschriebene Stelle ein, behufs der Seherkraft nämlich. Und solange ein jegliches noch lebt, sind die Vorbedeutungen dieses Organs noch erkennbarer; ist es aber des Lebens beraubt, dann verlieren sie diese Erkennbarkeit, und die Merkmale
verschwimmen für eine deutliche Vorbedeutung in größeres Dunkel. c

Die Zusammenfügung des der Leber benachbarten Eingeweides und seine Stelle zur Linken entstand um der Leber willen, um sie stets glänzend und rein zu erhalten, wie für einen Spiegel, ein dazu eingerichteter und stets neben ihm in Bereitschaft gehaltener Schwamm. Wenn daher durch Krankheiten des Körpers gewisse Un-

reinigkeiten um die Leber herum sich häufen, dann nimmt die lokkere Milz, deren Gewebe hohl und blutleer ist, sie reinigend in sich
d auf; demnach schwillt sie, von diesen Ausscheidungen erfüllt, an, wird groß und schwärig und sinkt dann, nach einer Reinigung des Körpers, zu geringerem Umfang wieder in sich selbst zusammen.

[33. Unterleib und Gedärme. Mark, Knochen, Fleisch und Sehnen. Verteilung des Fleisches. Haut, Haare und Nägel]

Das sind unsere Ansichten über die Seele, was sie Sterbliches und was sie Göttliches enthält, und wie, mit welchen Teilen verbunden und aus welchen Gründen beides besondere Stellen angewiesen erhielt. Die Richtigkeit derselben ließ sich aber wohl nur dann, wie gesagt, behaupten, wenn ein Gott ihnen beistimmte. Daß unsere Aussage aber das Wahrscheinliche enthalte, das können wir, sowohl jetzt als nach genauerer Erwägung der Sache, zu behaupten wagen und
e wagen es. In derselben Weise müssen wir dem nun Folgenden nachforschen. Es war aber dies, wie der Rest des Körpers entstand. Dieser dürfte wohl am wahrscheinlichsten nach folgenden Erwägungen zusammengefügt sein. Diejenigen, welche unser Geschlecht bildeten, wußten, welche Unmäßigkeit im Essen und Trinken bei uns stattfinden werde und daß wir aus Schlemmerei das rechte und notwendige Maß bei weitem überschreiten würden. Damit nun nicht durch Krankheiten ein schnelles Dahinsterben eintrete und das sterbliche
73 a Geschlecht alsbald, vor seiner Entwicklung, untergehe, diesem vorzubeugen, bereiteten sie den sogenannten Unterleib durch seine Einrichtung zur Aufnahme des von den Speisen und Getränken Auszuscheidenden vor und umwanden denselben mit dem Erzeugnis der ineinander verschlungenen Gedärme, damit nicht der Nahrungsmittel schneller Durchgang für den Körper einen schnellen Ersatz derselben nötig und, durch eine aus Unersättlichkeit hervorgehende Gefräßigkeit, die ganze Gattung zu einer dem Weisheitsstreben und den Musen abholden mache, ungehorsam dem göttlichsten Teile unseres Selbst.

b Hinsichtlich der Knochen, des Fleisches und alles Derartigen verhielt es sich aber so. Dieses alles hatte in der Entstehung des Markes seinen Ursprung; denn die Leib und Seele verknüpfenden Bande des Lebens gaben, in ihm sich vereinigend, dem sterblichen Geschlecht eine feste Wurzel, das Mark selbst aber ging aus anderen Bestandteilen hervor. Denn indem der Gott von den ursprünglichen Dreiecken diejenigen, welche, als unbeeinflußt und glatt, geeignet waren, Feuer, Wasser, Luft und Erde auf das genaueste zu erzeugen, jegliche von den ihnen eigentümlichen Gattungen aussonderte und nach
c richtigen Verhältnissen sie verband, bildete er aus allen, auf eine Verbindung aller Samen für das gesamte sterbliche Geschlecht bedacht, das Mark. An dieses knüpfte er darauf die ihm eingepflanzten Gattungen der Seelen und ordnete sogleich bei der ursprünglichen Verteilung die Zahl und Beschaffenheit der Gestaltungen des Mar-

kes nach der Zahl und Beschaffenheit, die diese ihren einzelnen Ar-
ten nach zu erhalten bestimmt waren. Und denjenigen Teil des Mar-
kes, der, gleich einem Saatfeld, den göttlichen Samen in sich enthal-
ten sollte, nannte er, indem er allerwärts in sich zurücklaufend ihn
gestaltete, das Hauptmark [Gehirn], weil nach Vollendung jedes d
Lebenden das Haupt zum Gefäß für dasselbe bestimmt war; aber
das den übrigen, sterblichen Teil unserer Seele in sich zu fassen Be-
stimmte, diesem teilte er zugleich runde und längliche Gestaltungen
zu, nannte das alles Mark und umzog es, indem er wie Ankertaue
die Bande unserer ganzen Seele daran knüpfte, zunächst schirmend
mit einer knöchernen Decke, um welche er unseren ganzen Körper
vollendete.

Die Knochen fügte er aber in folgender Weise zusammen. Er sieb- e
te reine und feine Erde aus, feuchtete mit dem Marke sie an und ver-
mengte sie mit demselben; dann legte er dieses Gemengsel in das
Feuer, tauchte es hierauf in das Wasser, dann wieder in Feuer und
noch einmal in Wasser und machte es, durch ein solches oft wieder-
holtes Versetzen aus dem einen in das andere, unauflösbar für bei-
des. Mit Benutzung dieser Masse wölbte er um das Gehirn des Le-
bewesens eine knöcherne Kugel, bei welcher er einen engen Zugang
offen ließ. Weiter bildete er aus ihr, vom Kopfe ausgehend und 74 a
durch den ganzen Körper sie hindurchführend, das Hals- und Rük-
kenmark umschließende, wie auf Zapfen bewegliche Wirbel; so um-
gab er schirmend den ganzen Samen mit einem steinartigen Gehäu-
se, welches er, behufs der Beweglichkeit und Biegsamkeit, mit Ge-
lenken versah und dabei die unter ihnen mitteninne liegende Kraft
des Verschiedenen in Anwendung brachte. In der Meinung ferner,
daß die Beschaffenheit des Knöchernen zu spröde und unbeugsam b
sei und daß, wenn es erhitzt werde und wieder erkalte, es zerfressen
und den in ihm enthaltenen Samen verderben werde, ersann er des-
halb die Gattung des Fleisches und der Sehnen, damit er durch diese
alle Glieder verbinde und dem Körper, vermittels ihrer An- und Ab-
spannung um jene Zapfen, sich zu biegen und auszudehnen gestat-
te; das Fleisch aber, damit es zu einem Schirm gegen Hitze, einem
Schutz gegen Kälte sowie auch gegen Hinfallen werde, da es, wie
filzige Umhüllungen, den Körpern sanft und weich nachgebe und c
im Sommer, durch Ausschwitzen einer in ihm enthaltenen warmen
Feuchtigkeit, eine von ihm herrührende Kühlung über den ganzen
Körper verbreite, dagegen wieder im Winter, durch eben dieses in-
nere Feuer, den andringenden und es umgebenden Frost so ziemlich
abhalte. Indem unser Bildner dies bedachte, fügte er das saftreiche,
weiche Fleisch zusammen, welches er aus Wasser, Feuer und Erde,
mit einer Beimischung des aus Saurem und Salzigem entstandenen
Gärungsstoffes, zu einer Mischung und dem richtigen Verhältnisse d
vereinigte. Die Natur der Sehnen aber verband er aus einer keiner
Gärung unterworfenen Mischung des Fleisches und der Knochen zu
einer zwischen beiden die Mitte haltenden Kraft, indem er ihm eine

gelbe Farbe gab. Darum sind die Sehnen von gespannterer und zäherer Beschaffenheit als das Fleisch, aber von weicherer und biegsamerer als die Knochen. Mit ihnen umgab der Gott Knochen und Mark, welche er durch sie miteinander verband; das alles überkleidete er darauf mit Fleisch.

e Um die beseeltesten Knochen legte er nun das wenigste Fleisch, um die im Innern seelenlosesten aber das meiste und festeste. Auch beim Zusammentreffen der Knochen erzeugte er, wo nicht die Vernunft die Fülle desselben für notwendig erkannte, weniges Fleisch, damit es weder durch Hemmen der Biegungen den zu einem schwer beweglichen werdenden Körper unbeholfen mache, noch auch häufig fest und sehr ineinander verwachsen, durch seine Härte Gefühllosigkeit erzeuge und die auf das Nachdenken bezüglichen Teile unmerksamer und stumpfer gestalte. Darum sind auch die Schenkel
75 a und Schienbeine, die Umgebung der Hüftpfanne sowie die Röhren der Ober- und Unterarme und was von unsern Knochen sonst der Gelenke entbehrt und was an Knochen im Innern wegen der Kleinheit der Seele im Mark des Nachdenkens nicht teilhaftig ist — diese alle sind angefüllt mit Fleisch; minder aber die mit Vernunft begabten Teile, es sei denn, daß er einem aus Fleisch für sich bestehenden Gliede, wie der Zunge, der Sinneswahrnehmung wegen diese Einrichtung gab; das meiste aber richtete er auf jene Weise ein, da die aus Notwendigkeit hervorgegangene und weiter ausgebildete Na-
b turbeschaffenheit nicht die Vereinigung starker Knochen und häufigen Fleisches und leishöriger Sinneswahrnehmung gestattet. Denn wenn beides sich hätte vereinigen wollen, dann fände es sich vor allem wohl beim Bau unseres Kopfes; wenn das Menschengeschlecht einen fleischigen, sehnenreichen und kräftigen Kopf zwischen den Schultern trüge, dann wäre seine Lebensdauer eine zwie-, ja mehrfache und gesunder und beschwerdenloser als die des jetzt lebenden. Nun aber, als die Urheber unseres Entstehens erwogen, ob sie un-
c sere Gattung zu einer dauernderen, aber schlechteren oder zu einer minder dauernderen, aber besseren machen sollten, kamen sie darin überein, dem längeren, doch schlechteren Leben sei für jeden jedenfalls das kürzere, aber bessere vorzuziehen; daher bedeckten sie den nicht einmal mit Gelenken versehenen Kopf mit schwachen Knochen, mit Fleisch und Sehnen aber gar nicht. Aus allen diesen Gründen wurde also dem Rumpfe jedes Menschen ein für Sinneswahrnehmung und Nachdenken empfänglicherer, aber weit schwächlicherer Kopf
d angefügt. Die Sehnen legte ferner der Gott deshalb so am Ausgange des Kopfes rings um den Hals und verband sie vermöge von Ähnlichkeit; das Äußerste der Kinnbacken aber verband er mit ihnen unter dem Gesicht, die übrigen verteilte er, ein Gelenk mit dem anderen zu verknüpfen, unter alle Glieder. Der Tätigkeit unseres Mundes ordneten ferner die Ordner, der jetzt bestehenden Einrichtung gemäß, Zähne, Zunge und Lippen zu behufs des Notwendigen und be-
e hufs des Besten, darauf bedacht, daß das Notwendige einen Eingang,

das Beste einen Ausweg habe. Denn notwendig ist alles, was da ein-
geht, da es den Körper ernährt; der ihm entströmende und dem
Nachdenken dienstbare Fluß der Rede aber ist unter allen Flüssen
der schönste und beste.

Ferner war es nicht, wegen der nach beiden Seiten hin das Maß
überschreitenden Verschiedenheit der Jahreszeiten, tunlich, entwe-
der zu gestatten, daß der Kopf allein mit einer nackten Knochenhül-
le versehen sei, oder dagegen es geschehen zu lassen, daß er, von
des Fleisches Überfülle umgeben, stumpf und der Sinneswahrneh-
mung unzugänglich werde; sondern es wurde von dem fleischigen,
nicht ganz dabei vertrocknenden Wesen ein größerer, davon zurück- 76 a
bleibender Überzug ausgeschieden, den man jetzt die Haut nennt;
diese umkleidete, vermöge der Feuchtigkeit des Gehirns in sich selbst
zusammengehend und hervorsprossend, ringsum den Kopf. Die an
den Nähten empordringende Feuchtigkeit netzte und vereinte sie,
wie in einen Knotenpunkt sie zusammenziehend, am Scheitel; aber
der Nähte verschiedenartige Gestaltung bildete sich durch den Ein-
fluß der seelischen Umläufe und der Nahrung: sie entstanden zahl-
reicher bei einem stärkeren, minder zahlreich bei einem schwäche-
ren Kampfe beider untereinander. Diese ganze Kopfhaut durchstach b
der göttliche Teil im ganzen Umkreise mit Feuer, indem aber die Feuch-
tigkeit durch diese Öffnungen herausdrang, entschwand von dem
Feuchten und Warmen dasjenige, was ohne Beimischung war; das
aus denselben Bestandteilen, woraus auch die Haut bestand, Ge-
mischte dagegen dehnte sich, durch ein Drängen nach außen getrie-
ben, mit einer dem Durchstich entsprechenden Feinheit in die Länge.
Doch von dem Luftstrome außen seiner langsamen Entwicklung
wegen unter die Haut zurückgedrängt, schlug es hier, sich zusam-
menrollend, Wurzel, und in der Haut bildete sich vermöge eines sol- c
chen Hergangs das Geschlecht der Haare, ihr verwandt, aber von fa-
denförmiger Ausdehnung und durch das Verdichten des Abkühlens,
welches jedes Haar, von der Kopfhaut getrennt, erfuhr, härter und
fester. So gestaltete, durch Anwendung des erwähnten Verfahrens,
unser Bildner den Kopf haarig, weil er erkannte, daß dies an Stelle
des Fleisches die Bedeckung sein müsse, um das Gehirn zu sichern, d
welche leicht sei und ihm, ohne der Empfänglichkeit für sinnliche
Eindrücke ein Hemmnis zu sein, im Winter und Sommer ausreichen-
den Schutz und Schatten gewähre.

Aber die Finger und Zehen umgebende, aus drei Bestandteilen,
Sehnen, Haut und Knochen, zusammengesetzte Verflechtung wurde,
ausgetrocknet, zu *einer* harten, aus der gemeinsamen Vereinigung
dieser drei Stoffe gebildeten Haut, welche aus diesen Mitursachen
gewirkt, von dem eigentlich verursachenden Verstand zum Wohle
späterer Geschlechter gebildet wurde. Denn diejenigen, welche uns
zusammenfügten, wußten, aus den Männern würden die Frauen so- e
wie die übrigen Tiere hervorgehen, und sahen voraus, gar manches
Vieh werde zu manchem Behuf der Nägel bedürfen; daher ließen

sie sogleich beim Entstehen der Menschen die Anlage der Nägel sich gestalten. Das erwogen sie, und aus solchen Gründen erzeugten sie auf der Oberfläche der Glieder Haut, Haare und Nägel.

[34. Die Natur der Pflanzen]

Nachdem nun alle Teile und Glieder des sterblichen Tieres unter
77 a sich naturgemäß verbunden waren und es auf Grund der Notwendigkeit sich ergab, daß es im Feuer und in der Luft sein Leben vollbringen müsse und daß es deshalb, durch beide aufgelöst und entleert, seinem Verderben entgegengehe, sannen die Götter auf Hilfe für dasselbe. Sie verbinden nämlich andere Gestaltungen und Sinneswerkzeuge zu einer anderen, der menschlichen verwandten Natur und lassen diese zu einem anders beschaffenen Lebenden hervorsprießen. Aber die jetzt zahmen Bäume, Gewächse und Saaten wurden uns, nachdem der Landbau sie veredelte, befreundet; denn
b vorher gab es nur wildwachsende Gattungen, älteren Ursprungs als die zahmen. Alles nämlich, was da etwa des Lebens teilhaftig ist, darf wohl füglich und mit dem vollsten Rechte ein Lebendes heißen. Gewiß aber nimmt das, wovon wir jetzt sprechen, an der dritten Art der Seele teil, von der wir behaupten, daß sie zwischen Zwerchfell und Nabel ihren Sitz bekam und welcher keine Meinung, Erwägung und Vernunft zusteht, aber wohl mit Begierden verbundene schmerzliche und angenehme Empfindungen. Es verharrt nämlich fortwährend in einem leidenden Zustande, und seiner Natur gemäß verlieh ihm das Entstehen nicht, als selbst in sich und um sich selbst bewegt,
c mit Zurückweisen der Bewegung von außen her und der eigenen folgend, mit Einsicht etwas auf sich Bezügliches zu erwägen. Darum lebt es und ist nicht von einem Lebenden verschieden, aber unbeweglich und steht, der von ihm selbst ausgehenden Bewegung entbehrend, eingewurzelt fest.

[35. Die zwei Hauptadern und das Bewässerungssystem des Körpers]

Nachdem jene Mächtigeren diese Gattungen insgesamt zu unserer, der Ohnmächtigeren, Nahrung hervorsprießen ließen, durchschnitten sie unseren Körper selbst, wie einen Garten, mit Kanälen, damit er wie durch ein darüber sich ergießendes Bächlein angefeuchtet werde. Und zuerst eröffneten sie zwei Rückenadern, unter der Ver-
d bindung der Haut und des Fleisches verborgene Kanäle, insofern der Körper doppelt aus rechten und linken Teilen besteht; diese führten sie längs des Rückgrats herab, indem sie auch das erzeugerische Mark in die Mitte nahmen, damit dieses vor allem gedeihe und damit der von dort aus nach den anderen Teilen erfolgende Erguß, weil nach unten gehend, ungehemmt die Bewässerung zu einer gleichförmigen mache. Hierauf spalteten sie um den Kopf herum die Adern, ver-
e flochten sie und ließen sie in entgegengesetzter Richtung durcheinandergehen, indem sie die von der rechten nach der linken Seite des

Körpers umbogen, die von der linken aber nach der rechten Seite, da-
mit sie zugleich mit der Haut zusammen ein Band zwischen Kopf
und Rumpf bildeten, da jener nicht nach dem Scheitel zu ringsum mit
Sehnen umgeben war, und damit sie auch die Einwirkung der Sin-
neseindrücke von beiden Seiten aus über den ganzen Körper verbrei-
teten.

Darauf bewirkten sie die Wasserleitung in folgender Weise, die
wir leichter begreifen werden, wenn wir zuvor darüber uns verstän- 78 a
digten, daß alles aus kleineren Teilen Bestehende dem Größerteiligen
den Durchgang wehrt, daß aber das aus größeren Teilen Zusammen-
gesetzte bei dem Kleinerteiligen dieses nicht vermag. Unter allen Gat-
tungen ist nun das Feuer das Kleinstteilige; daher geht es durch Er-
de, Wasser, Luft und das aus diesem Zusammengefügte hindurch, und
nichts vermag den Durchgang ihm zu wehren. Dieselbe Vorstellung
müssen wir auch von unserer Bauchhöhle uns machen, daß sie den
in dieselbe herabkommenden Speisen und Getränken den Durchgang
wehrt, doch bei dem aus kleineren Bestandteilen als den sie selbst b
bildenden zusammengesetzten, Lufthauch und Feuer, das nicht ver-
mag. Dieser beiden bediente sich also der Gott zu der von der Bauch-
höhle aus in die Adern gehenden Bewässerung, indem er aus Luft
und Feuer ein den Fischreusen ähnliches Geflecht zusammenwob, wel-
ches am Eingange doppelte Nebenschläuche hat, deren einen er wie-
der in zwei Äste schied. Von den Nebenschläuchen aus aber spannte
er ringsum nach den äußersten Teilen des Geflechts gleichsam Binsen
aus. Alle inneren Teile des Flechtwerks fügte er ferner aus Feuer zu- c
sammen, die Nebenschläuche und den Umfang aber aus Luft und
nahm das und verteilte es in folgender Weise in das von ihm gebil-
dete Lebende. Den Teil mit den Nebenschläuchen leitete er nach dem
Munde zu; da dieser aber ein doppelter war, führte er den einen Ne-
benschlauch an den Adern nach der Lunge herab, den andern dage-
gen neben den Adern nach der Bauchhöhle; den ersten spaltete er
und lenkte beide Abzweigungen gemeinschaftlich nach den Kanälen
der Nase, damit, wenn der andere am Munde nicht in Bewegung
wäre, durch ihn alle Ströme, auch die des Mundes, aufgefüllt wür- d
den. Die übrige Rundung der Reuse sollte die ganze Höhlung unse-
res Körpers bekleiden und alles dieses bald sich in die Nebenschläu-
che ergießen, mit Sanftheit, weil sie aus Luft bestehen, bald sollten
die Nebenschläuche zurückströmen, das Flechtwerk aber, bei der Lok-
kerheit des Körpers, bald durch ihn eindringen, bald wieder zurück-
weichen und die in demselben ausgespannten feurigen Strahlen der
Luft nach beiden Richtungen folgen, das aber zu geschehen nicht auf-
hören, solange noch der Zusammenhang des Lebenden fortbestehe. e
Dieser Gattung von Lebensvorrichtungen gab nun, behaupten wir mit
Fug, derjenige, welcher diese Ausdrücke bildete, die Namen des Ein-
atmens und des Ausatmens. Diese gesamte Tätigkeit und Einwirkung
auf unseren Körper läßt ihn, durch Anfeuchten und Abkühlen, sich
nähren und fortleben; denn wenn dem ein- und ausströmenden

Atem das im Innern entzündete Feuer folgt und, in fortwährender
Bewegung in die Bauchhöhle eindringend, die Speisen und Getränke
79 a ergreift, zersetzt es dieselben, zerlegt sie in winzige Teilchen und be-
wirkt, indem es sie durch die sich ihm selbst bietenden Ausgänge hin-
durchführt und sie, wie aus der Quelle nach den Wassergräben, nach
den Adern hinleitet, daß die Strömungen dieser Adern wie eine Was-
serleitung durch unsern Körper sich ergießen.

[36. Die Ursachen und der Vorgang des Atmens]

Richten wir noch einmal auf die Verrichtung des Atmens, aus wel-
chen Ursachen sie so, wie sie jetzt erfolgt, sich gestaltete, unsere Auf-
b merksamkeit. So also: Da es keinen leeren Raum gibt, in welchen
etwa ein Bewegtes einzudringen vermöchte, unser Hauch aber von
uns nach außen sich bewegt, so ist das, was daraus folgt, jedem ein-
leuchtend, daß er nicht in das Leere dringt, sondern das ihm Nächste
aus seiner Stelle verdrängt; dem Verdrängten aber weicht der ihm
jedesmal Nächste, und dieser Notwendigkeit zufolge wird alle Luft
im Kreise nach der Stelle, von wo der Hauch kam, getrieben, dringt
da ein, erfüllt sie und folgt dem Hauche, und das alles erfolgt zu-
c gleich, da es keinen leeren Raum gibt, wie das Umdrehen einer Schei-
be. Indem daher Brust und Lunge den Hauch nach außen entlassen,
wird derselbe wieder durch die den Körper umgebende Luft, welche
durch das lockere Fleischgewebe eindringt und im Kreise umgetrie-
ben wird, ersetzt, die aber hier wieder zurückgedrängte und durch
den Körper nach außen gehende Luft treibt den Hauch nach innen
durch die Durchgänge des Mundes und der Nasenlöcher. Die Ursache
d des Anfangs davon sei aber folgende. Das Innere jedes Lebendigen
ist um das Blut und die Adern am wärmsten, als ob es in sich eine
Feuerquelle umschließe. Dieses verglichen wir dem Geflechte einer
ausgespannten Fischreuse, deren ganze Mitte aus Feuer, das andere
nach außen zu aber aus Luft zusammengeflochten sei. Von dem War-
men müssen wir nun annehmen, es entweiche seiner Natur gemäß
nach der ihm zukommenden Stelle nach außen zu dem ihm Ver-
wandten; da es aber der Durchgänge zwei gebe, den einen durch den
Körper nach außen, den andern dagegen durch Mund und Nasen-
e löcher, so treibe es, wenn es nach der einen Gegend dringt, das an
der andern Gegend herum, das Herumgetriebene aber werde, in das
Feuer geratend, erwärmt, das Herausdringende kühle dagegen sich ab.
Indem nun die Wärme ihre Stelle wechsele und das auf dem Wege
des andern Ausgangs sich Befindende wärmer werde, dringe das
Wärmere wieder dorthin, dem seiner Natur Verwandten zu, und
treibe das am andern Ausgange im Kreise herum. Dadurch nun, daß
dieses stets dieselbe Einwirkung erleide und ausübe, werde von bei-
den ein nach der einen und der andern Richtung hin schwankender
Kreislauf erzeugt und so das Einatmen und das Ausatmen bewirkt.

[37. Den Vorgängen beim Atmen verwandte Erscheinungen]

Gewiß muß man auch darin die Gründe der Wirkung der von den
Ärzten angewendeten Schröpfköpfe, die des Hinabschluckens und die 80 a
des Hingeworfenen, was da, sich selbst überlassen, nach oben und was zur Erde strebt, suchen; sowie auch die der Töne, welche als schnell und langsam, hoch und tief erscheinen und bald, wegen der Ungleichförmigkeit der durch sie in uns hervorgebrachten Bewegung, mißtönend, bald aber vermöge der Gleichförmigkeit derselben wohltönend uns berühren. Denn die langsameren erreichen die Bewegungen der früheren und schnelleren, wenn sie nachlassen und schon denen gleichförmig geworden sind, mit denen die später an-
kommenden langsameren sie bewegen, bringen aber, indem sie die- b
selben erreichen, keine Störung durch Veränderung der Bewegung hervor, sondern verknüpfen damit den Beginn eines langsameren, in Gleichförmigkeit zu dem der schnelleren, die jetzt nachlassen, stehenden Fortschreitens und erzeugen durch Vermischung des hohen und des tiefen Tones *einen* gemeinsamen Eindruck, wodurch sie dem Unverständigen Sinneskitzel, dem Verständigen aber, durch die Nachahmung göttlichen Einklangs vermittels irdischer Tonschwingungen, Wohlbehagen bereiten. Ja, auch bei allen Flüssigkeitsströ-
mungen, ferner beim Herabfahren des Blitzstrahls und dem Ver- c
wunderung erregenden Anziehen des Bernsteins und der Herakleischen Steine, bei keinem von diesen allen findet eine Anziehungskraft statt; vielmehr wird dem in gehöriger Weise Nachforschenden deutlich werden, daß das Leere nicht ist und daß diese Dinge sich selbst im Kreise herumdrängen im Übergang von einem zum andern, daß jedes sich Sondernde und sich Vereinigende alles die Stellen vertauschend nach dem ihm eigenen Sitze geht und daß durch die Verflechtung dieser Einwirkungen aufeinander jene Wundererscheinungen entstehen.

[38. Bildung des Bluts. Wachstum, Alter und natürlicher Tod]

Auch die Verrichtung des Atmens, von der unsere Rede ausging, er- d
folgt, wie im vorigen gesagt wurde, in derselben Weise und dadurch, daß das Feuer die Speisen zerteilt, dem von innen aufsteigenden Hauche folgt und bei diesem Mitaufsteigen dadurch vom Unterleibe aus die Adern füllt, daß es von dorther das wohl Zerteilte in sie hineinpumpt; und so durchströmen sonach die flüssig gewordenen Speisen den ganzen Körper aller lebenden Geschöpfe. Aber das eben Zerteilte, das von verwandten Stoffen herrührt, wie Blättern und Früchten, die
eben zu unserer Nahrung der Gott erwachsen ließ, zeigt vermöge e
seiner Mischung verschiedenartige Farben, doch die vorherrschende ist die rote, ein Erzeugnis des durch das Feuer erfolgten Zerteilens und seines Widerscheins im Feuchten. Daher stellt sich die Farbe des den Körper Durchströmenden auf die von uns angegebene Weise dar. Diese Flüssigkeit nennen wir Blut, die Nahrungsquelle des Fleisches
und des gesamten Körpers, durch welche angefeuchtet jegliches den 81 a

Untergrund des Ausscheidenden wieder ausfüllt. Das Ausfüllen und Ausscheiden aber erfolgt ebenso wie die Bewegung eines jeglichen im Weltganzen, welcher zufolge jedes Verwandte sich nach sich selbst hinbewegt; denn das von außen uns Umgebende löst uns fortwährend auf und führt ablösend die einzelnen Gattungen dem Gleichartigen zu; das Bluterfüllte dagegen muß, in unserem Innern zerteilt und eingeschlossen, von jedem lebenden Geschöpfe wie von einem
b wohlverbundenen Himmel, notwendig die Bewegung des Weltalls nachbilden. So wird nun, indem jedes der im Innern zersetzten Teilchen nach dem ihm Verwandten sich hinbewegt, das Ausgeschiedene ersetzt. Geht nun also mehr fort als hinzuströmt, dann ist alles im Dahinschwinden, umgekehrt dagegen im Wachsen. Ist nun das Gefüge des ganzen Lebendigen noch jung, indem es die Dreiecke der Grundstoffe neu gleichwie frisch vom Lager hat, dann sind ihre Verbindungen untereinander stark, und die Gesamtmasse, als aus eben
c erst entstandenem Marke bestehend und in Milch aufgenährt, ist bildsam. Die von außen her eintretenden, in sie aufgenommenen Dreiecke aber, aus welchen die Speisen und Getränke bestehen, welche älter und minder kräftig als ihre sind, bewältigt sie durch die eigenen, frischen, und macht so das aus vielen ihm ähnlichen Bestandteilen aufgenährte Geschöpf groß; ist jedoch die Wurzel der Dreiecke durch die vielen in vieler Zeit gegen vieles bestandenen Kämpfe ge-
d lockert, dann vermögen sie nicht mehr, die der Nahrung, welche zu ihnen eindringen, zu einem ihnen Gleichartigen zu zersetzen, sondern werden selbst leicht durch diese von außen her zu ihnen eindringenden aufgelöst. Das ganze Geschöpf geht daher, in diesem Zustande erliegend, seinem Untergange entgegen, und was es erfährt, wird das Alter genannt. Wenn endlich die zusammengeknüpften Bande der zum Mark gehörenden Dreiecke durch die lange Anstrengung sich auflösen und keinen Widerstand mehr leisten, dann lockern sie auch die Bande der Seele, und diese fliegt, in naturgemäßer Weise
e ihrer Fesseln entledigt, mit Lust davon. Denn alles Naturwidrige ist schmerzlich, das Naturgemäße aber angenehm; in derselben Weise ist auch der durch Krankheiten und Wunden erfolgte Tod ein schmerzlicher und gewaltsamer, aber der vermittels des Alters naturgemäß zum Ziele führende die unter allen Todesarten am mindesten beschwerliche und eine mehr mit Freude als Schmerz verbundene.

[39. Die Entstehung der zwei ersten Arten körperlicher Krankheiten]

Woher ferner die Krankheiten entstehen, ist wohl jedem einleuch-
82 a tend. Da es nämlich vier Gattungen gibt, aus denen der Körper zusammengefügt ist, Erde, Feuer, Wasser und Luft, so ist es der naturwidrige Mangel oder Überfluß derselben sowie die Vertauschung der dem einen zukommenden Stelle mit einer ihm fremden und ferner, da es von Feuer und den übrigen mehr als eine Gattung gibt, die Aufnahme von jeder nicht zuträglichen, und alles derartige, was Zwiespalt und Krankheiten bewirkt. Wenn nämlich irgendeine der

Gattungen in widernatürlicher Weise entsteht und ihre Stelle wech-
selt, so erwärmt sich das frühere Kühle, das vorher Trockene wird b
feucht, und so auch das Leichte und Schwere; alle Veränderungen
nimmt es auf alle Weise an. Denn nur dann, behaupten wir, wenn
dasselbe zu demselben in derselben Art und Weise und in richtigem
Verhältnis hinzutritt und von ihm zurücktritt, wird es dasselbe als
dasselbe gesund und wohlbehalten fortbestehen lassen; was aber in
irgendeiner dieser Bedingungen abweicht, wenn es fortgeht nach
außen oder hinzutritt, wird sehr mannigfaltige Veränderungen und
zahllose Nachteile und Krankheiten herbeiführen.

Da ferner, der Natur gemäß, zweite Verbindungen bestehen, so
gibt es für denjenigen, welcher dem nachzuforschen begehrt, eine c
zweite Betrachtung der Krankheiten. Indem nämlich jene Grundstoffe
zu Mark, Knochen, Fleisch und Sehnen sich verbinden sowie auch das
Blut, obgleich in verschiedener Weise, aus denselben entsteht: so
erzeugen sich zwar die meisten Krankheiten wie vorher beschrie-
ben, die schwersten aber treten folgendermaßen sehr heftig ein: Die-
se Verbindungen verderben, wenn die Erzeugung derselben den
umgekehrten Gang nimmt. Der Natur gemäß entstehen nämlich
Fleisch und Sehnen aus dem Blute: die Sehnen, vermöge ihrer Ver-
wandtschaft, aus den Blutfasern, das Fleisch aus dem nach Entfer- d
nung der Blutfasern geronnenen Blute. Von den Sehnen und dem
Fleische sondert sich ferner eine klebrige und fettige Masse ab, wel-
che das Fleisch mit den Knochen eng verwachsen sowie die das Mark
umgebenden Knochen selbst sich nähren und heranwachsen läßt.
Desgleichen feuchtet diejenige Gattung von Dreiecken, welche, ver-
möge der Dichtigkeit der Knochen, als die reinste hindurchsickert
und die glatteste und fettigste, indem sie von den Knochen rinnt
und tröpfelt, das Mark an. Geht dieses alles nun in dieser Weise e
vonstatten, dann erfolgt meistens Gesundheit, geschieht es aber auf
entgegengesetztem Wege, Krankheit. Denn wenn das sich auflö-
sende Fleisch seine Auflösung zurück in die Adern ergießt, dann
bekommt das mit Luft verbundene reichliche und vielgestaltige Blut
in den Adern — bunt versehen mit Farben und Bitterkeiten, dazu
mit sauren und salzigen Kräften — Galle, Lymphe und Schleim aller
Art. Weil nämlich alles hinfällig und verderbt wird, ergreift die-
se Verderbnis zuerst das Blut, und diese Säfte strömen, ohne ferner
dem Körper Nahrung zu schaffen, durch die Adern allerwärtshin, 83 a
ohne der Ordnung der naturgemäßen Umläufe zu folgen, mit sich
selbst im Streite, da sie gegenseitig sich von keinem Nutzen sind,
und feindselig gegen die festen, ihre Stelle nicht verändernden Teile
des Körpers, welche sie verderben und auflösen. Was nun etwa vom
ältesten Fleische aufgelöst wird, das wird als schwerverzehrbar durch
das lange dauernde Brennen schwarz und ist, weil durchaus zerfres-
sen, bitter und jedem noch nicht aufgelösten Teile des Körpers ver- b
derblich; und manchmal geht bei der schwarzen Farbe durch Ab-
schwächung des Bitteren die Bitterkeit in Säure über, manchmal

wieder nimmt das Bittere mit Blut übergossene eine rötere Farbe
an und, wenn sich damit das Schwarze mischt, eine gallige. Auch
eine gelbe Farbe gesellt sich noch dem Bitteren bei, wenn junges
Fleisch von dem mit Flamme verbundenen Feuer aufgelöst wird. Und
den gemeinschaftlichen Namen Galle haben diesem allen entweder
c einige Ärzte gegeben oder auch einer, der zwar auf das Viele und
Ungleichartige seine Aufmerksamkeit zu richten, aber doch in allem
eine Gattung, die einer Benennung wert war, zu erkennen vermoch-
te. Die sonst noch genannten Arten der Galle aber bekamen der Far-
be nach jede ihre besondere Bestimmung.

Das ausscheidende Wässerige aber ist als Blutwasser mild, bei
der schwarzen und scharfen Galle dagegen, wenn es vermittels der
Wärme mit der Kraft des Salzigen sich mischt, beißend; derartiges
nennt man aber scharfen Schleim. Die mit hinzutretender Luft er-
folgende Auflösung des jungen und zarten Fleisches wiederum, wenn
d sie aufgebläht und von Feuchtigkeit rings umgeben wird und da-
durch Bläschen sich bilden, die einzeln ihrer Kleinheit wegen dem
Auge entgehen, indem aber ihre Gesamtheit einen Umfang ge-
winnt, sichtbar werden und vermöge der Erzeugung des Schaumes
eine weiße Farbe zeigen: diese ganze, mit Luft vermischte Auflösung
des jungen Fleisches nennen wir den weißen Schleim. Ferner sind
Schweiß und Tränen das von dem im Sichbilden begriffenen Schlei-
me ausscheidende Wässerige, und was an derartigen Körpern sonst
e täglich als Reinigung sich ergießt. Das alles verursacht aber Krank-
heiten, sobald das Blut nicht der Natur gemäß durch Speisen und
Getränke ausreichend ersetzt wird, sondern auf entgegengesetztem
Wege, im Widerspruch mit den Gesetzen der Natur, seinen Zufluß
erhält. Wird also durch Krankheiten jegliches Fleisch aufgelöst,
während dabei dessen Grundlage fortbesteht, dann übt das seine
nachteilige Wirkung nur zur Hälfte, denn noch hat dann die Wider-
84 a herstellung keine Schwierigkeit. Erkrankt aber auch das Fleisch und
Knochen Verbindende und gewährt das von den Blutfasern und Seh-
nen Ausgeschiedene nicht mehr den Knochen Nahrung und wird
nicht mehr zum Bande des Fleisches und der Knochen, sondern, durch
schlechte Lebensweise verkümmert, aus einem Fetten, Glatten und
Schlüpfrigen zu einem Spröden und Salzigen, dann verliert sich,
wieder von den Knochen sich lösend, alles Derartige, dem das wider-
fährt, unter dem Fleische und den Sehnen; das mit ihm aus seinen
b Wurzeln gehobene Fleisch aber läßt die Sehnen nackt und mit Sal-
zigem erfüllt und vermehrt, indem es selbst wieder dem Umlaufe
des Blutes sich beimischt, die Zahl der im vorigen erwähnten Krank-
heiten. So empfindlich nun diese Leiden des Körpers sind, so werden
doch die diesen vorausgehenden noch drückender, wenn der Kno-
chen, durch die Dichtigkeit des Fleisches des ausreichenden Zutritts
der Luft beraubt, von Moder erhitzt, dahinfault und nicht mehr die
c Nahrung wieder in sich aufnimmt, sondern umgekehrt in seiner
Auflösung mit ihr sich vermischt sowie sie mit dem Fleische, wel-

ches durch seinen Eintritt in das Blut die erwähnten Krankheiten insgesamt schlimmer macht. Das Schlimmste von allem aber ist, daß, wenn das Mark durch irgendeinen Überfluß oder Mangel erkrankt, dies die schwersten und am ersten zum Tode führenden Krankheiten erzeugt, indem notwendig die ganze Einrichtung des Körpers die umgekehrte Richtung nimmt.

[40. Die durch Luft, Schleim und Galle entstehende dritte Art von Krankheiten des Körpers]

Bei der dritten Gattung von Krankheiten müssen wir annehmen,
daß die Art ihres Entstehens eine dreifache sei, teils durch den Atem, d
teils durch Schleim, teils endlich durch Galle. Wenn nämlich die Verteilerin der Luft an den Körper, die Lunge, durch das Zuströmen von Säften verstopft, jener keinen freien Durchgang gestattet, dann wird, indem der Hauch zu manchen Stellen nicht hindurchdringt, anderwärts aber in ungehöriger Menge sich eindrängt, das der Abkühlung Entbehrende von Fäulnis ergriffen; wenn er aber durch die Adern sich zwängt, sie umkehrt und den Körper auflöst, so wird er in dessen Mitte vom Zwerchfell aufgehalten und abgefangen, und
es entstehen dadurch tausenderlei schmerzliche, mit starkem Schweiß e
verbundene Krankheiten. Indem sich ferner oft im Körper bei der Auflösung des Fleisches Luft entwickelt und keinen Ausweg zu finden vermag, verursacht diese dieselben Schmerzen wie die von außen her dazu eindringende, die empfindlichsten aber, wenn sie um die Sehnen und Äderchen dort sich anhäuft und diese anschwellt, dadurch aber die Flechsen und damit zusammenhängenden Sehnen nach einer ihrer bisherigen entgegengesetzten Richtung ausspannt, welche Leiden, die eben mit dieser Spannung verbundenen Schmerzen nämlich, die Namen des Ersteifens und Verkrümmens erhielten. Auch die Heilung derselben ist schwierig, denn am ersten behebt der-
gleichen Übel das Hinzutreten von Fiebern. Der weiße Schleim ist 85 a
zwar, wenn abgeschnitten, wegen der Luft in den Bläschen gefährlich, wenn aber diese im Körper einen Ausweg nach außen findet, milder, wirkt jedoch auf den Körper ein, indem er weiße Flecken und dieser Erscheinung verwandte Krankheiten erzeugt; vermischt er sich aber mit schwarzer Galle, verbreitet sich über die Umläufe im Kopfe, die vor allem göttlich sind, und stört dieselben, dann ist ihre Wirkung im Schlafe gemäßigter, wenn sie aber den Wachen-
den befällt, schwerer zu beseitigen. Da aber diese Krankheit auf den b
heiligen Teil einwirkt, so wird sie mit Recht die heilige genannt. Der säuerliche und salzige Schleim ist die Quelle aller in Flüssen bestehenden Krankheiten, die nach den mannigfachen Stellen, auf die sie gerichtet sind, verschiedene Benennungen erhalten haben. Aber alles, was man Entzündungen des Körpers nennt, nach dem Erhitzt- und Entzündetwerden, entsteht durch die Galle. Nimmt die hier sich entwickelnde Luft den Weg nach außen, dann läßt sie durch
ihr Aufschäumen Geschwülste aller Art entstehen; aber im Inneren c

verschlossen, schafft sie hier viel hitzige Krankheiten, deren ärgste
ist, wenn sie, dem reinen Blute vermischt, aus ihrer Stelle die Blut-
fasern verdrängt, welche im Blute verteilt wurden, damit dessen
Verdünnung und Verdichtung das rechte Maß halte und es weder
wegen der Hitze als ein Flüssiges dem lockeren Körper entströme
noch auch durch stärkeres Zusammendrängen seine Beweglichkeit
d verliere und nur mühsam durch die Adern rolle. Das rechte Maß
in diesen bewahren, der Entstehung ihres Wesens zufolge, die Fa-
sern; vereinigt man sie, selbst bei erstorbenem und im Erstarren
begriffenen Blute, miteinander, dann fließt das übrige Blut ausein-
ander; geschieht das aber nicht, dann machen sie das Blut bald, ver-
bunden mit der es umgebenden Kälte, gerinnen. Da die Sehnen auf
das Blut diesen Einfluß haben, so verdichtet sich die in altes Blut
übergegangene und in dieses aus dem Fleische wieder aufgelöste
Galle, wenn sie, anfangs warm und flüssig, allmählich in dasselbe
e eintritt, vermöge der Einwirkung der Fasern, und erzeugt, ver-
dichtet und gewaltsam ihrer Wärme beraubt, inneren Frost und Zit-
tern. Strömt sie aber, vermöge der von ihr ausgehenden Wärme die
Oberhand behauptend, in reicherem Maße zu, dann verwirrt sie auf-
schäumend der Fasern Gefüge. Vermag sie nun fortwährend die
Oberhand zu behaupten, dann löst sie, bis zum Marke hindurch-
dringend, von da aus durch ihre Glut die Bande der Seele, wie die
Anker eines Schiffes, und setzt dieselbe in Freiheit; ist sie dagegen
spärlicher und widersteht der Körper der Auflösung, dann wird sie
selbst überwunden und entweder über den ganzen Körper hin aus-
getrieben oder, wie eine aus einem durch Zwiespalt zerrütteten Staa-
86 a te Vertriebene, vom übrigen Körper ausscheidend, durch die Adern
in den oberen oder unteren Teil des Unterleibs zusammengedrängt,
wo sie Durchfälle, Ruhr und alle Krankheiten der Art erzeugt.

Ist die Ursache des körperlichen Erkrankens vorzüglich das Über-
maß des Feuers, dann bewirkt es ununterbrochene Entzündungen
und Fieber; ist sie das Übermaß der Luft, zweitägige Wechselfieber,
das des Wassers aber, da dieser Grundstoff schwerer ist als Feuer
und Luft, dreitägige. Viertägige Wechselfieber endlich erzeugt das
Übermaß der ihrer Schwerfälligkeit nach die vierte Stelle einneh-
menden Erde, welches in dem vierfachen Zeitraum gereinigt wird
und kaum zu beseitigen ist.

[41. Krankheiten der Seele: Der Unverstand und seine zwei Arten]

b Auf solche Weise, ergibt es sich, entstehen die Krankheiten des
Körpers; auf folgende aber die aus des Körpers Beschaffenheit her-
vorgehenden der Seele. Für eine Krankheit der Seele müssen wir Un-
verstand anerkennen; zwei Gattungen des Unverstands aber gibt
es, Wahnsinn und Unwissenheit. Demnach ist jede Einwirkung jeder
dieser beiden, welche jemand erfährt, als Krankheit zu bezeichnen;
übermäßige Lust- und Schmerzgefühle aber sind als die schwersten
Seelenkrankheiten anzusehen: denn ein überfroher oder auch durch

Schmerz von dem entgegengesetzten Gefühle bewegter Mensch ver-
mag, zu ungehöriger Zeit bemüht, das Eine zu erfassen, dem An- c
dern aber zu entgehen, nichts richtig zu sehen noch zu hören, son-
dern tobt und ist dann am wenigsten der Überlegung fähig. Um
wessen Mark aber sich häufiger und reichlich fließender Samen er-
zeugt und wer von Natur einem Baume gleicht, der über das Maß
fruchtbar ist, dem verursachen seine Begierden und deren Erzeug-
nisse im einzelnen häufige Schmerzen und häufige Lust, und obwohl
er während des größten Teils seines Lebens infolge der größten Lust-
und Schmerzgefühle zu einem Rasenden wird und seine Seele durch d
den Körper siecht und keiner Überlegung fähig ist, gilt er gemein-
hin nicht für einen Kranken, sondern für einen aus freier Wahl
Schlechten; doch in Wahrheit wurde die Unmäßigkeit im Liebesge-
nuß meistenteils dadurch zu einer Krankheit der Seele, daß die Be-
schaffenheit *einer* Gattung im Körper wegen der Durchdringbar-
keit der Knochen flüssig und bewässernd ist. Und fast alles, was als
Unbeherrschtheit in Lüsten und als tadelnswert bezeichnet wird, als
ob die Schlechten freiwillig so sind, wird nicht richtig getadelt. Denn
freiwillig ist niemand schlecht, sondern der Schlechte wird es durch e
eine gewisse schlimme Beschaffenheit seines Körpers und ein Auf-
ziehen ohne Unterweisung; das alles ist aber jedem zuwider und
widerfährt ihm wider seinen Willen. Und so erliegt auch wiederum
hinsichtlich der Schmerzgefühle die Seele ebenso durch den Körper
vieler Schlechtigkeit. Denn wo die im Körper umherirrenden, von
sauren und salzigen Verschleimungen herrührenden sowie ätzenden
und galligen Säfte nach außen keinen Ausweg finden, sondern, im
Innern sich umhertreibend, mit den Bewegungen der Seele, denen 87 a
ihre Ausdünstung sich beimischt, sich vereinigen, da erzeugen sie
mehr oder minder heftige, häufiger oder seltener eintretende man-
nigfaltige Krankheiten der Seele und erwecken, indem sie zu den drei
Wohnsitzen der Seele gelangen, je nachdem wohin eine jede von ih-
nen kommt, alle Arten der Unzufriedenheit und des Mißmuts, der
Verwegenheit und Verzagtheit, dazu der Vergeßlichkeit und Unge-
lehrigkeit. Sind außerdem, bei so schlechter Körperbeschaffenheit,
die Verfassungen schlecht sowie die in den Staaten öffentlich und b
im einzelnen gehaltenen Vorträge, werden ferner in keiner Weise
von Jugend auf die als Heilmittel dagegen erforderlichen Kenntnis-
se erworben: dann werden auf diese Weise alle, die wir schlecht sind,
es ganz gegen unseren Willen aus zwei Ursachen. Davon ist die Schuld
mehr den Erzeugern als den Erzeugten, mehr den Erziehern als den
Erzogenen beizumessen; und gewiß muß man sich, so gut man kann,
bemühen, durch Erziehung, Beschäftigungen und Kenntnisse der
Schlechtigkeit zu entrinnen und ihres Gegenteils habhaft zu wer-
den. Doch das ist der Gegenstand einer andern Gattung der Rede.

[42. Mittel zur Heilung und Erhaltung des Körpers und der Seele]

Es ist natürlich und angemessen, nun auch das zu diesem den Ge- c

gensatz Bildende zu besprechen, die Mittel, durch welche die Heilung und Erhaltung des Leibes und der Seele bewirkt wird; denn es ist geziemend, in seiner Rede sich mehr über das Gute als über das Schlechte zu verbreiten. Nun ist alles Gute schön, das Schöne aber darf des Ebenmaßes nicht entbehren. Daher ist auch ein Lebewesen, welches derart sein soll, als ebenmäßig zu setzen. Doch bei geringfügigen Dingen nehmen wir das Ebenmaß wahr und berücksichtigen es, lassen es aber bei den wichtigsten und größten unbeachtet.
d In Beziehung auf Gesundheit und Krankheit, Tugend und Schlechtigkeit ist nämlich kein Ebenmaß oder Unmaß von größerer Bedeutung als beim Verhältnis der Seele selbst zum Körper selbst. Das beachten wir aber nicht, noch bedenken wir, daß, wenn eine zu schwächliche und kleine Gestalt eine kräftige und in jeder Beziehung große Seele in sich trägt sowie wenn beide in entgegengesetzter Weise verbunden sind, das ganze Geschöpf kein schönes ist; denn es ist unebenmäßig in den wichtigsten Verhältnissen, im entgegengesetzten Falle dagegen ist es für den, welcher das zu erkennen vermag, der schönste und reizendste Gegenstand der Betrachtung.
e Gleichwie nun ein durch übergroße Schenkel oder irgendein anderes Überragendes zu sich selbst in Mißverhältnis stehender Körper teils häßlich ist, teils sich selbst, da er bei gemeinsamen Anstrengungen der Glieder große Mühseligkeiten, häufige Renkungen und durch seine Unregelmäßigkeit manchen Fall herbeiführt, zur Ursache tausendfachen Ungemachs wird: ebenso müssen wir uns gewiß auch dieselbe Vorstellung von dem aus beiden Zusammengesetzten, was wir ein Lebendes nennen, machen, daß, wenn in diesem eine für den Körper
88 a zu gewaltige Seele von heftigen Leidenschaften bewegt wird, sie den ganzen Körper durch Erschütterungen von innen mit Krankheiten erfüllt und, wenn sie allzu angestrengt gewissen Kenntnissen und Untersuchungen nachjagt, ihn auflöst; und wenn sie ferner in Reden öffentlich oder privat Belehrung erteilt und Kämpfe besteht, daß sie dann durch die daraus hervorgehenden Streitigkeiten und Wettkämpfe ihn entzündet und erschüttert, durch Herbeiführung von Flüssen die sogenannten Heilkünstler täuscht und so bewirkt, daß man dem Schuldlosen die Schuld beimesse. Wenn dagegen ein großer, die Seele überragender Körper mit einem geringen und schwachen Verstand verbunden ist, dann erzeugen – da beim Menschen von Natur
b eine doppelte Gattung von Begierden besteht, vermöge des Körpers nach Nahrung und vermöge des Göttlichen in uns nach Weisheit – die Bewegungen des überlegenen Teils, welche obsiegen und ihr Gebiet erweitern, das Wesen der Seele aber zu einem abgestumpften, ungelehrigen und vergeßlichen machen, die größte Krankheit, die Unwissenheit, in uns.

Ein Rettungsmittel nun schützt vor beiden: weder die Seele ohne den Körper noch den Körper ohne die Seele in Bewegung zu setzen, damit beide, auf ihre Verteidigung bedacht, zum Gleichgewicht und einem gesunden Zustande gelangen. Wer also der Größenlehre

oder sonst einer Geistesübung angestrengtes Nachdenken widmet, c
muß zugleich, indem er daneben auch Gymnastik treibt, der Bewe-
gung des Körpers ihr Recht widerfahren lassen, sowie, wer dagegen
um die Ausbildung seines Körpers bemüht ist, den Bewegungen der
Seele was ihnen gebührt nicht entziehen, indem er außerdem mit
der musischen Kunst und der gesamten Philosophie sich beschäftigt,
wenn er mit Fug und Recht den Namen sowohl eines Schönen als
eines Guten beanspruchen will. In derselben angeführten Weise
müssen wir auch, indem wir die Gestalt des Weltganzen zum Vor-
bild nehmen, für die einzelnen Teile sorgen. Indem nämlich der Kör- d
per, im Innern durch das Eingehende erhitzt und erkältet, von
außen aber wiederum ausgetrocknet und angefeuchtet wird sowie
das aus beiden Einwirkungen weiter Hervorgehende erfährt, so un-
terliegt er und geht zugrunde, wenn jemand den in Ruhe verharren-
den Körper diesen Bewegungen hingibt; ahmt er aber dasjenige
nach, was wir die Ernährerin und Amme des Weltganzen nannten,
und gestattet vornehmlich dem Körper durchaus keine Ruhe, sondern
setzt ihn in Bewegung und begegnet, indem er durchgängig gewisse
Erschütterungen in ihm erzeugt, den natürlichen Einwirkungen von e
innen und von außen und bringt durch mäßige Erregungen die am
Körper ihrer Verwandtschaft nach wandernden Begegnisse und Teile
untereinander in Ordnung: dann wird er nicht, nach dem, was wir
im vorigen über die Weltordnung sagten, durch Verbindung des
Feindlichen mit dem Feindlichen im Körper sich Kämpfe und Krank-
heiten erzeugen lassen, sondern das Befreundete wird, dem Be-
freundeten verbunden, zur Erzeugung der Gesundheit führen.

Ferner ist unter den Bewegungen die in sich selbst durch sich 89 a
selbst erfolgende die beste – denn diese ist am nächsten mit der Be-
wegung des Denkens und des Weltganzen verwandt –, schlechter
aber die durch ein anderes; am schlechtesten endlich diejenige, wel-
che den Körper, während er daliegt und in Ruhe sich befindet, durch
ein anderes und in seinen Teilen bewegt. Deshalb ist auch unter den
Reinigungen und Wiederherstellungen des Körpers die durch Leibes-
übungen die beste; ihr zunächst kommt das Schaukeln auf Seerei-
sen und, wo irgend sonst mit keiner Anstrengung verbundene Fahr-
ten stattfinden; die dritte Art der Bewegung bringt zwar, wenn je- b
mand einmal sehr dazu gezwungen ist, Nutzen, sonst aber darf der
Verständige ihr nie sich unterwerfen, nämlich die ärztliche, durch
Arzneimittel zu bewirkende Reinigung; denn mit großen Gefahren
nicht verbundene Krankheiten darf man nicht durch Arzneimittel
aufregen. Hat doch der ganze Verlauf der Krankheiten mit der
Natur der lebenden Geschöpfe in gewisser Weise Ähnlichkeit, denn
auch die Zusammensetzung dieser bedingt eine bestimmte Lebens-
dauer, so der ganzen Gattung wie jedes einzelnen, indem jedem von
Natur, abgesehen von äußeren, unvermeidlichen Unfällen, ein ge-
wisses Lebensziel zugeteilt ist; denn sogleich von vornherein vereini- c
gen sich bei jedem die Dreiecke, mit dem Vermögen ausgestattet,

der Auflösung auf eine bestimmte Zeit zu widerstehen, über welche
hinaus wohl niemand sein Leben auszudehnen vermöchte. Nun findet dasselbe Verhältnis auch hinsichtlich des Verlaufs der Krankheiten statt; stört aber jemand diesen Verlauf, im Widerspruch mit der
ihm zugeteilten Zeit, durch Arzneimittel, dann pflegen aus leichten
schwere, aus selten eintretenden häufige Krankheiten zu entstehen.
Darum muß jeder alles Derartige durch seine Lebensweise, insoweit
das seine Zeit ihm gestattet, leiten, nicht aber durch Arzneien ein
d schwer zu behandelndes Übel aufregen.

[43. Die Pflege der Seele]

Soviel nun genüge über das Lebende in seiner Gesamtheit und
dessen aus dem Körper bestehenden Teil, in welcher Weise man
wohl, denselben leitend und durch sich selbst geleitet, sein Leben am
meisten vernunftgemäß einrichten möge. Das zum Leitenden Bestimmte selbst aber muß, soviel wie möglich, zumeist und zuvor so
in den Stand gesetzt werden, daß es auf das schönste und beste zu
dieser Leitung sich eigne. Dies genau zu erörtern wäre wohl allein
e schon an sich selbst eine hinreichende Aufgabe. Im Vorbeigehen aber
möchte jemand wohl, nach der im vorigen befolgten Weise, indem
er ebenso es in Erwägung zöge, solchergestalt dieselbe nicht unangemessen in Worten lösen. Wir müssen uns, gleichwie wir wiederholt bemerkten, daß drei verschiedene Gattungen der Seele einen
dreifachen Wohnsitz in uns eingenommen haben und daß jeder
eigentümliche Bewegungen zukommen, ebenso auch jetzt in aller
Kürze dahin äußern, daß diejenige dieser Gattungen, welche in Untätigkeit verharrt und ihre Bewegung ruhen läßt, notwendig die
schwächste, die in Übung begriffene aber die kräftigste werden müsse,
90 a weshalb man darauf zu achten habe, daß Ebenmaß im Verhältnis
ihrer Bewegungen zueinander stattfinde. Über die vorzüglichste Gattung unserer Seele müssen wir uns aber folgende Vorstellung machen, daß Gott sie jedem als einen Schutzgeist verliehen hat — eben
der Teil, von welchem wir behaupten, daß er in unserem Körper die
oberste Stelle einnehme und uns von der Erde zu dem im Himmel
uns Verwandten erhebe, sofern wir ein Gewächs sind, das nicht in
der Erde, sondern im Himmel wurzelt. Und das behaupten wir mit
vollem Recht, denn indem dort, wo die Seele zuerst ihren Ursprung
nahm, das Göttliche unser Haupt und unsere Wurzel befestigt, rich-
b tet sie den ganzen Körper nach oben. Wer nun also in seinen Begierden und ehrgeizigen Bestrebungen lebt und webt, auf sie seine
Bemühungen richtet, in dem müssen sich notwendig nur sterbliche
Meinungen erzeugen, und er muß durchaus, soweit es überhaupt
möglich ist, sterblich zu werden, darin es an nichts fehlen lassen,
weil er Derartiges in sich wuchern läßt. Wer dagegen, auf Erweiterung seiner Kenntnisse und Erlangung wahrer Einsichten ernstlich bedacht, diesen Teil seiner selbst vorzüglich übt, von dem ist
es, wenn er die Wahrheit berührt, durchaus notwendig, daß er Gött-

liches und Unsterbliches denkt, und soweit die menschliche Natur c
es gestattet, der Unsterblichkeit teilhaftig zu werden, daß er davon
keinen Teil versäumt; und da er ständig das Göttliche in sich pflegt
und den ihm innewohnenden Schutzgeist im besten Zustande er-
hält, so muß er notwendig vor allen andern glückselig sein. Aber
für jegliches gibt es gewiß nur eine und dieselbe Pflege, ihm die
demselben angemessene Nahrung und Bewegung zuzuerteilen. Nun
sind die dem Göttlichen in uns verwandten Bewegungen die Gedan-
ken und Umschwünge des Weltganzen; diese muß demnach jeder d
zum Vorbilde nehmen, indem er die bei unserm Eintritt in das Le-
ben irregeleiteten Umläufe in unserem Kopfe dadurch auf die rich-
tigen zurückführt, daß er den Einklang und die Umläufe des Welt-
ganzen erkennen lernt, und muß so dem Erkannten das Erkennen-
de seiner ursprünglichen Natur gemäß ähnlich machen, durch diese
Verähnlichung aber das Ziel jenes Lebens besitzen, welches den Men-
schen von den Göttern als bestes für die gegenwärtige und die künf-
tige Zeit ausgesetzt wurde.

[44. Entstehung der Frauen und Bildung der Geschlechtsorgane. Die übrigen Lebewesen. Schlußwort]

Und für jetzt scheint nun die zu Anfang uns gestellte Aufgabe: e
über das Weltganze bis zur Entstehung des Menschen zu sprechen,
so ziemlich gelöst. Denn wie die übrigen Tiere entstanden, das ha-
ben wir, da eine weitläufige Auseinandersetzung unnötig ist, nur
ganz kurz anzugeben. So möchte jemand wohl in seiner Rede über
diesen Gegenstand das rechte Maß nicht zu überschreiten meinen.

Folgendes sei von uns also als unsere Ansicht über Derartiges
aufgestellt. Unter den als Männer Geborenen gingen die Feiglinge,
und die während ihres Lebens Unrecht übten, der Wahrscheinlich-
keit nach, bei ihrer zweiten Geburt in Frauen über. Und deshalb ent- 91 a
wickelten die Götter um jene Zeit den Trieb zur Begattung, indem
sie so in uns wie in den Frauen ein beseeltes Lebewesen gestalteten,
welches sie in beiden in folgender Weise entstehen ließen. Sie öff-
neten den Durchgang der Getränke, welcher den Trank durch die
Lunge, unter den Nieren hin, nach der Blase leitet, die ihn in sich
aufnimmt und vermöge des Druckes der eingeatmeten Luft mit
dieser wieder entsendet, und verbanden diesen Durchgang mit dem
aus dem Kopfe nach dem Nacken herabsteigenden und im Rückgrate
zusammengedrängten Marke, welches wir im vorigen den Samen b
nannten; jenes Mark aber erweckte, weil es beseelt war und als einen
Auslaß das fand, wo es herauskam, in ihm die lebenschaffende Be-
gierde des Ausströmens und brachte so den Zeugungstrieb zur Voll-
endung. Darum versucht die, gleich einem der Vernunft nicht ge-
horchenden Tiere, zu einem Unlenksamen und selbstherrisch Ge-
bietenden gewordene Natur der männlichen Geschlechtsteile, ihren
wütenden Begierden alles zu unterwerfen. Aus eben demselben Grun-
de aber empfindet es das, was man bei den Frauen Gebärmutter und c

Mutterscheide nennt, welches als ein auf Kinderzeugung begieriges
Lebendiges in ihnen ist, dies empfindet es mit schmerzlichem Un-
willen, wenn es länger, über die rechte Zeit hinaus, unfruchtbar
bleibt, und schafft, indem es dann allerwärts im Körper umher-
schweift und durch Versperren der Durchgänge das Atemholen nicht
gestattet, große Beängstigung, so wie es noch andere Krankheiten
aller Art herbeiführt; bis etwa der Trieb und die Begierde beider
d Geschlechter, welche gleichsam die Frucht des Baumes brechen, sie
zusammenführten, vermöge ihrer Kleinheit unsichtbare und noch
unausgebildete Tierchen in die Gebärmutter wie in eine Saatfurche
ausstreuten, sie dann wieder sich gliedern und im Innern heranwach-
sen ließen und so, dem Lichte sie zuführend, die Zeugung der Lebe-
wesen vollendeten.

So entstanden also die Frauen und die weibliche Gattung über-
haupt. Zum Geschlechte der Vögel aber, welchen statt der Haare
Federn wachsen, gestalteten sich Männer um von zwar harmlosem,
aber leichtem Sinne, welche wohl mit den Erscheinungen am Him-
mel sich beschäftigen, aber aus Geistesbeschränktheit meinen, die auf
e den Augenschein sich gründenden Schlüsse über dieselben seien die
zuverlässigsten. Ferner entstanden die auf dem Lande lebenden Tiere
aus solchen, die um die Weisheit sich nicht kümmerten noch, weil
sie nicht mehr die Umläufe im Haupt anwendeten, auf den Himmel
ihr Augenmerk richteten, sondern der Leitung der in der Brust ein-
heimischen Teile der Seele sich überließen. Einer solchen Lebens-
richtung zufolge streckten sie, vermöge ihrer Verwandtschaft mit
derselben, nach der Erde die dahin gezogenen Vorderglieder und
Köpfe, und ihre Häupter wurden länglich und von jederartigen Ge-
92 a stalt, je nachdem die Umkreisungen in jedem durch Untätigkeit zu-
sammengedrückt waren. Dieser Umstand gestaltete diese Gattung
zu einer vier- und vielfüßigen, indem der Gott den minder Verstän-
digen ein vielfacheres Untergestell unterschob, damit sie mehr zur
Erde herabgezogen würden. Da aber die unverständigsten unter ih-
nen, deren ganzer Körper der Erde zugewendet ist, der Füße nicht
mehr bedürfen, erzeugten die Götter dieselben fußlos und auf dem
Boden sich dahinwindend. Die vierte Gattung endlich, die der Was-
b sertiere, entstand aus den allerunverständigsten und unwissend-
sten, welche die sie Umgestaltenden nicht einmal mehr eines reinen
Atemzuges wert achteten, weil ihre Seelen durch alle Vergehungen
befleckt waren, sondern, anstatt des Einziehens der reinen und fei-
nen Luft, zu dem Einatmen des schlammigen und schweren Wassers
herabstießen. Daher entstand der Schwarm der Fische sowie der Schal-
tiere und alles, was sonst im Wasser lebt, denen zur Buße der tief-
sten Unwissenheit der am tiefsten gelegene Aufenthalt anheimfiel.
c Dieses alles führte nun damals und führt noch jetzt, vermöge des
Erlangens und Einbüßens des Unverstandes und Verstandes, den
wechselseitigen Übergang der Tierarten ineinander herbei.

Und nun, behaupten wir, ist unsere Rede über das All bereits zum Ziel gediehen. Denn indem dieses Weltganze sterbliche und unsterbliche Bewohner erhielt und derart davon erfüllt ward, wurde zu einem sichtbaren, das Sichtbare umfassenden Lebenden, zum Abbild des Denkbaren als ein sinnlich wahrnehmbarer Gott, zum größten und besten, zum schönsten und vollkommensten dieser einzige Himmel, der ein eingeborener ist.

KRITIAS

GLIEDERUNG

A. Einleitung:

1. Schwierigkeit des Redens über Sterbliches und Bitte des Kritias um Nachsicht (1. Kap., 106 a 1 — 108 a 4).
2. Die Stimmung der Zuschauer (2. Kap., 108 a 5 — 108 d 8).

B. Hauptteil: Erzählung des Kritias

1. Das alte Athen. a) Verteilung des athenischen Landes an Hephaistos und Athene. Grund dafür, daß nur die Namen, nicht die Taten der alten Athener sich erhielten (3. Kap., 108 e 1 — 110 c 2); b) Größe und Beschaffenheit des alten athenischen Landes (4. Kap., 110 c 3 — 111 d 8); c) Die athenische Burg. Ihr Umfang und ihre Besiedlung (5. Kap., 111 e 1 — 112 e 1).
2. Die Insel Atlantis. a) Vorbemerkung zur Atlantiserzählung: Grund der Verwendung griechischer Namen (6. Kap., 112 e 2 — 113 b 6); b) Erlosung der Insel durch Poseidon und Verteilung der Herrschaft an seine Söhne. Der Reichtum der Insel (7. Kap., 113 b 7 — 115 c 3); c) Durchstich zum Meer und Hafenanlagen (8. Kap., 115 c 4 — 116 c 2); d) Die Einrichtung des Königssitzes (9. Kap., 116 c 3 — 117 e 8); e) Einrichtung und Natur des übrigen Landes. Die Streitmacht des Königs (10. Kap., 117 e 9 — 119 b 8); f) Regelung der gemeinsamen Herrschaft und wichtigste Gesetze (11. Kap., 119 c 1 — 120 d 5); g) Entartung des atlantischen Geschlechts und Eingreifen des Zeus (12. Kap., 120 d 6 bis 121 c 5).

Timaios, Kritias, Sokrates, Hermokrates

[1. Schwierigkeit des Redens über Sterbliches und Bitte des Kritias um Nachsicht]

Timaios: Wie froh, o Sokrates, gleich einem, der von langer Wan- 106 a
derung ruht, sehe ich so mich jetzt, mit dem Gesagten mich be-
gnügend, am Ziele des Gangs meiner Rede. Zu dem Gotte aber, wel-
cher in Wirklichkeit schon längst, in der Rede dagegen soeben erst
entstand, flehe ich, dasjenige, was in angemessener Weise gespro-
chen wurde, selbst dauernd zu erhalten, kam ich dabei aber irgend-
wo wider meine Absicht aus dem Takte, dafür die solchem Fehltritt b
angemessene Buße aufzuerlegen. Die richtige Buße besteht aber dar-
in, daß man den Taktvergessenen zum Taktfesten mache. Damit
wir also über das Entstehen der Götter in Zukunft das Richtige
vortragen, möge der Gott selbst das beste und vollkommenste aller
Heilmittel, das Wissen, uns verleihen. Mit diesem Gebete übergebe
ich, unserer Übereinkunft gemäß, dem Kritias die folgende Rede.

Kritias: Wohl übernehme ich sie, Timaios; die Vorbitte aber, mit
der du beim Beginne anhubst, indem du als im Begriff, von wich- c
tigen Gegenständen zu sprechen, um Nachsicht batest, dieselbe tue
auch ich jetzt. Diese Nachsicht glaube aber ich in noch höherem
Grade hinsichtlich des Vorzutragenden beanspruchen zu dürfen. Doch 107 a
obgleich ich fast die Überzeugung hege, daß die Vorbitte, welche
einzulegen ich im Begriff bin, eine ziemlich anmaßende und die
Schranken der Bescheidenheit überschreitende sei, muß ich sie denn-
noch aussprechen. Denn welcher Verständige wollte wohl zu behaup-
ten wagen, daß das von dir Vorgetragene nicht gut dargelegt wor-
den sei? Daß aber das von mir Vorzutragende, als schwieriger, grö-
ßere Nachsicht erheische, das muß ich irgendwie nachzuweisen ver-
suchen. Für dich, Timaios, der du etwas über die Götter vor Men-
schen vortrugst, war es nämlich leichter, diese zu befriedigen, als
mir durch einen Vortrag über Sterbliche vor uns. Denn die Unkunde b
und große Unwissenheit der Zuhörer über Gegenstände, von denen
sie so wenig wissen, macht es dem, welcher darüber sprechen will,
sehr bequem; wie es aber um unsere Kenntnis von den Göttern ste-
he, das wissen wir ja. Damit ich jedoch mich noch deutlicher gegen
euch erkläre, so stellt mit mir folgende Betrachtung an. Was näm-
lich irgendeiner von uns sagt, muß wohl notwendig zu einer Nach-
ahmung und Nachbildung sich gestalten. Betrachten wir aber die
Kunst der Maler in der Nachbildung göttlicher und menschlicher
Gestalten, inwiefern es ihnen leicht oder schwer wird, den Beschauen- c
den durch ihre Nachahmung zu genügen, so werden wir sehen, daß

wir erstens bei der Erde, den Bergen, den Flüssen, dem Walde, dem
ganzen Himmel und allem, was an ihm sich findet und bewegt, zu-
frieden sind, hat jemandes Nachbildung nur einige Ähnlichkeit mit
diesen Gegenständen, sowie, daß wir außerdem, da wir von der-
gleichen Dingen keine genaue Kenntnis besitzen, das Gemalte we-
der prüfen noch streng beurteilen und mit einem ungenauen und
d täuschenden Schattenumriß uns begnügen; versucht es dagegen einer,
unsere eigenen Gestalten abzubilden, dann werden wir, vermöge der
ständig uns beiwohnenden Beobachtung das Mangelhafte scharfsich-
tig wahrnehmend, zu strengen Richtern desjenigen, welcher nicht
durchaus alle Ähnlichkeiten wiedergibt. Wir müssen nun fürwahr
erkennen, daß dasselbe auch hinsichtlich der Vorträge geschieht: bei
den auf die Götter und den Himmel sich beziehenden begnügen wir
uns sogar mit einer geringen Wahrscheinlichkeit; die Darstellung
des Sterblichen und Menschlichen unterwerfen wir dagegen einer
strengeren Prüfung. Sollte ich daher jetzt bei meinem Vortrage aus
e dem Stegreif nicht durch Angemessenes meine Schuld abzutragen
vermögen, so verdient das notwendig Nachsicht. Denn das Sterb-
liche zur Zufriedenheit nachzubilden, muß man sich durchaus nicht
als leicht, sondern als schwierig denken.

108 a Das alles also, Sokrates, habe ich vorausgeschickt, weil ich es euch
in das Gedächtnis zurückzurufen wünsche und für das, was ich zu
sagen gedenke, nicht um mindere, sondern um größere Nachsicht
bitte. Erscheint aber meine Bitte um diese Gunst als gerecht, dann er-
weist sie mir bereitwillig.

[2. Die Stimmung der Zuschauer]

SOKRATES: Warum auch, Kritias, sollten wir das nicht? Außerdem
sei von uns dasselbe auch dem dritten, dem Hermokrates, gewährt.
Denn offenbar wird in kurzem auch er, wenn er das Wort ergreifen
b muß, dieselbe Vorbitte tun wie ihr. Damit er nun einen anderen
Eingang ausfindig mache und nicht ebendenselben zu wiederholen
sich genötigt sehe, beginne er, unserer Nachsicht für diese gewiß,
seine Rede. Doch dich, lieber Kritias, mache ich im voraus mit der
Stimmung der Sitzreihe bekannt, daß der vor dir aufgetretene Dich-
ter einen wundersamen Beifall sich errungen hat, so daß du einer
ganz besonderen Nachsicht bedürfen wirst, willst du seinem Vortrag
gleichzukommen imstande sein.

HERMOKRATES: Deine Aufforderung da, Sokrates, gilt gewiß eben-
c sogut mir wie diesem. Doch zaghafte Streiter, Kritias, richteten
noch nie ein Siegeszeichen auf; deshalb ziemt es sich, mannhaft zum
Vortrag den Kampfplatz zu betreten und, unter Anrufung des
Apollon und der Musen, unsere Mitbürger aus alter Zeit als wackere
Männer darzustellen und zu erheben.

KRITIAS: Noch bist du, lieber Hermokrates, getrosten Mutes, da
du, in der Nachhut aufgestellt, noch einen Vordermann hast; doch
eigene Erfahrung wird dich bald von der Lage belehren, in der ich

mich befinde; dennoch muß ich deiner Zusprache und deinem ermutigenden Zurufe Gehör geben und neben den von dir genannten d
Göttern auch die übrigen anrufen, vor allen zumeist aber die Mnemosyne; denn in dieser Göttin Hand liegt wohl das Wichtigste unserer Rede. Rufen wir uns aber treu in das Gedächtnis zurück und teilen es mit, was einst von dem Priester verkündet, vom Solon hierhergebracht wurde, dann zweifle ich kaum, daß es dieser Sitzreihe bedünken wird, wir haben so ziemlich unserer Aufgabe genügt. Das soll also nun alsbald, ohne weiteren Aufschub geschehen.

[3. Verteilung des athenischen Landes an Hephaistos und Athene. Grund dafür, daß nur die Namen, nicht die Taten der alten Athener sich erhielten]

Vor allem zuerst wollen wir uns erinnern, daß zusammengenommen 9000 Jahre verstrichen sind, seitdem, wie erzählt wurde, e
der Krieg zwischen den außerhalb der Säulen des Herakles und allen innerhalb derselben Wohnenden stattfand, von dem wir jetzt vollständig zu berichten haben. Über die einen soll unser Staat geherrscht und den ganzen Krieg durchgefochten haben, über die andern aber die Könige der Insel Atlantis, von welcher wir behaupteten, daß sie einst größer als Asien und Libyen war, jetzt aber, nachdem sie durch Erdbeben unterging, die von hier aus die Anker nach dem jenseitigen Meere Lichtenden durch eine undurchdringliche, schlammige Untiefe fernerhin diese Fahrt zu unternehmen hindere. Von den 109 a
vielen Barbarenvölkern sowie von den hellenischen Völkerstämmen, welche es damals gab, wird der Lauf unserer Erzählung, indem sie die einzelnen Ereignisse entwickelt, das jeweils in den Weg Kommende berichten. Doch zuerst müssen wir notwendig die Heeresmacht und die Verfassungen sowohl der damaligen Athener als auch der Feinde, gegen die sie den Krieg führten, darlegen. Es gebührt sich aber, unter diesen von den Einheimischen mit Vorzug anzuheben.

Die Götter verteilten nämlich einst unter sich die ganze Erde nach b
Örtlichkeiten, und zwar durch das Los, nicht in Hader. Denn unvernünftig wäre es wohl zu sagen, die Götter wüßten nicht das jedem von ihnen Zukommende, noch, es suchten, wenn sie es wüßten, die einen das andern mehr Zukommende in Hader sich selbst zuzueignen. Sie bevölkerten vielmehr, nachdem ihnen durch rechtliche Verlosung der ihnen werte Anteil zugefallen war, die Landstriche und ernährten, nachdem sie das getan, uns als ihre Zucht und ihr Eigentum, wie die Hirten ihre Herden, nur daß sie nicht die Körper durch Körperkraft bändigten, wie die Hirten ihr Vieh durch Schläge an- c
treiben, sondern auf welche Weise ein Geschöpf am lenksamsten ist, indem sie nämlich vom Hinterschiff aus die Richtung bestimmten und durch Überredung wie durch ein Steuerruder nach ihrem Sinn auf die Seele einwirkten, so führten und leiteten sie das gesamte Geschlecht der Menschen. Indem nun dem einen der Götter dieses, dem andern ein anderes Land durch das Los anheimfiel, ord-

neten sie es; dem Hephaistos und der Athene aber, deren Wesen ein
gemeinsames war, da es teils als vom selben Vater stammend ver-
schwistert blieb, teils sie die Liebe zur Weisheit und zur Kunst teil-
ten, wurde deshalb dieses Land, als von Natur für Weisheit und
Tapferkeit gedeihlich und dazu geeignet, als gemeinschaftliches Los
d zugeteilt, welches sie mit wackeren, ureingeborenen Männern be-
völkerten, deren Sinn sie auf die Anordnung ihres Staates hinlenk-
ten. Von diesen haben die Namen sich erhalten, ihre Taten aber ge-
rieten, durch den Untergang derjenigen, welchen sie überliefert wur-
den, und die Länge der Zeit in Vergessenheit. Denn die jedesmal am
Leben bleibende Klasse von Bewohnern war, wie auch früher er-
zählt wurde, eine auf Bergen hausende, der Buchstabenschrift un-
kundige, welche höchstens die Namen der im Lande Herrschenden
und daneben nur weniges von ihren Taten gehört hatte. Diese be-
e gnügten sich daher, jene Namen ihren Nachkommen beizulegen.
Da sie aber, bis auf einige dunkle Gerüchte, die Heldentaten und
Gesetze der früher Lebenden nicht kannten und selbst mit ihren
Kindern, viele Menschenalter hindurch, an dem Notdürftigen Man-
110 a gel litten, so richteten sie auf das ihnen Mangelnde ihren Sinn und
machten dies auch zum Gegenstande ihrer Reden, ohne um das,
was vor ihnen und in alter Zeit einmal sich begab, sich zu kümmern.
Denn die Sagenkunde und die dem Altertümlichen zugewandte
Forschbegierde finden sich in den Staaten zugleich mit der Muße ein,
sobald sie erkennen, daß bei manchen für die Lebensbedürfnisse be-
reits gesorgt sei, früher aber nicht. So geschah es, daß sich die Na-
men, nicht aber die Taten der alten Bewohner des Landes erhielten.
Für das, was ich hier sage, führe ich aber als Beweis an, daß Solon
berichtete, jene Priester haben die Namen eines Kekrops, Erechtheus,
Erichthonios, Erysichthon und die meisten andern, was da an Na-
b men vor Theseus erwähnt wird, häufig, indem sie den damals ge-
führten Krieg erzählten, erwähnt, sowie desgleichen die der Frauen.
Insbesondere sei auch die Gestaltung und das Standbild der Göttin,
daß dieselbe, weil damals Männer und Frauen alle auf den Krieg
bezüglichen Beschäftigungen gemeinsam betrieben, dieser Einrich-
tung zufolge von den damals Lebenden in solcher Rüstung als Weih-
geschenk aufgestellt wurde, ein Beleg, daß von allen Geschöpfen,
c bei denen das männliche und weibliche Geschlecht in Gemeinschaft
lebt, jedes der beiden von Natur befähigt sei, das, wozu jede Gat-
tung bestimmt ist, gemeinsam zu üben.

[4. Größe und Beschaffenheit des alten athenischen Landes]

Es bewohnten aber damals dieses Land teils die anderen mit Ge-
werben und Ackerbau beschäftigten Klassen der Bürger, die streit-
bare aber, anfangs von gottähnlichen Männern von den übrigen
geschieden, wohnte getrennt, der es an nichts zum Unterhalt und
zur Bildung Erforderlichem fehlte, von der aber keiner etwas als
d Eigentum besaß, indem sie alles als ein ihnen allen Gemeinsames

ansahen und, ausreichenden Unterhalt ausgenommen, von ihren
übrigen Mitbürgern nichts verlangten, sondern alle Beschäftigungen
trieben, welche gestern den der Annahme nach das Geschäft der
Wächter Versehenden zugeteilt wurden.

Insbesondere wurde auch von unserem Lande Glaubwürdiges
und der Wahrheit Entsprechendes erzählt. Zuerst, daß dessen Gren-
zen zu damaliger Zeit bis an den Isthmos sich erstreckten und nach
dem andern Festlande hin bis zu den Höhen des Parnes und Kithai- e
ron. Diese Grenzhöhen aber senkten sich, indem Oropia ihnen zur
Rechten lag und sie zur Linken vom Meer her den Asopos abschnit-
ten. An Trefflichkeit habe aber unser Land jedes andere übertroffen
und sei deshalb damals auch imstande gewesen, ein großes Heer von
den Geschäften des Ackerbaues Befreiter zu unterhalten. Ein großer
Beweis seiner Fruchtbarkeit aber ist: Das jetzt von ihm zurückge-
bliebene Stück macht noch jedem andern Lande dadurch, daß es
alle Früchte reichlich trägt, und durch die Weide, die es allen Herden
bietet, den Vorzug streitig; damals aber trug es, abgesehen von 111 a
der Güte, das alles auch in großer Fülle. Inwiefern verdient dieses
nun Glauben, und in welcher Hinsicht darf ein solcher Landstrich
mit Recht ein Überbleibsel des damaligen Bodens heißen? Das ge-
samte Land liegt, indem es vom übrigen Festlande aus weithin in
das Meer sich erstreckt, wie ein Vorgebirge da, und das ganze es
umschließende Meer ist an seinen Küsten sehr tief. Da nun in den
neuntausend Jahren, denn so lange Zeit ist von damals bis jetzt ver-
strichen, viele und mächtige Überschwemmungen stattfanden, so
dämmte sich die in so langer Zeit und bei solchen Naturereignissen b
von den Höhen herabgeschwemmte Erde nicht, wie anderwärts, hoch
auf, sondern verschwand, immer ringsherum fortgeschwemmt, in
die Tiefe. Es sind nun aber, wie bei kleinen Inseln, gleichsam, mit
dem damaligen Zustande verglichen, die Knochen des erkrankten
Körpers noch vorhanden, indem nach dem Herabschwemmen des
fetten und lockeren Bodens nur der hagere Leib des Landes zurück-
blieb. In dem damaligen noch unversehrten Lande aber erschienen die
Berge wie Erdhügel, die Talgründe des jetzt sogenannten Phelleus wa- c
ren mit fetter Erde bedeckt, und die Berge bekränzten dichte Waldun-
gen, von denen noch jetzt augenfällige Spuren sich zeigen. Denn jetzt
bieten einige der Berge nur den Bienen Nahrung; vor nicht gar
langer Zeit aber standen noch die Bedachungen von zum Sparrwerk
tauglichen, dort für die größten Bauten gefällten Bäumen unver-
sehrt. Auch trug der Boden viele andere, hohe Fruchtbäume und
bot den Herden höchst ergiebige Weide; vorzüglich aber gab ihm
das im Laufe des Jahres vom Zeus entsandte Wasser Gedeihen, wel- d
ches ihm nicht, indem es wie jetzt bei dem kahlen Boden in das Meer
sich ergoß, verlorenging; sondern indem er viel Erde besaß, in sie
es aufnahm und es in einer schützenden Tonschicht verteilte, entließ
er das von den Höhen eingesogene Wasser in die Talgründe und
gewährte allerwärtshin reichliche Bewässerung durch Flüsse und

Quellen, von welchen auch noch jetzt an den ehemaligen Quellen geweihte Merkzeichen zurückgeblieben sind, daß das wahr sei, was man jetzt davon erzählt.

[5. Die athenische Burg. Ihr Umfang und ihre Besiedlung]

e So war die natürliche Beschaffenheit des übrigen Landes, verschönert, wie es sich erwarten läßt, von echten Landwirten, die das ausschließend betrieben, von dem Schönen nachstrebenden, wohlbegabten Männern, welche sich des trefflichsten Bodens, der reichlichsten Bewässerung und unter ihrem Himmel des angemessensten Wechsels der Jahreszeiten erfreuten. Die Stadt aber war zu damaliger Zeit in folgender Weise auferbaut. Erstens war die Burg nicht so beschaf-
112 a fen wie jetzt. Jetzt nämlich hat *eine* vorzüglich regenreiche Nacht diese durch Abschwemmung der Erde entblößt, indem zugleich Erdbeben und eine gewaltige Überschwemmung, die dritte vor der Deukalionischen Verheerung, eintraten. Was aber den Umfang anbetrifft, den sie damals zu der anderen Zeit einnahm, so senkte sie sich nach dem Eridanos und Ilissos zu, umschloß die Pnyx und wurde von dem der Pnyx gegenüberliegenden Lykabetos begrenzt; ihr Boden aber war durchgängig krumig und bildete, mit wenigen
b Ausnahmen, eine Hochebene. Ihre äußeren Abhänge waren von Handwerkern bewohnt und von den Landwirten, welche in ihrer Nähe ihr Land bestellten. Auf den oberen Teilen hatte bloß der Stand der Krieger für sich allein, um den Tempel der Athene und des Hephaistos herum, seine Wohnungen, die sie, wie den Garten eines und desselben Hauses, noch mit einer Ringmauer umgeben hatten. Denn die Nordseite bewohnten sie, wo sie gemeinsame Gebäude und Speisesäle für den Winter und alles dem gemeinschaftlichen Staatsle-
c ben an Wohnungen für sich und die Priester Zukommende aufgeführt hatten, doch ohne Anwendung von Gold und Silber, dessen sie durchaus in keinem Falle sich bedienten, sondern, die Mittelstraße zwischen stolzem Prunk und kleinlicher Dürftigkeit haltend, erbauten sie schmucke Wohnhäuser, die sie, indem sie selbst und ihre Nachkommen und die Nachkommen dieser in ihnen dem Greisenalter entgegenreiften, stets in demselben Zustande ihnen Gleichgesinnten hinterließen. Auch der Südseite bedienten sie sich, indem sie jedoch, als während des Sommers, Gärten, Übungshäuser und gemeinsame Speisesäle aufgaben, zu denselben Zwecken. An der Stelle, wo jetzt die Burg steht, befand sich eine Quelle, von der,
d als sie durch Erdbeben versiegte, ringsherum die jetzigen Bächlein geblieben sind; für die gesamten damaligen Bewohner aber strömte sie, bei einem für den Winter und Sommer angemessenen Wärmegrade, in reichem Maße. So eingerichtet, wohnten sie als Wächter der eigenen Mitbürger, als Anführer der übrigen Hellenen mit deren Willen, und sie gaben darauf acht, daß die Zahl ihrer Männer und Frauen möglichst immer dieselbe bliebe, nämlich die noch zum
e Kriege fähig war und die schon; sie belief sich ungefähr auf 20 000.

[6. Vorbemerkung zur Atlantiserzählung: Grund der Verwendung griechischer Namen]

Da sie selbst so wacker waren und in solcher, so ziemlich sich
gleichbleibenden Weise gerecht ihr eigenes Vaterland und Hellas
verwalteten, erwarben sie sich durch körperliche Schönheit und die
allseitigen Vorzüge ihres Geistes durch ganz Europa und Asien einen
Ruf und waren unter allen damals Lebenden die gepriesensten. Wie
dagegen der Zustand der zum Kampfe gegen sie auftretenden be-
schaffen war und wie er von Anbeginn an sich gestaltete, das wollen
wir euch jetzt, verlor sich uns nicht das, was wir als Knaben hörten,
in Vergessenheit, als ein den Freunden zuständiges Gemeingut mit-
teilen. Doch eine Kleinigkeit müssen wir noch unserer Erzählung vor- 113 a
ausschicken, damit es euch nicht etwa wundernehme, wenn Barbaren
hellenische Namen führen; sollt ihr doch den Grund davon verneh-
men. Da nämlich Solon die Absicht hatte, diese Erzählung bei seinen
Dichtungen zu benutzen, forschte er genau der Bedeutung der Eigen-
namen nach und fand, daß jene Ägypter, welche zuerst sie aufzeich-
neten, dieselben in ihre Sprache übertragen hatten; da nahm er selbst
den Sinn jedes Eigennamens wieder vor und schrieb sie, indem er auf
unsere Sprache sie zurückführte, nieder. Diese Aufzeichnungen aber b
befanden sich in den Händen meines Großvaters und befinden sich
noch in den meinigen und wurden schon in meinem Knabenalter von
mir durchforscht. Demnach nehme es euch nicht wunder, wenn ihr
auch dort Eigennamen wie hierzulande hört, wißt ihr doch nun den
Grund davon. Folgendes war der Eingang zu einer langen Erzählung.

[7. Erlosung der Insel durch Poseidon und Verteilung der Herrschaft an seine Söhne. Der Reichtum der Insel]

Wie im Vorigen von der von den Göttern angestellten Verlo-
sung erzählt wurde, daß sie unter sich die ganze Erde in bald grö-
ßere, bald kleinere Lose verteilten und sich Tempel erbauen und c
Opfer darbringen ließen: so bevölkerte auch Poseidon, dem jene
Insel Atlantis zum Lose fiel, dieselbe mit seinen eigenen Nachkom-
men, die er mit einem sterblichen Weibe an einer folgendergestalt
beschaffenen Stelle der Insel erzeugte. An der Seeküste, gegen die
Mitte der ganzen Insel, lag eine Ebene, die schöner und fruchtbarer
als irgendeine gewesen sein soll. In der Nähe dieser Ebene aber,
wiederum nach der Mitte zu, befand sich, vom Meer in einer Ent-
fernung von etwa 50 Stadien, ein allerwärts niedriger Berg; auf die-
sem wohnte ein Mann, namens Euenor, aus der Zahl der anfäng- d
lich der Erde Entwachsenen, welcher die Leukippe zur Frau hatte.
Beide erzeugten eine einzige Tochter, Kleito. Als das Mädchen be-
reits die Jahre der Mannbarkeit erreicht hatte, starben ihr die Mut-
ter und auch der Vater; Poseidon aber, von Liebe zu ihr ergriffen,
verband sich mit ihr und machte den Hügel, den sie bewohnte, zu
einem wohlbefestigten, indem er ihn ringsum durch größere und
kleinere Gürtel abwechselnd von Wasser und Erde abgrenzte, näm-

lich zwei von Erde und drei von Wasser, die er mitten aus der Insel
gleichsam herausdrechselte, überallhin gleich weit voneinander ent-
e fernt, so daß der Hügel für Menschen unzugänglich war, da es da-
mals noch ebensowenig Schiffe wie Schiffahrt gab. Er selbst verlieh,
als ein Gott, ohne Schwierigkeit der in der Mitte liegenden Insel
fröhliches Gedeihen, indem er zwei Flüsse aus der Erde herauf-
führte, deren einer seiner Quelle warm, der andere kalt entquoll,
und der Erde Nahrungsmittel aller Art zur Genüge entsprießen ließ.

Ferner zeugte er fünf männliche Zwillingspaare, ließ sie aufer-
ziehen und verlieh, indem er die ganze Insel Atlantis in zehn Teile
teilte, dem zuerst Geborenen des ältesten Paares den Wohnsitz sei-
114 a ner Mutter und den diesen rings umgebenden Anteil, als den größten
und vorzüglichsten, und machte ihn zum König der übrigen, die
übrigen aber zu Statthaltern; jedem derselben bestimmte er eine
Statthalterschaft mit zahlreichen Bewohnern und einem weiten Ge-
biete. Allen gab er Namen, dem Ältesten und Könige aber denjeni-
gen, nach welchem auch die ganze Insel und das Meer genannt
wurde, welches deshalb das Atlantische hieß, weil damals der erste
b König den Namen Atlas führte. Dessen nachgeborenen Zwillings-
bruder, dem das äußerste, nach den Säulen des Herakles, dem Land-
strich, der jetzt der Gadeirische heißt, gelegene Stück der Insel zu-
gefallen war, nannte er in griechischer Sprache Eumelos, in der des
Landes aber Gadeiros, was dann jenem Gebiet die Benennung geben
konnte. Den einen der zweiten Zwillingsgeburt nannte er Amphe-
res, den zweiten Euaimon; den erstgeborenen der dritten Mneseus,
c den nach diesem geborenen Autochthon; den älteren der vierten
Elasippos, den jüngeren Mestor; dem Erstling der fünften wurde der
Name Azaes, dessen jüngerem Bruder der Name Diaprepes beige-
legt. Diese insgesamt nun sowie ihre Nachkommen beherrschten
viele Menschenalter hindurch noch viele andere im Atlantischen
Meere gelegene Inseln und dehnten auch, wie schon früher berichtet
wurde, ihre Herrschaft über die innerhalb der Säulen des Herakles
nach uns zu Wohnenden bis nach Ägypten und Tyrrhenien hin aus.

d Die Nachkommenschaft des Atlas aber wuchs nicht bloß im übri-
gen an Zahl und Ansehen, sondern behauptete auch die Königs-
würde viele Menschenalter hindurch, indem der Älteste sie stets auf
den Ältesten übertrug, da sie eine solche Fülle des Reichtums erwor-
ben hatten, wie weder vorher bei irgendeinem Herrschergeschlecht
in den Besitz von Königen gelangt war noch in Zukunft so leicht
gelangen dürfte, und da bei ihnen für alles gesorgt war, wofür in
bezug auf Stadt und Land zu sorgen not tut. Denn vermöge ihrer
Herrschaft floß von außen her ihnen vieles zu, das meiste für den
e Lebensbedarf aber lieferte ihnen die Insel selbst. Zuerst, was da an
Starrem und Schmelzbarem durch den Bergbau gewonnen wird, und
auch die jetzt nur dem Namen nach bekannte Art — damals dage-
gen war mehr als ein Name die an vielen Stellen der Insel aus der
Erde gegrabene Gattung des Bergerzes, welche unter den damals

Lebenden, mit Ausnahme des Goldes, am höchsten geschätzt wurde.
Ferner brachte die Insel auch alles in reicher Fülle hervor, was der
Wald für die Werke der Bauverständigen liefert, und an Tieren eine
ausreichende Menge wilder und zahmer. Und so war denn auch das
Geschlecht der Elefanten hier sehr zahlreich; bot sie doch ebenso
den übrigen Tieren insgesamt, was da in Seen, Sümpfen und Flüs-
sen lebt und was auf Bergen und in der Ebene haust, reichliche 115 a
Nahrung wie auch in gleicher Weise diesem von Natur größten und
gefräßigsten. Was ferner jetzt irgendwo die Erde an Wohlgerüchen
erzeugt, an Wurzeln, Gräsern, Holzarten und Blumen oder Früchten
entquellenden Säften, das erzeugte auch sie und ließ es wohl ge-
deihen, sowie desgleichen die durch Pflege gewonnenen Früchte; die
Feldfrüchte, die uns zur Nahrung dienen, und das, was wir außer-
dem — wir bezeichnen die Gattungen desselben mit dem Namen der
Hülsenfrüchte — zu unserem Unterhalt benutzen; was Sträucher b
und Bäume an Speisen, Getränken und Salben uns bieten, die uns
zum Ergötzen und Wohlgeschmack bestimmten, schwer aufzube-
wahrenden Baumfrüchte und, was wir als Nachtisch dem Übersättig-
ten, eine willkommene Auffrischung des überfüllten Magens, vor-
setzen; dieses alles brachte die heilige, damals noch von der Sonne
beschienene Insel schön und wunderbar und in unbegrenztem Maße
hervor. Da ihnen nun ihr Land dieses alles bot, waren sie auf die
Aufführung von Tempeln und königlichen Palästen, von Häfen c
und Schiffswerften sowie anderen Gebäuden im ganzen Lande be-
dacht und schmückten es in solcher Aufeinanderfolge aus.

[8. Durchstich zum Meer und Hafenanlagen] Zuerst überbrückten
sie die um den alten Hauptsitz laufenden Gürtel des Meeres, um
nach außen und nach der Königsburg einen Weg zu schaffen. Diese
Königsburg erbauten sie aber sogleich vom Anbeginn in diesem
Wohnsitze des Gottes und ihrer Ahnen; indem aber der eine von
dem andern dieselbe überkam, suchte er durch jedesmalige Weiter-
ausschmückung des Wohlausgeschmückten seinen Vorgänger nach
Kräften zu übertreffen, bis sie ihre Wohnung zu einem durch Um- d
fang und Schönheit Staunen erregenden Bau erhoben. Denn vom
Meere aus führten sie einen 300 Fuß breiten, 100 Fuß tiefen und
50 Stadien langen Durchstich nach dem äußersten Gürtel, durch
welchen sie der Einfahrt vom Meere nach ihm wie nach einem Ha-
fen den Weg bahnten, indem sie einen für das Einlaufen der größ-
ten Schiffe ausreichenden Raum eröffneten.

Auch durch die Erdgürtel, welche zwischen denen des Meeres hin-
liefen, führten sie, an den Brücken hin, Durchstiche, breit genug, e
um einem Dreiruderer die Durchfahrt von dem einen zu dem ande-
ren zu gestatten, und überdachten dieselben, damit man unter der
Überdachung hindurchschiffen könne; denn die Erdgürtelränder er-
hoben sich hoch genug über das Meer. Des größten Gürtels, mit wel-
chem das Meer durch den Graben verbunden war, Breite betrug 3

Stadien; ebenso breit wie dieser war der folgende Erdgürtel. Von den beiden nächsten hatte der flüssige eine Breite von 2 Stadien, und der feste war wieder ebenso breit wie der ihm vorausgehende flüssige. Ein Stadion breit war endlich der um die in der Mitte liegen-
116 a de Insel selbst herumlaufende. Die Insel aber, auf welcher die Königsburg sich erhob, hatte 5 Stadien im Durchmesser. Diese Insel sowie die Erdgürtel und die 100 Fuß breite Brücke umgaben sie von beiden Seiten mit einer steinernen Mauer und errichteten auf den Brücken bei den Durchgängen der See nach jeder Seite Türme und Tore. Die Steine dazu aber — teils weiße, teils schwarze, teils auch rote — wurden unter der in der Mitte liegenden Insel und unter der Innen- und Außenseite der Gürtel gehauen und so beim Aushauen zugleich
b doppelte Behälter für die Schiffe ausgehöhlt, die vom Felsen selbst überdacht wurden. Zu den Bauten benutzten sie teils Steine derselben Farbe, teils fügten sie zum Ergötzen, um ein von Natur damit verbundenes Wohlgefallen zu erzeugen, ein Mauerwerk aus verschiedenartigen zusammen. Den ganzen Umfang der den äußersten Gürtel umgebenden Mauer versahen sie mit einem Überzuge von Kupfer, übergossen den des inneren mit Zinn, den um die Burg selbst
c aufgeführten aber mit wie Feuer glänzendem Bergerz.

[9. Die Einrichtung des Königssitzes]

Der Königssitz innerhalb der Burg war folgendergestalt auferbaut. Inmitten desselben befand sich ein unzugängliches, der Kleito und dem Poseidon geweihtes Heiligtum, mit einer goldenen Mauer umgeben, ebenda, wo einst das Geschlecht der zehn Herrscher erzeugt und geboren wurde. Dahin brachten sie jährlich aus den zehn Landschaften jedem derselben die Früchte der Jahreszeit als Opfer. Der
d Tempel des Poseidon selbst war ein Stadion lang, 500 Fuß breit und von einer entsprechenden Höhe, seine Bauart fremdländisch. Von außen hatten sie den ganzen Tempel mit Silber überzogen, mit Ausnahme der mit Gold überzogenen Zinnen. Im Innern war die Wölbung von Elfenbein, mit Verzierung von Gold und Silber und Bergerz; alles übrige, Wände, Säulen und Fußboden, bedeckten sie mit Bergerz. Hier stellten sie goldene Standbilder auf; den Gott stehend, als eines mit sechs Flügelrossen bespannten Wagens Lenker, der ver-
e möge seiner Größe mit dem Haupt die Decke erreichte; um ihn herum auf Delphinen hundert Nereiden, denn soviel, glaubte man damals, gäbe es von ihnen. Auch viele andere, von Männern aus dem Volke geweihte Standbilder befanden sich darinnen; außerhalb aber umstanden den Tempel die goldenen Bildsäulen aller von den zehn Königen Abstammenden und ihrer Frauen sowie viele andere große Weihgeschenke der Könige und ihrer Bürger aus der Stadt selbst und dem außerdem ihrer Herrschaft unterworfenen Lande. Auch der Al-
117 a tar entsprach, seinem Umfange und seiner Ausführung nach, dieser Pracht, und ebenso war der königliche Palast angemessen der Größe des Reiches und angemessen der Ausschmückung der Tempel. So be-

nutzten sie auch die Quellen, die kalt und warm strömenden, die
einen reichen Zufluß an Wasser hatten und wovon jede durch An-
nehmlichkeit und Güte des Wassers wundersam zum Gebrauch ge-
eignet war, indem sie dieselben mit Gebäuden und am Wasser gedei-
henden Baumpflanzungen umgaben sowie mit teils unbedeckten, teils b
für die warmen Bäder im Winter überdeckten Baderäumen, den kö-
niglichen abgesondert von denen des Volks sowie denen der Frauen,
geschieden von den Schwemmen der Pferde und des anderen Zug-
viehs, diese alle mit einer der Bestimmung eines jeden angemesse-
nen Einrichtung. Von dem abfließenden Wasser aber leiteten sie einen
Teil nach dem Haine Poseidons, zu Bäumen aller Art, vermöge der
Trefflichkeit des Bodens von überirdischer Schönheit und Höhe; den
anderen aber, vermittels neben den Brücken hinlaufender Kanäle,
nach den Gürteln außerhalb, wo vielen Göttern viele Tempel aufer- c
baut waren, außerdem viele Gärten und Übungsplätze für Menschen
und davon geschieden für Pferde, auf jeder der beiden Inseln; unter
anderem war mitten auf der größten Insel eine Rennbahn abgegrenzt,
deren Breite ein Stadion betrug und welche ihrer Länge nach, zum
Wettrennen der Pferde bestimmt, die ganze Insel umkreiste. Zu bei-
den Seiten dieser Rennbahn befanden sich für die Masse der Leib-
wächter bestimmte Wohnungen; die zuverlässigeren aber waren auf d
dem kleineren, der Königsburg näheren Gürtel als Wachtposten ver-
teilt, und denjenigen, die durch ihre Treue vor allen andern sich aus-
zeichneten, Wohnungen in der Burg um die der Könige selbst herum
angewiesen. Die Schiffswerften waren mit Kriegsschiffen und allem
Zubehör eines solchen Schiffes angefüllt, alles aber war vollkommen
ausgerüstet.

Solche Einrichtungen waren im Umkreise des Königssitzes getrof-
fen. Hatte man aber nach außen die Häfen, deren drei waren, über-
schritten, dann lief vom Meere aus eine Mauer rings herum, wel- e
che allerwärts vom größten Hafen und Gürtel 50 Stadien entfernt
war und welche mit dem Eingang zum Durchstich ihren am Meere
gelegenen Teil in eins verband. Diesen ganzen Raum nahmen zahl-
reiche und dicht gereihte Wohnhäuser ein; die Einfahrt und der
größte Hafen aber waren mit allerwärtsher kommenden Fahrzeugen
und Handelsleuten überfüllt, welche bei solcher Menge am Tag und
in der Nacht Geschrei, Lärm und Getümmel aller Art erhoben.

[10. Einrichtung und Natur des übrigen Landes. Die Streitmacht des Königs]

So ward also jetzt so ziemlich das erzählt, was einstmals über
die Stadt und die Umgebung des ursprünglichen Wohnsitzes berich-
tet wurde. Aber wir müssen auch zu berichten versuchen, wie die
Natur und die Art der Einrichtung des übrigen Landes beschaffen 118 a
war. Erstens also war, der Erzählung nach, die ganze Gegend
vom Meere aus sehr hoch und steil, das die Stadt Umschließende
dagegen durchgängig eine ihrerseits von bis an das Meer herablau-

fenden Bergen rings umschlossene Fläche und gleichmäßige Ebene, durchaus mehr lang als breit, nach der einen Seite 3000 Stadien lang, vom Meere landeinwärts aber in der Mitte deren 2000 breit. Dieser
b Strich der ganzen Insel lief, nordwärts gegen den Nordwind geschützt, nach Süden. Von den ihn umgebenden Bergen wurde gerühmt, daß sie an Menge, Größe und Anmut alle jetzt noch vorhandenen überträfen. Sie umfaßten viele reiche Ortschaften der Umwohnenden sowie Flüsse, Seen, Wiesen zu ausreichendem Futter für alles wilde und zahme Vieh, desgleichen Waldungen, die durch ihren Umfang und der Gattungen Verschiedenheit für alle Vorhaben insgesamt und für jedes einzelne vollkommen ausreichend waren.

Diese Ebene hatte sich nun von Natur und durch die Bemühungen
c einer langen Reihe von Königen in langer Zeit dermaßen gestaltet. Sie bildete ein größtenteils rechtwinkliges und längliches Viereck; was aber daran fehlte, war durch einen ringsherum aufgeworfenen Graben ausgeglichen. Obgleich aber das, was von seiner Tiefe, Länge und Breite erzählt wird, für ein Menschenwerk, mit anderen mühsamen Schöpfungen verglichen, unglaublich klingt, muß dennoch berichtet werden, was wir gehört haben. Der Graben war nämlich bis zu einer Tiefe von 100 Fuß aufgeworfen, seine Breite betrug
d allerwärts ein Stadion und, da er um die ganze Ebene herumgeführt war, seine Länge 10 000 Stadien. Indem derselbe aber, die Ebene umschließend, die von den Bergen herabströmenden Flüsse in sich aufnahm und von beiden Seiten der Stadt sich näherte, so ward ihm da der Ausfluß in das Meer eröffnet. Von seinem weiter landeinwärts gelegenen Teil wurden wieder gerade, gegen 100 Fuß breite Durchstiche durch die Ebene nach dem dem Meere zuliegenden Graben geführt, deren einer von dem andern 100 Stadien entfernt war.
e Auf diesem Wege brachten sie zu Schiffe das Bauholz aus den Bergen nach der Stadt und andere Erzeugnisse der Jahreszeiten, indem sie Durchfahrten von einem Durchstiche zum anderen in schiefer Richtung sowie nach der Stadt zu eröffneten.

Zwei Ernten brachte ihnen jährlich der Boden, den im Winter der Regen des Zeus befruchtete, während man im Sommer den Erzeugnissen desselben von den Durchstichen aus Bewässerung zuführte.

Was die Streiterzahl betraf, so war angeordnet, daß von den zum Kriege tauglichen Bewohnern der Ebene jeder Bezirk, dessen Flächenraum sich auf 10 mal 10 Stadien belief und deren überhaupt
119 a 60 000 waren, einen Feldhauptmann stelle; die Anzahl der von den Bergen und anderweitigen Landstrichen her kommenden wurde als unermeßlich angegeben, und alle insgesamt waren, ihren Wohnorten und deren Lage nach, diesen Bezirken und Feldhauptleuten zugeteilt. Jeder Feldhauptmann mußte nach Vorschrift in das Feld stellen: zu 10 000 Streitwagen den sechsten Teil eines Streitwagens,
b zwei berittene Streiter, ferner ein Zwiegespann ohne Wagenstuhl, welches einen leichtbeschildeten Streiter und nächst ihm den Lenker der beiden Pferde trug; zwei Schwergerüstete, an Bogenschützen

und Schleuderern zwei jeder Gattung, so auch an Leichtgerüsteten, nämlich Steinwerfern und Speerschleuderern, von jeder drei; endlich vier Seesoldaten zur Bemannung von 1200 Schiffen. So war die Kriegsrüstung für den Herrschersitz des Königs angeordnet, für die neun übrigen anderes anders, was anzugeben zu viel Zeit erheischen würde.

[11. Regelung der gemeinsamen Herrschaft und wichtigste Gesetze]

In Beziehung auf Herrsch- und Strafgewalt waren von Anbe- c
ginn an folgende Einrichtungen getroffen. Jeder einzelne der zehn Könige übte in seiner Stadt Gewalt über die Bewohner seines Gebietes und über die meisten Gesetze; er bestrafte und ließ hinrichten, wen er wollte. Aber die untereinander geübte Herrschaft und ihren Wechselverkehr bestimmte Poseidons Gebot, wie das Gesetz es ihnen überlieferte und eine Schrift, von den ersten Königen aufgezeichnet
auf einer Säule von Bergerz, welche in der Mitte der Insel im Tempel d
Poseidons sich befand, wo sie sich das eine Mal im fünften, das andere im sechsten Jahre, um der geraden und ungeraden Zahl gleiche Ehre zu erweisen, versammelten. Bei diesen Zusammenkünften berieten sie sich über gemeinsame Angelegenheiten, untersuchten, ob jemand einem Gesetze zuwiderhandle, und fällten sein Urteil. Waren sie im Begriff, Urteile zu fällen, dann verpflichteten sie sich zuvor gegeneinander in folgender Weise. Nachdem die zehn Könige alle Begleitung entlassen hatten, jagten sie den im Weihbezirk Poseidons freigelassenen Stieren mit Knüppeln und Schlingen, ohne eine Eisen-
waffe, nach, den Gott anflehend, sie das ihm wohlgefällige Opfer e
einfangen zu lassen; den eingefangenen Stier aber führten sie zur Säule und opferten ihn über jener Schrift auf dem Knaufe derselben. Auf der Säule aber befand sich außer den Gesetzen eine Eidesformel, die schwere Verwünschungen über die ihnen den Gehorsam Verweigernden herabrief. Wenn sie nun, nachdem sie ihren Vor-
schriften gemäß das Opfertier geschlachtet, die Weihung aller Glie- 120 a
der des Stiers vornahmen, dann füllten sie einen Mischkrug und schleuderten für jeden ein Klümpchen Blutes hinein, das übrige aber trugen sie, nachdem sie ringsum die Säule reinigten, in das Feuer. Darauf schöpften sie mit goldenen Trinkschalen aus dem Mischkruge, gossen ihr Trankopfer in das Feuer und schworen dabei, ihre Urteile den auf der Säule aufgezeichneten Gesetzen gemäß zu fällen und, wenn jemand in etwas dieselben übertreten habe, ihn zu bestrafen, in Zukunft aber in keinem Punkte das Aufgezeichnete zu übertreten sowie weder einen den Geboten des Vaters zuwiderlau-
fenden Befehl zu geben noch einem solchen zu gehorchen. Nachdem b
jeder von ihnen feierlich dieses Gelübde für sich selbst und seine Nachkommen getan, getrunken und die Schale in dem Tempel des Gottes geweiht hatte, sorgte er für seine Abendmahlzeit und anderer Bedürfnisse Befriedigung. Wurde es nun finster und war das Opferfeuer niedergebrannt, dann legten alle ein sehr schönes dun-

kelblaues Gewand an, ließen sich an der Brandstätte des beim Eid-
schwur dargebrachten Opfers nieder und empfingen während der
c Nacht, nachdem sie alle Feuer um den Tempel herum ausgelöscht,
wenn etwa einer den andern einer Gesetzesübertretung beschuldigte,
Urteilssprüche und fällten sie. Diese von ihnen gefällten Urteilssprü-
che verzeichneten sie, sobald der Tag anbrach, auf einer goldenen
Tafel und weihten diese mitsamt ihren Gewändern zur Erinne-
rung.

Über die Ehrenrechte der einzelnen Könige gab es manche beson-
deren Gesetze, das wichtigste aber war, keiner solle gegen den an-
dern die Waffen erheben und alle Beistand leisten, wollte etwa je-
mand unter ihnen versuchen, in irgendeinem Staate dem Königs-
hause den Untergang zu bereiten, gemeinsam aber, wie ihre Vorgän-
d ger, sollten sie sich beraten über Krieg oder andere Unternehmungen
und dabei dem atlantischen Geschlechte den Vorrang einräumen.
Jedoch einen seiner Anverwandten zum Tode zu verurteilen, das
sollte, ohne Zustimmung des größeren Teils der Zehn, in keines
Königs Gewalt stehen.

[12. Entartung des atlantischen Geschlechts und Eingreifen des Zeus]

Die damals in jenen Gegenden in solchem Umfange und so geübte
Herrschgewalt stellte nun der Gott gegen unsere Lande, durch Fol-
gendes, wie erzählt wird, dazu veranlaßt. Viele Menschenalter hin-
e durch, solange noch die göttliche Abkunft bei ihnen vorhielt, waren
sie den Gesetzen gehorsam und freundlich gegen das verwandte
Göttliche gesinnt; denn ihre Gedanken waren wahr und durchaus
großherzig, indem sie bei allen sie betreffenden Begegnissen sowie
gegeneinander Weisheit mit Milde gepaart bewiesen. So setzten sie
auf jeden Besitz, den der Tugend ausgenommen, geringen Wert und
121 a ertrugen leicht, jedoch als eine Bürde die Fülle des Goldes und des
anderen Besitztums. Üppigkeit berauschte sie nicht, noch entzog
ihnen ihr Reichtum die Herrschaft über sich selbst oder verleitete
sie zu Fehltritten; vielmehr erkannten sie nüchtern und scharfen
Blicks, daß selbst diese Güter insgesamt nur durch gegenseitige mit
Tugend verbundene Liebe gedeihen, daß aber durch das eifrige Stre-
ben nach ihnen und ihre Wertschätzung diese selbst sowie jene mit
ihnen zugrunde gehe.

Bei solchen Grundsätzen also und solange noch die göttliche Na-
tur vorhielt, befand sich bei ihnen alles früher Geschilderte im
Wachstum; als aber der von dem Gotte herrührende Bestandteil
ihres Wesens, häufig mit häufigen sterblichen Gebrechen versetzt,
b verkümmerte und das menschliche Gepräge die Oberhand gewann:
da vermochten sie bereits nicht mehr ihr Glück zu ertragen, sondern
entarteten und erschienen, indem sie des schönsten unter allem
Wertvollen sich entäußerten, dem, der dies zu durchschauen ver-
mochte, in schmachvoller Gestalt; dagegen hielten sie die des Lebens
wahres Glück zu erkennen Unvermögenden gerade damals für hoch-

herrlich und vielbeglückt, wo sie des Vollgenusses der Vorteile der Ungerechtigkeit und Machtvollkommenheit sich erfreuten.

Aber Zeus, der nach Gesetzen waltende Gott der Götter, erkannte,
solches zu durchschauen vermögend, daß ein wackeres Geschlecht
beklagenswerten Sinnes sei, und versammelte, in der Absicht, sie
dafür büßen zu lassen, damit sie, zur Besonnenheit gebracht, ver- c
ständiger würden, die Götter insgesamt an dem unter ihnen vor allem in Ehren gehaltenen Wohnsitze, welcher im Mittelpunkt des gesamten Weltganzen sich erhebt und alles des Entstehens Teilhaftige zu überschauen vermag, und sprach zu ihnen: ...

BIBLIOGRAPHIE

Zum Politikos

CAMPBELL, L., The Sophistes and Politicus of Plato. Oxford 1867
MANASSE, E. M., Platons Sophistes und Politikos. Berlin 1937
MARTEN, R., Ousia und Arche und die Frage von Platons Dialog Politikos. Diss. Freiburg 1955
SCHROEDER, M., Zum Aufbau des platonischen Politikos. Diss. Berlin, Jena 1935
SKEMP, J. B., Plato's Statesman. A translation of the Politicus with introductory essays and footnotes. London 1952
ZEISE, H., Der Staatsmann, Ein Beitrag zur Interpretation des platonischen Politikos. Leipzig 1938

Zum Philebos

BOUSSOULAS, N. J., L'Etre et la composition des mixtes dans le Philèbe de Platon. Paris 1952
BURY, R. G., The Philebus of Plato, Ed. with introd., notes, and appendices. Cambridge 1897
GADAMER, H. G., Platos dialektische Ethik, Phänomenologische Interpretationen zum Philebos. Leipzig 1931
HACKFORTH, R., Plato's examination of pleasure, A translation of the Philebus with introduction and commentary. Cambridge 1945
HARDING, H. P., Zur Echtheitskritik und Interpretation des Platonischen Philebos. Diss. Kiel 1954
ISENBERG, M. W., The unity of Plato's Philebus. In: Class. Philol. 1940
SZILASI, W., Macht und Ohnmacht des Geistes. Bern 1946
TENKKU, J., The evaluation of pleasure in Plato's ethics. Helsinki 1956
WARMUTH, A., Das Problem des Agathon in Platons Philebos. Diss. München 1928

Zum Timaios

CORNFORD, F. M., Plato's Cosmology, The Timaeus of Plato transl. with a running commentary. 3. A. London 1952
FEHRENBACH, B., Chora und Aisthesis im platonischen Timaios. Diss. Freiburg 1954
OLERUD, A., L'idée de macrocosmos et de microcosmos dans le Timée de Platon. Uppsala 1951
SACHS, E., Die fünf platonischen Körper. Berlin 1917
TAYLOR, A. E., A commentary on Plato's Timaeus. Oxford 1928

Zum Kritias

BESSMERTNY, A., Das Atlantisrätsel. Leipzig 1932
GEGENSCHATZ, E., Platons Atlantis. Zürich 1943
HERTER, H., Altes und Neues zu Platons Kritias. In: Rhein. Mus. 1944
ROSENMEYER, T. G., Plato's Atlantis myth. Timaeus or Critias? In: Phoenix 1956
TUROLLA, E., L'Atlantide, Letture scelte dal Timeo e dal Crizia, interpr. e comm. Milano 1947

Vom Geld ist die Rede, von wem noch?

 Er verstand es nicht ...

... «daß irgendein Bleischädel, der nicht mehr Geist als ein Holzklotz besitzt und ebenso schlecht wie dumm ist, dennoch viele kluge und wackere Männer in seinem Dienst haben kann, nur deshalb, weil ihm ein großer Haufen Goldstücke zugefallen ist.» Der dies schrieb, hatte die Mächtigsten zum Freunde, aber er hat nie einen Kotau gemacht vor ihnen, ja, er ließ sich schließlich eher den Kopf abschlagen, ehe er auf den König, seinen Vertrauten, einen Eid schwor, der ihm gegen das Gewissen ging ...

Mit 22 Jahren hatte der Sohn eines Rechtsanwalts sich ein härenes Gewand angezogen, geißelte sich jeden Freitag und schlief täglich nur vier bis fünf Stunden auf dem nackten Fußboden. Vier Jahre hielt diese kartäusische Askese an, dann stürzte er sich in die Politik und brachte es zu höchsten Ämtern. Im Parlament führte er sich gleich vehement ein: Der König hatte für die Hochzeit seiner Tochter eine Geldhilfe von 30 000 Pfund beantragt. Der junge Parlamentarier hielt eine Rede dagegen – das Subsidium wurde tatsächlich gekürzt. Zum Dank ließ der König den Vater des Abgeordneten ins Gefängnis werfen und erst gegen eine Buße von 100 Pfund wieder frei. Der junge Politiker hielt es für ratsam, zunächst einmal aus dem öffentlichen Leben zu verschwinden, bis der König gestorben war.

Unter dem folgenden Regenten, dessen persönlicher Vertrauter er wurde (und der ihn nichtsdestoweniger später köpfen ließ), wurde er erneut Parlamentarier, dann Sprecher des Parlaments, schließlich Lordkanzler. Er verdiente etwa 400 Pfund im Jahr, nach heutiger Kaufkraft etwa 100 000 Mark. Als er sich mit dem König überworfen hatte, verließ er die Politik. Eine angebotene Entschädigung von 5000 Pfund lehnte er ab und erklärte, er sähe es lieber, wenn alles in die Themse geworfen würde. Arm, wie er angefangen hatte, lebte er noch zwei Jahre, mit einem Einkommen von etwa 100 Pfund. Dann wurde er verhaftet und ein Jahr später hingerichtet. 1886 sprach ihn der Heilige Stuhl selig, 1935 wurde er heiliggesprochen. Von wem war die Rede?

(Alphabetische Lösung: 20–8–15–13–1–19 13–15–18–5)

Pfandbrief und Kommunalobligation

Meistgekaufte deutsche Wertpapiere - hoher Zinsertrag - schon ab 100 DM bei allen Banken und Sparkassen

Verbriefte Sicherheit

Gesamtdarstellungen der Platonischen Philosophie

Brommer, P., Eidos et Idea, Etude sémantique et chronologique des œuvres de Platon. Assen 1940
Derbolav, J., Erkenntnis und Entscheidung, Philosophie der geistigen Aneignung in ihrem Ursprung bei Platon. Wien 1954
Field, G. C., Die Philosophie Platons. Stuttgart 1952
Frank, E., Plato und die sogenannten Pythagoreer. Halle 1923
Friedländer, P., Platon. 1. Bd. Berlin und Leipzig 1928; 2. erw. u. verb. A. Berlin 1954. 2. Bd. Die platonischen Schriften. Berlin und Leipzig 1930; 2. erw. u. verb. A. Berlin 1957
Goldschmidt, V., Les dialogues de Platon, Structure et méthode dialectique. Paris 1947
Hoffmann, E., Platon. Zürich 1950
Jäger, W., Paideia. 2. Bd. Berlin 1944, 3. Bd. Berlin 1947
Kucharski, P., Les chemins du savoir dans les derniers dialogues de Platon. Paris 1949
Leisegang, H., Platon. In: Pauly-Wissowas Real-Enzyklopädie, 20. Bd., Sp. 2342—2537. Stuttgart 1950
Lodge, R. C., The philosophy of Plato. New York und London 1956
Moreau, J., Réalisme et idéalisme chez Platon. Paris 1951
Robin, L., Platon. Paris 1935
Ross, D., Plato's Theory of Ideas. Oxford 1951
Schaerer, R., La question platonicienne. Paris 1938
Schuhl, P. M., L'œuvre de Platon. Paris 1954
Stefanini, L., Platone, 2 Bde. 2. A. Padua 1949
Stenzel, J., Studien zur Entwicklung der platonischen Dialektik. 2. A. Leipzig und Berlin 1931
—, Zahl und Gestalt bei Platon und Aristoteles. 2. A. Leipzig und Berlin 1933
Taylor, A. E., Plato, The man and his work. London 1. A. 1926, 6. A. 1949

INHALT

rororo klassiker

Klassiker

der Literatur und der Wissenschaft
mit Biographie · Bibliographie · Essays

Herausgegeben von Prof. Ernesto Grassi
unter Mitarbeit von Walter Hess

Verzeichnis aller lieferbaren Werke:

Amerikanische Literatur

Poe, Edgar Allan
Der Mord in der Rue Morgue [53]

Deutsche Literatur

Clausewitz, Carl von
Vom Kriege [138]

Novalis
Monolog / Die Lehrlinge zu Sais / Die Christenheit oder Europa / Hymnen an die Nacht / Geistliche Lieder / Heinrich von Ofterdingen / Ludwig Tieck: Novalis' Lebensumstände [130]

Pinthus, Kurt
Menschheitsdämmerung. Ein Dokument des Expressionismus [55]

Italienische Literatur

Goldoni, Carlo
Herren im Haus / Viel Lärm in Chiozza. Zwei Komödien [132]

Östliche Literatur und Philosophie

Aurobindo, Sri
Der integrale Yoga [24]

Römische Literatur

Caesar, C. Julius
Der Gallische Krieg [175]

Griechische Literatur und Philosophie

Aischylos
Tragödien und Fragmente [213]

Homer
Die Odyssee / Übersetzt in deutsche Prosa von Wolfgang Schadewaldt [29]

Platon
Sämtliche Werke / Herausgegeben von Walter F. Otto, Ernesto Grassi, Gert Plamböck
– Band I: Apologie, Kriton, Protagoras, Ion, Hippias II, Charmides, Laches, Euthyphron, Gorgias, Briefe [1]
– Band II: Menon, Hippias I, Euthydemos, Menexenos, Kratylos, Lysis, Symposion [14]
– Band III: Phaidon, Politeia [27]
– Band IV: Phaidros, Parmenides, Theaitetos, Sophistes [39]
– Band V: Politikos, Philebos, Timaios, Kritias [47]
– Band VI: Nomoi [54]

Philosophie des Humanismus und der Renaissance

Der utopische Staat
Thomas Morus, Utopia / **Tommaso Campanella,** Sonnenstaat / **Francis Bacon,** Neu-Atlantis / Herausgegeben von Klaus J. Heinisch [68]

Texte des Sozialismus und Anarchismus

Luxemburg, Rosa
Schriften zur Theorie der Spontaneität. Herausgegeben von Susanne Hillmann [249]

'X—'80

rowohlts monographien

in Selbstzeugnissen
und Bilddokumenten
Herausgegeben von
Kurt Kusenberg

bildmonographien rororo

Betrifft: Philosophie
Religion

963/2–2a

Aristoteles
J. M. Zemb [63]

Sri Aurobindo
Otto Wolff [121]

Ernst Bloch
Silvia Markun [258]

Jakob Böhme
Gerhard Wehr [179]

Dietrich Bonhoeffer
Eberhard Bethge [236]

Martin Buber
Gerhard Wehr [147]

Buddha
Maurice Percheron [12]

Cicero
Marion Giebel [261]

Friedrich Engels
Helmut Hirsch [142]

Erasmus von Rotterdam
Anton J. Gail [214]

Ludwig Feuerbach
H. M. Sass [269]

Franz von Assisi
Ivan Gobry [16]

Gandhi
Heimo Rau [172]

Georg Wilhelm Friedrich Hegel
Franz Wiedemann [110]

Martin Heidegger
Walter Biemel [200]

Johann Gottfried Herder
Friedrich Wilhelm Kantzenbach [164]

Max Horkheimer
Helmut Gumnior und Rudolf Ringguth [208]

Karl Jaspers
Hans Saner [169]

Jesus
David Flusser [140]

Johannes der Evangelist
Johannes Hemleben [194]

Immanuel Kant
Uwe Schultz [101]

Sören Kierkegaard
Peter P. Rohde [28]

rowohlts monographien

in Selbstzeugnissen
und Bilddokumenten
Herausgegeben von
Kurt Kusenberg

rororo bildmonographien

**Betrifft: Philosophie
Religion**

Georg Lukács
Fritz J. Raddatz [193]

Martin Luther
Hanns Lilje [98]

Karl Marx
Werner Blumenberg [76]

Thomas Müntzer
Gerhard Wehr [188]

Friedrich Nietzsche
Ivo Frenzel [115]

Paulus
Claude Tresmontant [23]

Platon
Gottfried Martin [150]

Ramakrischna
Solange Lemaître [60]

Jean-Jacques Rousseau
Georg Holmsten [191]

Friedrich Daniel Ernst Schleiermacher
Friedrich Wilhelm Kantzenbach [126]

Arthur Schopenhauer
Walter Abendroth [133]

Albert Schweitzer
Harald Steffahn [263]

Sokrates
Gottfried Martin [128]

Spinoza
Theun de Vries [171]

Rudolf Steiner
Johannes Hemleben [79]

Pierre Teilhard de Chardin
Johannes Hemleben [116]

Paul Tillich
Gerhard Wehr [274]

Voltaire
Georg Holmsten [173]

Simone Weil
Angelica Krogmann [166]

Ludwig Wittgenstein
Kurt Wuchterl und Adolf Hübner [275]

rowohlts monographien

in Selbstzeugnissen
und Bilddokumenten
Herausgegeben von
Kurt Kusenberg

rororo bildmonographien

Betrifft: Geschichte

Konrad Adenauer
Gösta von Uexküll (234)
Alexander der Große
Gerhard Wirth (203)
Michail A. Bakunin
Justus Franz Wittkop (218)
August Bebel
Hellmut Hirsch (196)
Otto von Bismarck
Wilhelm Mommsen (122)
Willy Brandt
Carola Stern (232)
Julius Caesar
Hans Oppermann (135)
Winston Churchill
Sebastian Haffner (129)
Friedrich II.
Georg Holmsten (159)
Friedrich II. von Hohenstaufen
Herbert Nette (222)
Ernesto Che Guevara
Elmar May (207)
Johannes Gutenberg
Helmut Presser (134)
Ho Tschi Minh
Reinhold Neumann-Hoditz (182)
Wilhelm von Humboldt
Peter Berglar (162)
Jeanne d'Arc
Herbert Nette (253)
Karl V.
Herbert Nette [280]
Karl der Große
Wolfgang Braunfels (187)
Ferdinand Lassalle
Gösta v. Uexküll (212)
Wladimir I. Lenin
Hermann Weber (168)
Rosa Luxemburg
Helmut Hirsch (158)
Mao Tse-tung
Tilemann Grimm (141)
Clemens Fürst von Metternich
Friedrich Hartau (250)
Benito Mussolini
Giovanni de Luna [270]
Napoleon
André Maurois (112)
Walther Rathenau
Harry Wilde (180)
Kurt Schumacher
Heinrich G. Ritzel (184)
Josef W. Stalin
Maximilien Rubel (224)
Freiherr vom Stein
Georg Holmsten (227)
Ernst Thälmann
Hannes Heer (230)
Josip Tito
G. Prunkl und A. Rühle (199)
Leo Trotzki
Harry Wilde (157)
Wilhelm II.
Friedrich Hartau [264]

807/7